libretto

ERSKINE CHILDERS

L'ÉNIGME DES SABLES

roman

Traduit de l'anglais par
JEANNE VÉRON

libretto

Titre original :
The Riddle of the Sands

I.S.B.N. : 978-2-75-290339-6

Robert Erskine Childers est né le 25 juin 1870 à Londres d'un père anglais et d'une mère irlandaise. Orphelin jeune, il est confié à son oncle maternel qui l'élèvera dans le comté de Wicklow au sud de Dublin en Irlande. Après de brillantes études, il obtient un poste à la Chambre des communes et est un fervent partisan de l'Empire britannique qui l'enverra combattre lors de la seconde guerre des Boers en Afrique du Sud. Blessé, il est rapatrié en Angleterre. À son retour, en 1903, il écrit un roman d'espionnage, *L'Énigme des sables*, s'inspirant de son expérience de navigation le long des côtes allemandes. Très populaire, ce roman est souvent considéré comme le livre fondateur de la littérature d'espionnage.

De plus en plus attiré par le nationalisme irlandais, il démissionne de son poste à la Chambre des communes en 1910. Toutefois, pendant la Première Guerre mondiale, il s'engagera dans la Royal Navy en tant qu'officier du renseignement, mais la violente répression de l'insurrection de Pâques en 1916 finit de le convaincre et il part définitivement s'installer en Irlande où il mènera une lutte sans merci contre les lois britanniques. Accusé d'avoir été l'inspirateur d'une propagande illégale contre l'Empire britannique, Childers est recherché par l'armée irlandaise et sera arrêté en 1922 sous de fallacieuses raisons et condamné à mort. Il est fusillé le 24 novembre.

Il est le père d'Erskine Hamilton Childers, quatrième président d'Irlande.

Celui qui, en Allemagne, peut insister mieux que personne.

PRÉFACE

À LA PREMIÈRE ÉDITION

L'édition originale de *The Riddle of the Sands (L'Énigme des sables)* remonte à 1903. Le livre, en anglais, eut un immense succès, la question d'un débarquement éventuel des Allemands en Angleterre étant alors, comme aujourd'hui, d'un intérêt passionnant. Les événements présents prouvent la justesse des vues de l'auteur sur l'attitude prise par l'Allemagne en cas de guerre. J'ajouterai que personne plus que M. E. Childers n'était, et n'est, à même de juger la valeur de la flotte allemande. Il est chargé d'une mission secrète dans la mer du Nord et a pris part au dernier raid de l'escadrille aérienne anglaise sur Cuxhaven.

Un mot sur la façon dont le livre a été traduit. MM. Nelson & Sons m'ont demandé de le faire le plus rapidement possible. Je me rendis à leur désir, estimant, comme eux, que le public français apprécierait davantage le livre s'il paraissait pendant notre grande guerre. Le caractère de Davies donne une excellente idée d'un « tas de jeunes gens anglais comme lui » ; l'entrée en scène du Kaiser est de la plus haute actualité.

La traduction fut faite extrêmement vite, des erreurs ont dû s'y glisser. Je demande à tout marin français ou à tout *simple yachtsman*, entre les mains de qui ce livre tombera, d'avoir l'obligeance de me les signaler. J'espère cependant avoir indiqué, bien qu'imparfaitement, les qualités maîtresses de Davies : l'endurance, la ténacité, le patriotisme et la générosité – caractéristiques de nos chers Alliés.

JEANNE VÉRON
Londres,
13 mars 1915.

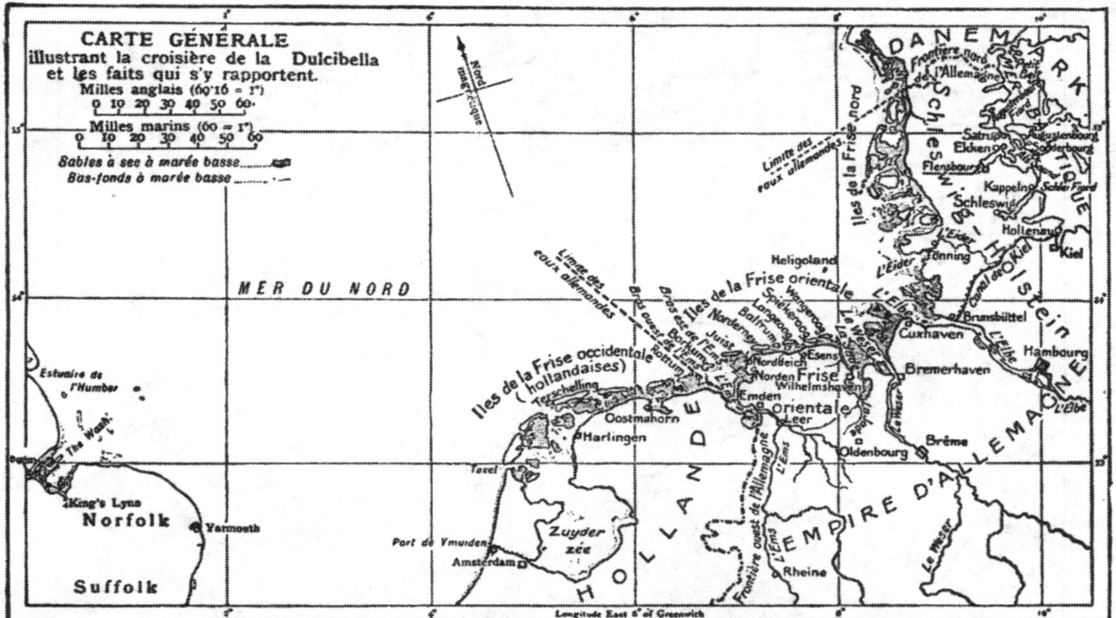
CARTE GÉNÉRALE
illustrant la croisière de la Dulcibella
et les faits qui s'y rapportent.
Milles anglais (60'16 = 1°)
0 10 20 30 40 50 60
Milles marins (60 = 1°)
0 10 20 30 40 50 60
Sables à sec à marée basse
Bas-fonds à marée basse
Nord magnétique
MER DU NORD
DANEMARK
Schleswig-Holstein
EMPIRE D'ALLEMAGNE
HOLLANDE
Iles de la Frise nord
Iles de la Frise orientale
Iles de la Frise occidentale (hollandaises)
Frise orientale
Limite des eaux allemandes
Frontière ouest de l'Allemagne
Heligoland
Cuxhaven
Bremerhaven
Brunsbüttel
Hambourg
Kiel
Holtenau
Tönning
Flensbourg
Schleswig
Kappeln
Ekken
Satrup
Augustenbourg
Sonderbourg
Wangeroog
Spiekeroog
Langeoog
Baltrum
Norderney
Juist
Borkum
Rottum
Norden
Norddeich
Esens
Wilhelmshaven
Emden
Leer
Oldenbourg
Brême
Rheine
Terschelling
Oostmahorn
Harlingen
Texel
Zuyder zée
Port de Ymuiden
Amsterdam
Estuaire de l'Humber
The Wash
King's Lynn
Norfolk
Yarmouth
Suffolk
L'Elbe
Le Weser
La Jade
L'Ems
L'Eider
Canal de Kiel
Longitude East of Greenwich

Carte A.

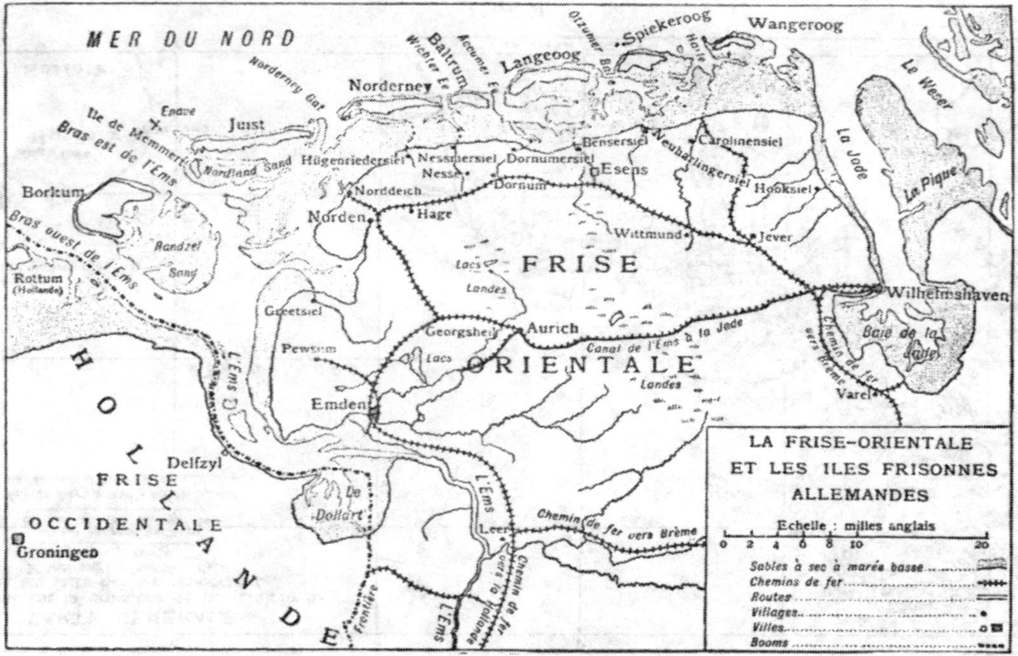
LA FRISE-ORIENTALE
ET LES ILES FRISONNES
ALLEMANDES
Echelle : milles anglais
0 2 4 6 8 10 20
Sables à sec à marée basse
Chemins de fer
Routes
Villages
Villes
Booms
MER DU NORD
Norderney Gat
Norderney
Baltrum
Wichter Ee
Accumer Ee
Langeoog
Otzumer Balje
Spiekeroog
Harle
Wangeroog
Le Weser
La Jade
La Pique
Ile de Memmert
Enave
Juist
Bras est de l'Ems
Nordland Sand
Hügenriedersiel
Nesshersiel
Nesse
Dornumersiel
Bensersiel
Esens
Neuharlingersiel
Carolinensiel
Hooksiel
Borkum
Bras ouest de l'Ems
Randzel
Sand
Rottum
(Hollande)
Norddeich
Norden
Hage
Dornum
Wittmund
Jever
FRISE
ORIENTALE
Lacs
Landes
Wilhelmshaven
Greetsiel
Georgsheil
Aurich
Canal de l'Ems à la Jade
Pewsum
Baie de la Jade
Chemin de fer vers Brême
Varel
Emden
L'Ems
HOLLANDE
Delfzyl
FRISE
OCCIDENTALE
Groningen
De Dollart
Leer
Chemin de fer vers Brême
Chemin de fer vers la Hollande
Frontière

Carte B.

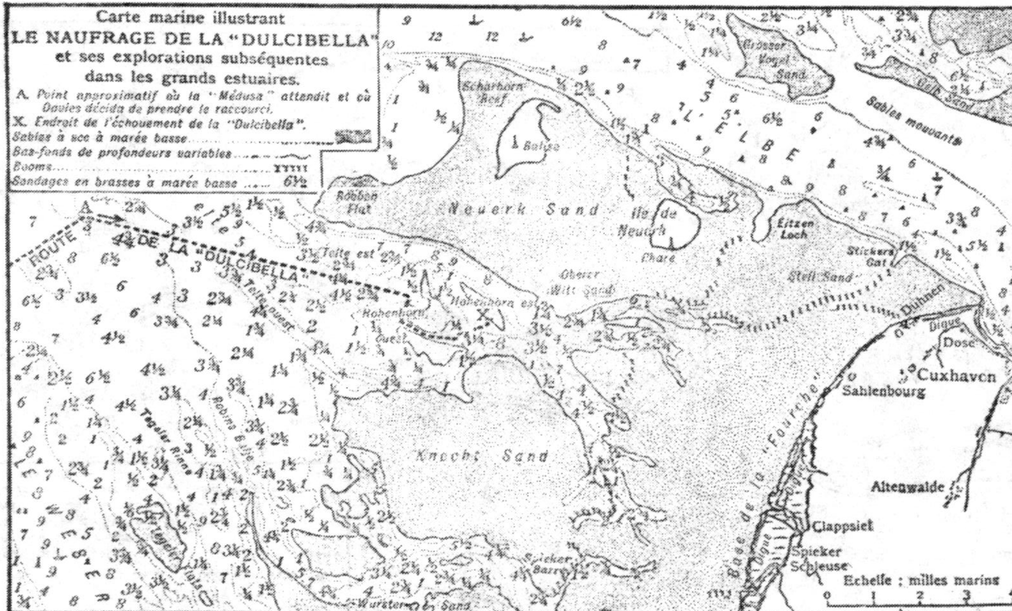

D'après la carte marine de l'Amirauté anglaise n° 407. Carte marine A.

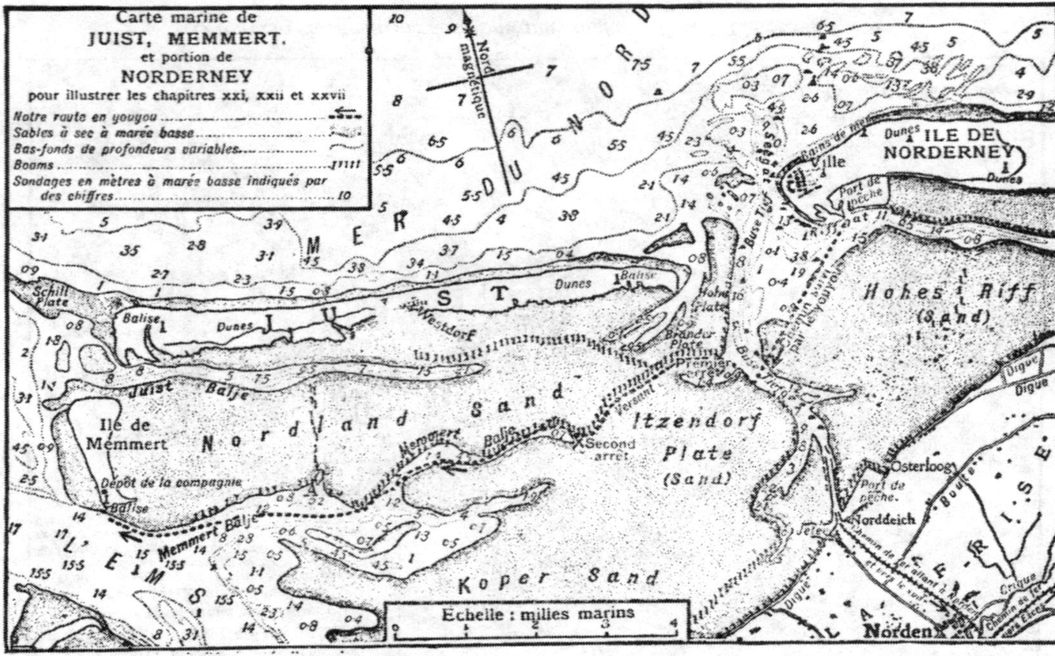

D'après la carte marine de l'Amirauté allemande n° 64, grande échelle. Carte marine B.

CHAPITRE PREMIER

LA LETTRE

J'ai entendu dire que certains hommes, obligés par leur profession de vivre longtemps dans la solitude la plus complète, se sont imposé l'obligation de se mettre en habit tous les soirs, même parmi des nègres, afin de sauvegarder leur dignité et de prévenir une rechute dans la barbarie. C'est à peu près dans le même ordre d'idées, avec un soupçon de suffisance en plus, que, il y a déjà quelques années, vers sept heures du soir, je m'habillais pour dîner dans ma garçonnière de Pall Mall, le 23 septembre.

La comparaison me semblait assez juste ; j'y gagnais même, car enfin, un administrateur inconnu de la Birmanie peut parfaitement ne pas avoir l'épiderme sensible, et au moins il est seul avec la nature ; tandis que moi, un jeune homme dans le train, connaissant qui on doit connaître, membre des seuls cercles possibles, un futur diplomate avec plus que probablement une brillante carrière devant moi, j'avais, il me semble, quelque excuse de poser au martyr. Pensez donc, j'étais obligé de rester dans la solitude de Londres en septembre, et personne plus que moi n'était sensible aux fluctuations des conventions mondaines !

Je dis « martyr », mais en réalité c'était bien pis. Chacun sait que la sensation du martyre est agréable, et, hélas ! je n'en goûtais même plus la douceur.

Je m'étais bien rendu compte qu'à Morven Lodge mon absence causait un vide. Lady Ashleigh me l'avait dit elle-même de la façon la plus aimable du monde en me remerciant de la lettre dans laquelle je lui expliquais, sobrement, ce qui fit de l'effet, que les circonstances m'obligeaient de rester au ministère. «Nous comprenons parfaitement combien vous devez être occupé en ce moment, m'écrivit-elle, et j'espère que vous n'allez pas vous tuer au travail. Nous sommes *toutes* désolées que vous ne puissiez venir.»

Mes amis partirent les uns après les autres, promettant d'écrire et en plaisantant. À mesure qu'ils m'abandonnaient je prenais une sorte de plaisir sauvage à m'apitoyer sur mon sort. Vraiment je m'amusai presque, les deux premières semaines après la dispersion de mon monde aux quatre vents du ciel. Je m'autosuggestionnai pour me convaincre que les cinq millions restant à Londres étaient intéressants. J'écrivis plusieurs lettres assez spirituelles et légèrement, montrant indirectement combien j'étais à plaindre, mais laissant sous-entendre que j'avais l'esprit assez large pour observer les gens et les choses de Londres pendant la morte-saison et que j'y trouvais, intellectuellement, de l'intérêt. Je suivis même les conseils des autres. Car, bien que j'eusse préféré une isolation absolue, je rencontrai naturellement quelques infortunés de mon genre qui, en cela absolument différents de moi, jugeaient la situation de façon toute prosaïque. Nous fîmes des excursions sur la Tamise à la sortie du ministère, mais je déteste le canotage à cause de son exubérante vulgarité, surtout à cette époque de l'année. Je lâchai bien vite cette bande et refusai l'invitation de H..., qui voulait me faire partager un cottage au bord de l'eau. J'allai deux ou trois fois chez les Catesby, mais je me consolai facilement quand ils louèrent leur maison et partirent à l'étranger. Ce genre de vie ne me convenait pas. Ma veine satirique et observatrice fut aussi bien vite épuisée. J'eus alors une fringale passagère, que d'autres ont partagée, je crois, pour des aventures du genre de celles décrites dans les *New Arabian Nights*[1]. Ceci me fit passer quelques soirées dans les bouis-bouis de Soho, et même dans de pires endroits. Mais cette fringale fut complètement assouvie un samedi soir, après une immersion d'une heure dans l'atmosphère puante d'un music-hall de bas étage, où je m'assis près d'une grosse bonne femme que la chaleur gênait et qui se rafraîchissait fréquemment, elle et son bébé, à même une canette de bière tiède.

Au commencement de septembre j'avais rejeté tout palliatif, et je m'étais résigné à la routine déprimante mais digne du ministère, de mon cercle et de mon appartement. Alors ce fut le comble ! Je m'aperçus que ce monde que je trouvais si indispensable à mon bonheur pouvait après tout parfaitement se passer de moi. C'était très gentil de la part de lady Ashleigh de m'assurer qu'on me regrettait vivement ; mais une lettre de F…, venant de Morven Lodge et écrite « au galop partant pour la chasse » (réponse tardive à une de mes plus spirituelles missives), me fit bien voir que je ne leur manquais pas beaucoup et que personne ne songeait à me plaindre, pas même celle à laquelle lady Ashleigh faisait discrètement allusion dans son « toutes », ou du moins celle à laquelle j'avais eu la fatuité de croire qu'elle faisait allusion. Le dernier coup fut porté par ma cousine Nesta. « C'est dégoûtant de penser que vous étouffez à Londres en ce moment, mais tout de même quel plaisir ce doit être pour vous de faire quelque chose de si intéressant et de si important ! » La petite rosse ! Ceci me blessa davantage, sinon aussi profondément que la lettre précédente, car je m'étais tellement habitué à me voir admiré par les jeunes filles que j'avais conduites à table les deux saisons précédentes que j'étais presque arrivé à me prendre au sérieux quand il s'agissait de mon métier.

1. *Les Nouvelles Mille et Une Nuits*, de R. L. Stevenson, Phébus, Paris.

Encore une illusion perdue ! La vérité m'oblige à dire que ce que je faisais n'était ni intéressant ni important. Ma principale occupation consistait à fumer des cigarettes en disant que M. Un Tel était parti et rentrerait au mois d'octobre. À mes moments perdus je fis quelques précis de… disons de rapports consulaires les moins confidentiels. La raison de ma détention n'était pas un nuage à l'horizon international – bien que je puisse dire en passant que ce nuage existait – mais un caprice de la part d'un personnage puissant et haut placé, dont le résultat fut la dislocation des plans de vacances des humbles attachés, ce qui dans mon propre cas dérangea l'arrangement que j'avais fait avec K…

Encore deux jours dans la ville morte et mon esclavage prendrait fin. C'est à quoi je pensais en m'habillant ; mais, ô ironie ! je ne savais plus où aller ! Plus moyen d'aller à Morven Lodge. La rumeur de certaines fiançailles était la certitude qu'on ne m'y attendait pas. Des invitations que j'avais refusées en juillet, étant alors trop certain d'en avoir d'autres plus agréables, me revinrent à l'esprit, mais je ne voulais pas m'abaisser à demander ce qu'on m'avait offert. Ma famille était à Aix. Aller la rejoindre semblait un pis-aller dont la banalité me répugnait ; en plus, elle allait bientôt revenir à la maison, dans le Yorkshire, et je n'étais pas un prophète en mon pays. Enfin je m'ennuyais extrêmement. J'entendis dans l'escalier des piétinements m'annonçant l'arrivée de Withers (une des choses qui avaient cessé de m'amuser était le laisser-aller des domestiques à cette époque de l'année). Withers me présenta une lettre avec un timbre allemand et portant la mention « urgent ». J'étais prêt et je prenais mon argent et mes gants. Un léger mouvement de curiosité me tira pendant un instant de mon abattement. Je m'assis et ouvris l'enveloppe, au dos de laquelle, dans un coin, je vis « Désolé, mais il y a encore une autre chose – une paire de *rigging-screws* de la maison Carey et Neilson, numéro 1 3/8, galvanisés », et je lus ce qui suit :

Yacht «Dulcibella»,
Flensbourg (Schleswig-Holstein),
21 septembre.

«Cher Carruthers,

«Ça va t'étonner d'entendre parler de moi. Il y a des siècles que nous ne nous sommes vus; il y a toutes les chances aussi que ma proposition ne te convienne pas, car je ne sais pas du tout ce que tu comptes faire; et, si tu es à Londres, c'est probablement pour rentrer au ministère et parce que tu ne peux pas t'en aller. Je t'écris donc absolument au hasard pour te demander de venir ici me rejoindre, moi et mon petit yacht. J'espère que nous trouverons quelques canards sauvages et que tu ne t'embêteras pas trop. Je sais que tu aimes la chasse, et je crois me rappeler que tu as fait du yachting aussi, bien que je ne m'en souvienne plus exactement. Ce coin de la Baltique – les fjords du Schleswig-Holstein – est un endroit splendide pour faire une croisière – paysage de premier ordre – et nous devrons trouver beaucoup de canards sauvages si le froid vient. Je suis venu ici via la Hollande et les îles de la Frise. Je suis parti au début d'août; mes compagnons ont dû me quitter, et j'ai bien besoin de quelqu'un d'autre, puisque je veux continuer mon voyage sur mer encore un peu. Pas besoin de te dire quelle veine ce serait si tu pouvais venir. Si possible, télégraphie-moi, poste restante, Flensbourg. Ta meilleure route serait, je crois, Flessingue et continuer par Hambourg. Je fais faire quelques réparations au yacht ici, mais je serai prêt, heure militaire, pour ton arrivée et irai à la gare. Apporte ton fusil et pas mal de cartouches, n° 4. Est-ce que ça te dérangerait beaucoup d'aller demander le mien chez Lancaster et de l'apporter? Apporte un suroît au moins. Tu feras mieux d'apporter ceux à quinze francs, veste et pantalon – pas ceux pour le yachting –, et si tu peins, apporte ta boîte de couleurs. Je sais que tu parles allemand comme un Allemand, et ça m'aidera beaucoup. Excuse ces tas de conseils, mais il me semble que j'ai de la chance et que tu vas venir. En tout cas, j'espère que toi et ton ministère allez bien. Au revoir.

«Toujours à toi,

«ARTHUR H. DAVIES.»

« P.-S. – Apporte-moi, s'il te plaît, un compas azimutal et une livre de Raven mixture[1].»

Cette lettre fit époque dans ma vie; mais je m'en doutais bien peu, quand, après l'avoir enfoncée dans ma poche, je partis nonchalamment pour suivre la voie douloureuse qui me menait tous les jours à mon cercle. Dans Pall Mall je n'avais plus à saluer des amis habillés à la dernière mode. On n'y apercevait que quelques retardataires sortant du parc, poussant une voiture d'enfant et traînant d'autres enfants fatigués et poussiéreux; quelques touristes de province se servant des dernières lueurs du jour afin de tâcher de reconnaître dans leur Bædeker en face de quel monument ils se trouvaient; ou bien un sergent de ville, ou encore un tombereau. Naturellement le cercle dans lequel j'entrai n'était pas le mien, les deux auxquels j'appartenais étant fermés pour cause de nettoyage. Coïncidence voulue par la Providence pour mon plus grand inconvénient. Le cercle dont on vous permet de vous servir en cette occurrence vous agace toujours; on ne s'y sent pas chez soi. Les rares membres que vous y rencontrez vous paraissent bizarres, bizarrement habillés, et vous vous demandez comment ils ont jamais pu y être admis; la revue que vous voulez lire n'est pas celle à laquelle on est

1. Tabac spécial.

abonné ; le dîner est exécrable, et la ventilation inconnue. Cette nuit-là, j'étais exaspéré. Cependant je m'étonnais de me sentir quelque peu secoué de ma torpeur, mais je ne pouvais en découvrir la cause. Impossible que ce soit la lettre de Davies ! Yachting dans la Baltique à la fin de septembre ! J'en avais la chair de poule. Une croisière, en août, en joyeuse compagnie, près de Cowes ou dans les eaux françaises, ou sur les lochs d'Écosse, sur un yacht à vapeur, voilà ce que j'appelais du yachting ! Mais le yacht de Davies, qu'est-ce que ça pouvait bien être ? Pour avoir été aussi loin il devait être d'un certain tonnage, mais je crus me souvenir que les moyens de Davies ne lui permettaient pas de s'offrir du luxe.

Ceci me mit l'homme sous les yeux. Je l'avais connu à Oxford, non pas comme un de mes amis intimes, mais mon collège était sociable et je l'avais beaucoup vu. Il me plaisait à cause de son énergie physique, alliée à une certaine simplicité, bien que vraiment il n'eût rien de remarquable. Il me semble qu'il me plaisait parce que, à cette période de notre existence, nous acceptons facilement la camaraderie d'hommes que nous ne reverrons jamais plus tard. Nous quittâmes l'université la même année. J'allai en France et en Allemagne pour apprendre les langues, et lui, ne réussissant pas à obtenir un poste aux colonies, se fit clerc d'avoué. Depuis je ne l'avais vu que rarement. Il faut admettre que lui, de son côté, n'avait jamais manqué une occasion de resserrer les liens d'amitié qui nous unissaient, si fragiles qu'ils fussent. En réalité la force des choses nous avait séparés. Il n'appartenait pas à mon milieu, il s'habillait mal et je le trouvais ennuyeux. Dans mon esprit je l'avais toujours associé aux bateaux et à la mer, mais jamais avec le « yachting » comme je le comprenais. Pendant que nous étions à Oxford, il m'avait presque persuadé d'aller avec lui passer une semaine dans un petit bateau non ponté qu'il avait trouvé je ne sais où, pour aller, à la voile, reconnaître des passages à travers la vase, quelque part sur la côte est d'Angleterre.

Après un dîner qui me sembla pire que jamais et pendant lequel je balançai le pour et le contre, je relus la lettre, affectant de ne pas subir le charme des simples phrases qui apportaient, dans le fumoir quelconque du cercle, une bouffée de grand air, d'énergie et de bonne camaraderie. En lisant et en relisant le bout de papier chiffonné, j'y trouvai de nombreux indices de mauvais augure : paysage de premier ordre – mais qu'en était-il des tempêtes d'équinoxe et des brouillards d'octobre ? Tous les yachtsmen avisés renvoyaient leur équipage maintenant ; et quant aux canards sauvages, c'était plus que vague. Si le froid vient ?... Le froid et le yachting me semblaient une combinaison aussi monstrueuse qu'inutile. Ses copains l'avaient quitté... pourquoi ? Quant au tonnage, confort et équipage du yacht, pas un mot. Et par-dessus le marché, en l'honneur de quoi, mon Dieu, « un compas azimutal » ?

Je parcourus quelques revues, je fis une partie de billard avec un bon vieux, trop importun pour valoir la peine qu'on lui résiste. Je rentrai chez moi me coucher, ignorant que la Providence était venue à mon secours. Je crois même que je pris en mauvaise part une si maladroite intervention.

CHAPITRE II

LA « DULCIBELLA »

Deux jours après j'étais sur le pont du vapeur allant à Flessingue, un billet pour Hambourg dans ma poche. Ce résultat de mes divagations peut vous étonner, mais pas tant que cela si vous avez compris mon état d'esprit. Vous aurez deviné, en tout cas, que je partais avec la conviction que j'accomplissais un acte de pénitence, dont le ouï-dire attirerait peut-être l'attention sur moi et remplirait de remords une certaine personne, tandis que moi, j'avais ainsi la liberté de m'amuser sans qu'on s'en aperçoive. Le lendemain de l'arrivée de la lettre, pendant qu'on me servait mon petit déjeuner, je ressentis encore cette sensation d'émancipation inexplicable à laquelle j'ai déjà fait allusion ; sensation assez forte pour me rappeler le pour et le contre de l'aventure. Un « pour » important, auquel je n'avais pas encore pensé, était la générosité que je montrerais en allant rejoindre Davies. Ne disait-il pas avoir besoin d'un camarade ?

Je m'accrochai à cette idée. Ce fut une admirable excuse pour étudier avec résignation l'indicateur général des chemins de fer, quand j'arrivai au ministère ce jour-là, et pour ordonner à Carter de dérouler une grande carte d'Allemagne et de me trouver Flensbourg. J'aurais très bien pu le faire moi-même, mais cela faisait tous les biens à Carter de faire quelque chose, et son ignorance patiente était amusante. La carte n'avait guère de secrets pour moi, car je n'avais pas perdu mon temps en Allemagne. L'histoire, le développement, l'avenir de l'Allemagne m'avaient intéressé prodigieusement, ainsi que son peuple, et j'avais encore des amis à Dresde et à Berlin. Flensbourg me rappelait la guerre de 1864, et quand les recherches de Carter se terminèrent avec succès, j'avais totalement oublié ce que je lui avais demandé de chercher. J'étais bien loin de là, me demandant si l'espoir de voir quelque chose de ce ravissant pays, le Schleswig-Holstein, dont j'avais entendu dire tant de bien, valait la peine de s'engager à le voir de façon si peu confortable. L'été était déjà passé, le compagnon me séduisait peu, je prévoyais un tas de mécomptes. Pour un peu je ne serais pas parti ; mais je crois que l'arrivée de K..., venant de Suisse, brûlé par le soleil d'une façon révoltante, fut la goutte qui fait déborder le vase. « Comment va, Carruthers ? Vous ici ! Je vous croyais parti depuis longtemps. Quel veinard vous êtes cependant ! Vous partez juste au bon moment pour les battues et pour les premiers faisans. Il a fait une chaleur folle en Suisse. Carter, donnez-moi l'indicateur. » (L'indicateur est un livre extraordinaire, qu'on feuillette instinctivement même quand on n'en a pas besoin, comme les hommes tripotent leurs fusils après la fermeture de la chasse.)

À déjeuner j'étais décidé, et je confiai à Carter une dépêche pour Davies, poste restante, Flensbourg : « Merci ; arriverai neuf heures trente-quatre soir, 26. » Trois heures après je reçus la réponse suivante : « Enchanté ; s'il te plaît, apporte un poêle Rippingille, n° 3. » Une commission déconcertante et qui me refroidit malgré l'espoir de chaleur qu'elle indiquait.

J'hésitais encore cependant ; j'hésitais encore davantage quand le soir je pris mon fusil et que je pensais à toutes les grouses qu'il aurait pu abattre. Je fus sur le point de renoncer au voyage en contemplant la liste de commissions dont Davies m'avait chargé, ce qui m'abaissait au rôle de valet complaisant, quand mon but était de jouer l'exilé volontaire ou tout au moins l'allié condescendant. Malgré tout, en quittant le ministère je partis courageusement les faire.

Chez l'armurier où je réclamai son fusil, je fus reçu fraîchement et j'eus à payer une forte note. Après avoir donné des ordres pour que le fusil et les cartouches n° 4 soient envoyés à mon appartement, j'achetai la livre de tabac, sans enthousiasme. L'idée de passer du tabac en contrebande pour une autre personne donne toujours une impression désagréable. Je me demandai ensuite où Carey et Neilson pouvaient se trouver. Davies parlait de ce magasin exactement comme s'il était aussi connu que la Bourse ou Saint-Paul. Et qu'est-ce que pouvait bien être leur spécialité, les fameux rigging-screws ? Ils paraissaient être de la plus haute importance, il fallait donc les dénicher à tout prix. Je les associai, en pensée, aux quelques réparations, et tous mes soupçons se réveillèrent.

Aux Stores[1] je me fis montrer un poêle Rippingille n° 3. C'était bien le plus horrible et le plus embarrassant objet de quincaillerie que j'aie jamais vu. En voyant les deux énormes réservoirs à pétrole qu'il contenait, je sentis à l'avance l'horrible odeur qu'il exhalerait. Je le payai tout en me disant que le confort du yacht devait être médiocre puisque ce n'était qu'après réflexion, et par dépêche, que Davies m'avait demandé de l'apporter. Au rayon des sports on me dit qu'on n'avait pas de rigging-screws en magasin, mais que Carey et Neilson les auraient certainement à leur atelier – perspective agréable qui représentait pour moi un voyage presque aussi long que celui de Flensbourg et

1. Les *Stores* (Army and Navy) : sorte de grand magasin où l'on peut tout se procurer.

bien plus ennuyeux. Il était déjà trop tard pour que j'y aille, les ateliers seraient fermés ; aussi je pris un fiacre, ne m'habillai point pour dîner (c'était la première fois de ma vie), me fis monter une côtelette dans ma chambre, et passai le reste de la soirée à ranger mes affaires, à écrire des lettres, y mettant le sérieux méthodique d'un homme qui le fait pour la dernière fois.

Le lendemain matin, Withers, stupéfait, me servit mon petit déjeuner à huit heures. À neuf heures et demie j'examinais, en ayant l'air de m'y connaître, des rigging-screws[1] de toutes sortes. J'insistai sur les $^{3/8}$ et sur la galvanisation, et en choisis une paire de confiance, ignorant absolument à quoi ils servaient. Quant au suroît de quinze francs, on m'envoya dans une petite boutique où un juif, sale et couvert de bijoux, essaya de me faire payer vingt-cinq francs ce que j'aurais pu avoir pour quinze, mais que je payai vingt tant l'odeur de la boutique m'était insupportable. Je retournai au ministère – il fallait que j'y sois à onze heures – avec mes deux paquets, dont un se fit tellement sentir dans la pièce que Carter me demanda poliment, mais avec fermeté, s'il devait le faire porter chez moi. K… en profita pour être si curieux qu'il en devint insolent. Je fis le sourd, car je savais que les remarques de K… me blesseraient.

Je ne me souvins du compas azimutal que plus tard. Je télégraphiai précipitamment où j'avais acheté les rigging-screws, leur disant de m'en envoyer un immédiatement. Je dois dire que c'était un soulagement pour moi de ne pas être obligé de le choisir moi-même. La réponse fut : « Pas en magasin ; essayez fabricant d'instruments de précision », réponse embarrassante et rassurante à la fois, car ce fameux compas m'avait préoccupé plus que tout le reste. Mais la découverte que la requête de Davies se trouvait être un instrument de précision ne me rendit pas

1. Ridoirs.

moins perplexe. Pendant l'après-midi j'écrivis mon dernier rapport, le remis à qui de droit, dis au revoir à mon chef de bureau temporaire, qui me souhaita de bonnes vacances, très cordialement.

À sept heures la voiture était à la porte avec mes bagages personnels et la collection de paquets encombrants, résultat de mes emplettes. Je faillis manquer mon train à cause de ce malheureux compas azimutal, que j'achetai enfin d'occasion, faute de mieux, près de la gare Victoria.

Je partis à huit heures et demie. À dix heures et demie, comme je l'ai déjà dit, je faisais les cent pas sur le pont du vapeur de Flessingue. Le sort en était jeté, je passerais mes vacances dans la lointaine Baltique.

Le passage sur mer fut très calme, le temps était au beau fixe. La nature avait résolu de ne point m'aider à faire pénitence, au contraire on eût dit qu'elle se plaisait à me rendre légèrement ridicule. Après vingt-quatre heures de voyage, tant en bateau qu'en chemin de fer, je me trouvai le lendemain soir, à dix heures, sur le quai de la gare de Flensbourg, maussade et débraillé, serrant la main à Davies.

– Je te remercie beaucoup d'être venu.

– Pas du tout. C'est toi que je dois remercier de ton invitation.

Nous n'étions pas à notre aise. Malgré l'obscurité, son costume me choqua ; il n'était pas du tout ce que je me figurais qu'un yachtsman doit être... Pas de pantalon de toile blanche, pas de veston de serge bleue bien coupé ! Et où était cette casquette à fond blanc qui transforme magiquement un vulgaire pékin en un loup de mer ? J'eus l'impression d'être dans mon tort, me disant que ma valise contenait ce parfait équipement. Davies portait un vieux costume de chasse, des souliers jaunes boueux, et n'avait qu'une casquette ordinaire. La main qu'il me tendit était calleuse et toute tachée de peinture ; l'autre était bandée (le bandage aurait pu être renouvelé) et tenait un paquet.

Nous nous regardâmes un instant comme deux chiens de faïence. Il me dévisagea timidement d'un regard rapide dans lequel je crus reconnaître un mélange de doute, d'anxiété, et peut-être (que le lecteur me pardonne !) un rien d'admiration. Son visage m'était familier, et cependant je ne le reconnus pas ; ses yeux bleus, très attirants, ses traits marqués, sa physionomie honnête, son front peu intellectuel, n'avaient pas changé ; ses gestes vifs et impulsifs non plus ; mais quelque chose en lui était différent. Je ne pus m'en rendre compte, nous étions mal éclairés. Tout en remontant le quai à la recherche de mes bagages, nous bavardâmes, un peu gênés.

– À propos, fit-il soudain en riant, je dois être sale à faire peur ; mais il est si tard que ça ne fait rien. J'ai peint toute la journée, je viens juste d'en finir. J'espère que la brise se lèvera demain ; ces jours derniers, pas un brin de vent. Eh bien, tu en as des bagages ! (Donnez-vous donc du mal pour les gens !)

– Mais la liste de tes commissions était longue !

– Oh ! ce n'est pas ça que je voulais dire, fit-il sans y penser. Merci tout de même de les avoir faites. Ça, c'est le poêle, je pense ; et ça, vu le poids, ce doit être les cartouches. As-tu trouvé les rigging-screws ? Tu sais, nous n'en avons pas vraiment besoin. (Je fis signe que oui. L'indifférence de Davies me blessait un peu.) C'est plus simple que des aiguillettes et impossible de les trouver ici. Est-ce ta valise ? me demanda-t-il, la mesurant de l'œil. Ça ne fait rien… nous essaierons ; tu ne peux pas t'arranger avec ton sac seulement, je suppose ? C'est que, vois-tu, le youyou… hum… l'écoutille… et aussi… (il était plongé dans ses réflexions). N'importe, nous essaierons. Il n'y a pas de voiture ici, mais nous sommes tout près, et l'employé va nous aider.

Tous mes pénibles pressentiments se réveillèrent pendant que Davies jetait mon sac sur son dos et s'emparait des paquets.

– N'as-tu pas avec toi un de tes hommes ? lui demandai-je inquiet.

– Hommes ? répéta-t-il ; et il eut l'air confus. Oh ! j'aurais peut-être dû te dire que je n'ai jamais d'équipage ; ce n'est qu'un tout petit bateau, tu sais, et j'espère que tu ne t'attendais pas à du luxe. Je m'en suis tiré tout seul pendant quelque temps ; il me semble qu'un équipage ne me servirait à rien, et ne serait qu'un embêtement.

Il m'exposa ces vérités terrifiantes avec une joyeuse assurance qui ne cachait en rien, cependant, l'appréhension naïve de l'effet qu'elles auraient sur moi. Il y eut un arrêt dans notre mobilisation.

– N'est-il pas bien tard pour monter à bord ? (Je lui dis cela d'une voix blanche. On éteignait le gaz et l'employé bâillait avec affectation.) Il vaudrait peut-être mieux que je passe la nuit à l'hôtel ?

Un silence embarrassant suivit.

– Oh ! naturellement, si tu le préfères... répondit Davies, évidemment navré. Mais il me semble que cela nous donnera bien du mal de faire porter tout ça à l'hôtel – je crois que tous les hôtels sont de l'autre côté du port – et de les rapporter pour les embarquer demain. Tu sais, « elle » (le yacht)[1] est tout à fait confortable, et puisque tu es éreinté tu dormiras sûrement.

– Nous pourrions toujours laisser les gros bagages ici, essayai-je de dire, et aller à pied jusqu'à l'hôtel, avec mon sac seulement.

– Moi, n'importe comment, il faut que j'aille à bord, répliqua-t-il. Je ne dors *jamais* à terre.

Il semblait poursuivre une idée timidement mais très diplomatiquement. Je sombrai dans un désespoir qui paralysait toute résistance. Il valait mieux envisager le pire

1. En anglais les bateaux sont toujours féminins : la *Dulcibella*, la *Médusa*. Nous garderons ce genre pour les yachts.

et en finir tout de suite. Pesamment chargés, trébuchant sur les rails et sur des tas de pierres, nous atteignîmes le port. Davies, me précédant, me guida vers un escalier dont les dernières marches glissantes tombaient dans l'eau.

– Descends dans le youyou, me dit-il, vif comme un poisson, je vais te passer les bagages.

Je descendis à l'aveuglette, un câble trempé qui se terminait dans un petit bateau me servant de guide. Pendant cette descente périlleuse mes manchettes et mon pantalon furent couverts de vase.

– Tiens bon ! cria Davies joyeusement, au moment où je m'asseyais plus vite que je ne le voulais au bas de l'escalier, un pied dans l'eau.

Je grimpai dans le youyou tant bien que mal et attendis les événements.

– Amène le youyou tout près du quai et attache-le à l'anneau que tu y trouveras.

La voix venait d'en haut. La chute de la corde mouillée, qui m'enleva ma casquette en tombant, suivit.

– Attrape, fais n'importe quel nœud.

C'est tout ce que j'entendis pendant que j'essayais de me tirer d'affaire. Puis une grande chose noire me passa par-dessus la tête et tomba dans le youyou. C'était ma grande valise qui, posée de travers, prenait exactement toute la place au milieu du bateau.

– Tient-elle ? cria anxieusement la voix d'en haut.

– Tout juste.

– *All right !*

Agrippant le mur visqueux de mon mieux afin que le youyou ne s'en éloigne pas, je reçus tous les bagages et les empilai, le petit bateau s'enfonçant dans l'eau de plus en plus.

– Attention ! (Quelque chose de mou et d'humide me frappa en pleine poitrine.) Fais bien attention, c'est la viande. Maintenant, retourne au pied de l'escalier.

J'y parvins non sans peine et Davies fit son apparition.

– Le bateau est plutôt chargé, il enfonce un peu, mais je crois que nous nous en tirerons, remarqua-t-il; mets-toi tout à fait à l'avant, je vais ramer.

J'en avais trop vu, ma curiosité ne pouvait même plus être excitée; j'étais incapable de penser aux possibilités d'un naufrage. Je rampai jusqu'à la place que Davies m'avait indiquée, pendant qu'il extirpait par petites secousses les avirons de dessous la montagne de colis, ce qui nous fit rouler terriblement. Je n'ai pas la moindre idée de ce qu'il fit pour s'installer et pour se mettre à ramer, mais peu à peu je me rendis compte que nous passions lentement au large. Nous étions partis de ce qui me parut être le fond d'une étroite lagune. Les lumières d'une grande ville s'enfonçaient dans l'obscurité à mesure que nous avancions. Nous passâmes devant des quais éclairés que nous laissâmes à gauche. De place en place on apercevait indistinctement la coque de vapeurs amarrés. Le dernier feu passé, nous entrâmes dans une baie plus large. Une petite brise se leva et sur chaque rive se profilaient de sombres collines.

– J'ai jeté l'ancre un peu plus bas dans le fjord, me fit remarquer Davies. Je déteste être trop près d'une ville, et j'ai trouvé là un charpentier qui m'a rendu grand service… Voilà la *Dulcibella*! Je me demande si elle te plaira!

Je me secouai de ma torpeur. Nous entrions dans une crique ceinturée d'arbres, et nous approchions d'un petit bateau dont la silhouette se dessinait de plus en plus clairement. Un feu clignotant scintillait au haut du mât.

– Laisse porter! cria Davies.

Nous étions le long du yacht.

En un clin d'œil Davies avait sauté sur le pont et attaché l'amarre. Il se pencha vers moi.

– Passe-moi les paquets, commanda-t-il, je vais les recevoir.

Le transbordage fut long et pénible. Quand le tout fut

sur le pont j'y montai à mon tour, piétinant le paquet de viande dont l'aspect était répugnant, par suite de l'humidité. Je comparais mentalement ma dernière embarcation sur un véritable yacht. Quel contraste ! Je commençais aussi à me sentir d'une infériorité et d'une ignorance que je n'avais jamais ressenties jusqu'alors.

Davies s'éveilla d'une longue contemplation de ma valise pour me dire gaiement :

– Nous allons faire un tour en bas ; après, nous rangerons tes affaires et nous nous coucherons.

Il s'engouffra par une échelle et je le suivis avec précaution. Une odeur complexe d'essence, de mangeaille, de tabac et de goudron me monta aux narines.

– Attention à ta tête, s'écria Davies, pendant que j'avançais à tâtons dans la cabine et qu'il allumait une bougie.

Le conseil pouvait bien être une légère raillerie, car je devais être parfaitement ridicule, regardant avec effroi de côté et d'autre, la tête rentrée dans les épaules pour éviter le plafond, qui, dans le demi-jour, semblait plus bas qu'il n'était.

– Oh ! fit Davies d'une voix rassurante, il y a bien assez de place pour *s'asseoir* tout droit (ce qui était l'exacte vérité ; heureusement que je ne suis pas très grand et qu'il est petit). Il y a des gens qui exigent une cabine où l'on puisse se tenir debout, mais moi, ça m'est égal.

« Ça, c'est le puits de dérive, expliqua-t-il, car en allongeant mes jambes je me cognai les genoux contre un angle aigu.

Je n'avais pas remarqué ce satané obstacle, parce qu'il était caché sous la table, qui elle-même s'appuyait sur lui d'un côté. C'était un triangle long et bas, posé en longueur, parallèlement avec le bateau et divisant l'espace déjà restreint en deux.

– Vois-tu, c'est un bateau à fond plat, avec un très faible tirant d'eau sans la dérive ; c'est pourquoi il y a si peu de place pour se tenir debout. En eau profonde on abaisse la dérive; comme cela, d'une façon ou d'une autre, on peut vraiment passer où l'on veut.

Je n'étais pas assez au fait des termes nautiques pour tirer des conclusions là-dessus, mais celles que je tirai n'étaient pas réconfortantes. Les dernières phrases étaient sorties du gaillard d'avant dans lequel Davies s'était glissé par une petite porte basse ressemblant à celle d'une cabane à lapins. Il était déjà très occupé à faire bouillir de l'eau sur un poêle dans lequel je reconnus le sosie démantibulé du Rippingille n° 3.

– Aussitôt que l'eau va bouillir, nous allons nous faire un grog, dit Davies.

Mes yeux s'étaient faits à la lumière et je fis l'inventaire de la cabine. Deux longs coffres couverts de coussins et servant de sofas flanquaient la pièce, terminés à l'arrière par des armoires, dont l'une avait la forme d'un petit buffet, au-dessus duquel des verres étaient suspendus. La voûte s'abaissait beaucoup de chaque côté, mais au centre nous venait à hauteur d'épaules. À cet endroit une claire-voie en élevait la hauteur et permettait de se tenir debout. Des drapeaux, des cartes marines, des casquettes, des boîtes à cigares, des écheveaux de fil de caret, etc., étaient empilés dans de longs filets courant le long des murs. Une planche couverte de livres de toutes tailles, dont la plupart étaient la tête en bas et sans couverture, traversait la cloison d'avant. En dessous un rayon plus petit supportait un anéroïde et une pendule au tic-tac bruyant. Des pipes y étaient suspendues. Toutes les boiseries étaient peintes en blanc, et si j'avais eu moins d'idées préconçues, j'aurais admis que ce petit intérieur était engageant. Quelques photographies attachées par des punaises décoraient la cloison d'arrière. Celle juste au-dessus de la porte représentait une jeune fille.

– C'est ma sœur, dit Davies, émergeant de la cuisine. Maintenant, tes bagages. (Il grimpa l'échelle; presque immédiatement ma valise obscurcit l'écoutille et j'entendis un grand bruit de cuir qu'on pousse et qu'on essaie d'enfoncer.) Je savais bien qu'elle était trop grande! Je suis désolé, mais il va falloir tout défaire sur le pont. Quand elle sera vide, elle passera.

Bientôt toutes mes pauvres affaires furent étalées à mes pieds, et à force de me baisser et de me relever je me donnai un véritable lumbago. Davies redescendit l'échelle et me fit visiter, non sans une grande fierté, notre chambre à coucher. (Il appelait l'autre cabine «le salon».) Nos lits n'étaient que deux étroites couchettes avec des couvertures mais pas de draps; le dessous de chacune était un tiroir. Davies me dit que je pouvais me servir de l'un d'eux, en ayant l'air de trouver qu'il me traitait princièrement.

– Nous allons jeter le contenu de ta valise par la claire-voie sur ta couchette. À propos, j'ai bien peur que tu n'aies pas assez de place. Ne pourrais-tu te passer… ?

– Non, lui répondis-je brièvement.

Je n'essayai pas même de discuter; deux hommes pliés en deux comme des singes sont trop ridicules.

– Et si tu veux bien sortir, je pourrai peut-être sortir aussi, ajoutai-je.

Davies eut l'air désolé de ce commencement de querelle, mais je l'écartai, montai l'échelle, et au clair de lune défis les courroies de cette diable de valise. Furieux, je choisis tant bien que mal quelques affaires que je jetai par la claire-voie. Je cachai rapidement le reste et rebouclai les courroies avant que Davies ait pu voir quel genre de vêtements j'avais apporté. Puis je m'assis sur la cause de tant d'ennuis, eu frissonnant, car la nuit était fraîche. Puis l'idée me vint que j'aurais été bien plus à plaindre s'il avait plu. Cette réflexion me fit regarder le paysage. L'eau de la petite baie n'avait pas une ride; les étoiles du ciel se reflétaient toutes en ce miroir liquide; quelques maisonnettes blanches luisaient à un endroit de la rive; à l'ouest, les lumières de Flensbourg perçaient l'obscurité; à l'est, le fjord s'élargissait, se perdant dans le noir. Des sons étouffés montaient d'en dessous : c'était Davies qui poussait, tapait, clouait. De temps en temps j'entendais quelque chose de lourd qu'on jetait dans l'eau, et qui tombait avec un grand bruit d'éclaboussement.

C'est à ce moment précis qu'un changement se produisit en moi. Comment et pourquoi, je ne le saurais dire. Était-ce le dernier regard de Davies qui m'avait semblé plein d'angoisse ? J'associai ce regard, sans aucun fondement, avec le bandage qui entortillait sa main. Était-ce une de ces secondes pendant lesquelles on se voit face à face, comme je me vis alors, et pendant lesquelles je comparai mon égoïsme futile à la générosité simple et naturelle de Davies ? Était-ce l'atmosphère impalpable et mystérieuse dont toute l'entreprise était environnée et qu'aucun incident aussi vulgaire et aussi mortifiant soit-il ne pouvait dissiper ? Là encore je fis coïncider l'évidente gêne de mon camarade avec le regret qu'il avait de m'avoir invité sans m'avoir expliqué l'état des choses. Était-ce enfin les étoiles et le grand air qui ravivaient en moi l'instinct atrophié de la jeunesse et de l'audace ? Probablement. En tout cas, toutes ces influences fortifiées par un réel sens du ridicule, qui me fit voir que malgré tous mes savants calculs j'étais sur le point de me conduire comme le plus grand imbécile du monde, firent de moi un autre homme.

– Ton grog est prêt, me cria Davies des profondeurs.

À mon grand étonnement, je trouvai le salon parfaitement en ordre. Toute trace de désordre avait disparu comme par enchantement. Des verres et des citrons étaient posés sur la table, et l'odeur pénétrante du punch remplaçait la mauvaise odeur précédente. Je ne fus pas exactement chaud, mais je fus suffisamment aimable pour délivrer mon hôte d'un grand poids.

Il se mit à m'expliquer de la meilleure grâce du monde comment il s'y prenait pour ranger les provisions, vantant « l'espace » de son antre flottant. Et puis :

– Voilà ton poêle, vois-tu ? J'ai jeté l'autre à la mer.

J'aime mieux vous dire tout de suite que « jeter les choses à la mer » était une de ses manies, et qu'il le faisait sous n'importe quel prétexte. Depuis, j'ai toujours soupçonné que ce nouveau poêle n'était pas réellement nécessaire, pas plus que les rigging-screws d'ailleurs, mais que c'était une bonne excuse pour se payer ce curieux luxe.

Après une courte conversation et une bonne pipe se posa le problème du couchage. Je ne parvins à me glisser entre mes couvertures grossières qu'après de nombreux horions. Davies fut couché en un tour de main.

– On est bien, n'est-ce pas ? remarqua-t-il en soufflant la bougie de sa couchette avec une précision qui devait être le résultat d'une longue pratique.

J'étais couvert de picotements, des pieds à la tête, et une tache humide s'élargissait sur mon oreiller. Une goutte d'eau tombant régulièrement sur mon front m'expliqua le phénomène.

– Est-ce que… le pont fait eau ? demandai-je aussi doucement que possible.

– Mon pauvre vieux, je suis désolé, s'écria Davies en s'élançant hors de son lit. C'est le serein. J'ai calfaté hier autant que j'ai pu, mais j'ai dû oublier cette voie d'eau. Je cours la boucher avec de la toile cirée.

– Qu'est-ce que tu as donc à la main ? lui demandai-je à moitié endormi à son retour.

La reconnaissance me fit penser à son bandage.

– Oh ! rien, je me suis foulé le poignet l'autre jour, répondit-il.

Puis, venant comme des cheveux sur la soupe, il ajouta :

– Je suis réellement content que tu aies apporté ce compas azimutal. Naturellement, je n'en ai pas absolument besoin, mais (ceci de dessous les couvertures) ce sera peut-être utile tout de même.

CHAPITRE III

DAVIES

Ma première nuit à bord fut agitée. Je me réveillai souvent en sursaut. Il faisait grand jour que j'étais encore à moitié endormi. Un torrent d'eau dégringolant par la claire-voie me tira complètement de cette torpeur. Je bondis de ma couchette, me cognant la tête contre le plafond, et regardai en l'air, en clignotant, les yeux encore gonflés de sommeil.

– Pardon! Je nettoie le pont. Monte et fais un plongeon. As-tu bien dormi?

C'était la voix de Davies venant d'en haut.

– Pas mal, lui répondis-je en grommelant.

Je pataugeai dans une mare d'eau, montai en trébuchant l'échelle et plongeai par-dessus bord, noyant les cauchemars, la fatigue, la mauvaise humeur et la neurasthénie dans le plus joli des fjords de la toute jolie Baltique. Après quelques brasses furieuses et énergiques, je fus de retour, cherchant un moyen de remonter à bord. Le flanc du yacht, tout bas qu'il était, n'avait rien d'engageant et était très glissant. Davies, en manches de chemise, les bras nus jusqu'au coude, son pantalon remonté au-dessus des genoux, me tendit un bout de corde, m'expliquant que quand on y était habitué ce n'était rien du tout que de remonter et m'adjurant de faire attention à sa peinture. Il fit bien allusion à une échelle qu'il avait eue jadis, mais que, naturellement, il avait jetée à la mer, parce qu'elle le gênait horriblement. Arrivé sur le pont, je m'aperçus que mes genoux et mes coudes étaient couverts de peinture noire. Davies était consterné, mais moi, tout en m'essuyant, je sentais bien que j'avais laissé dans ces eaux limpides une bonne partie de ma mauvaise humeur et de ma fatuité.

Tout en m'habillant, je regardai autour de moi, et d'un œil mal exercé et méfiant je fis l'inventaire du bateau. La *Dulcibella* me parut très petite (de fait sept tonneaux) ; sa longueur était de trente pieds environ, et sa largeur de neuf. Un yacht de cette taille est tout ce qu'il faut pour faire une croisière d'un ou deux jours dans le Solent[1] pour ceux qui aiment ce genre de sport ; mais que Davies soit venu de Douvres dans la Baltique sur cette coquille de noix suggérait une dépense d'énergie à laquelle je n'avais pas pensé. Le chic et la beauté m'avaient toujours paru les qualités essentielles d'un yacht. Avec la meilleure volonté du monde, il était impossible de trouver la *Dulcibella* élégante. La coque paraissait trop basse, et le grand mât trop haut ; la voûte de la cabine avait l'air épaisse et les claires-voies attristaient l'effet général avec leur fer rouillé et leur bois blanc mal peint. Le peu de cuivre qui se trouvait à la barre ou autre part était recouvert de vert-de-gris. Le pont rugueux et gris était taché à l'avant, des exhalaisons de goudron s'échappaient de ses coutures. Les voiles et les cordages me semblèrent en deuil, à côté de la délicate couleur chamois clair, si réjouissante à voir se détacher sur le bleu d'un ciel de juin à Southsea. L'aspect général n'avait rien gagné aux récentes réparations. Une odeur de peinture, de vernis, de menuiserie flottait dans l'air. Un guidon aux couleurs trop vives claquetait en haut du mât. Deux ou trois cordages

1. Le Solent est un petit détroit entre l'île de Wight et l'Angleterre.

neufs, notamment autour d'un diminutif mât d'artimon qui paraissait entièrement neuf, tranchaient sur les autres; mais tout ceci ne faisait qu'accentuer la laideur de la *Dulcibella*.

Tout le monde pouvait voir, cependant, que l'ensemble était solide et pratique. Quelques objets étaient d'une force de résistance disproportionnée. La chaîne de l'ancre était en comparaison bien plus forte que l'ancre même; l'habitacle, avec son compas, était d'une taille et d'une proéminence presque ridiculement impressionnantes. Cependant c'était le seul brin de cuivre entretenu, et entretenu avec vénération. Deux énormes tas de cordage épais étaient lovés juste à l'arrière du grand mât. Il est temps que j'ajoute que jadis le yacht avait été un canot de sauvetage, et qu'il avait été maladroitement converti en un yacht par addition d'une voûte, d'un pont et des espars nécessaires. Il était construit, comme tout canot de sauvetage, diagonalement, avec deux coques de bois de tek, et ainsi possédait une force énorme, mais il avait l'air d'un rafistolage mal fait.

Je descendis dans la cabine au cri de : «Le déjeuner est servi.» J'y trouvai la table mise. Davies m'en fit les honneurs, très affairé, le sang à la tête et avec des mains de cuisinier. Nous fûmes un peu à court en fait d'assiettes et de tasses, mais je le complimentai sur la façon dont il avait frit le bacon. Ma cuisinière à Londres n'aurait pas mieux fait. Le repas aurait été tout à fait de mon goût si je n'avais pas été obligé de me courber pour manger et si j'avais pu de temps en temps me lever et m'étirer – délassement désastreux pour mon crâne. Je remarquai aussi que Davies me parla, avec un engouement de mauvais augure, des délices du pain blanc et du lait frais, qu'il considérait comme un luxe extraordinaire.

– On ne peut pas toujours aller à terre, me répondit-il quand je l'interrogeai avec discrétion à ce sujet. J'ai vécu pendant dix jours sur un gros pain bis dans les îles de la Frise. Après cela j'ai essayé de faire des petits pains ; comme je n'avais pas de levain, j'ai d'abord employé *Eno's fruit salt*, mais cela n'a pas réussi. Quant au lait, quand il est condensé… est-ce que tu l'aimes ?

Je changeai la conversation et lui demandai quels étaient ses projets.

– Partons immédiatement, me répondit-il. Redescendons le fjord.

Impossible d'en savoir davantage, il s'était précipité dans le gaillard d'avant et sa voix était étouffée par le tapage qu'il faisait en lavant la vaisselle.

À partir de cet instant les événements se précipitèrent avec une rapidité déconcertante. Dans l'humble espoir de me rendre utile je le rejoignis sur le pont. Il fit à peine attention à moi, sauf pour me considérer comme un nouvel obstacle à son va-et-vient continuel. Il était partout à la fois, tirant des chaînes, accrochant des drisses, halant des cordages, pendant que pour ma part je ressemblais assez au clown qui veut faire les choses quand elles sont déjà faites, car mes connaissances nautiques étaient de cette espèce vague et superficielle, absolument inutiles quand il s'agit de les mettre en pratique. En un tour de main l'ancre fut levée (quel grand monstre rouillé c'était !), les voiles établies, et Davies passait et repassait du gouvernail au foc, pendant que la *Dulcibella*, s'inclinant comme pour prendre congé, à regret, de la rive, mettait le cap vers l'embouchure du fjord. Nous avançâmes d'abord spasmodiquement, mais aussitôt que nous entrâmes dans le chenal, une bonne brise venant de Flensbourg nous fit aller bon train.

Davies peu à peu redevenait lui-même, avec de temps à autre des moments d'absence, pendant lesquels il attachait le gouvernail pour aller arranger un cordage à l'autre bout du bateau, le tout tellement rapidement que ses mouvements paraissaient simultanés. Une fois il disparut pour reparaître presque immédiatement avec une carte marine qu'il étudia, tout en gouvernant avec un succès que j'eusse cru impossible, étant donné que le vent menaçait à chaque instant d'emporter la carte. Pendant que, respectueux, j'attendais qu'il sortît de sa contemplation, j'eus tout le temps de dévisager Davies. Il avait laissé tomber la carte et était assis, ou plutôt à demi étendu sur le pont, un bras tanné passé sur la barre, regardant fixement droit devant lui, ne lançant que rarement un coup d'œil circulaire sur le bateau et au ciel. Je m'attachai à son visage que j'avais trouvé quelconque, comme d'ailleurs j'avais toujours trouvé Davies lui-même. Son expression candide et presque enfantine m'irritait plutôt autrefois. Maintenant que les écailles me tombaient des yeux, je lus sur son visage une force qui allait jusqu'à l'opiniâtreté, un courage allant jusqu'à la témérité, indiqués par la fermeté du menton. Son regard avait beaucoup vieilli et était bien plus profond qu'autrefois. Ces transitions soudaines d'une gaieté agitée en une volonté arrêtée, qui m'avaient amusé et surtout ennuyé jusqu'ici, semblaient recouvertes par une délicate réserve, ni froide ni égoïste, mais étrangement captivante par sa nature même, faite de franchise, bien que ceci semble un paradoxe. Chaque trait de son visage respirait la sincérité. J'eus un remords. Je m'étais cru intelligent et bon observateur des hommes de valeur, et dans ce cas je m'étais lourdement trompé. Combien de fois m'étais-je ainsi trompé ? Ce fut un faible soulagement de me dire que l'occasion m'était offerte de réparer. Cependant, tout en réfléchissant, je constatai que pour en arriver à ses fins la Providence emploie des moyens détournés, sans compter un certain *sense of humour* caustique. Car c'était Davies qui m'avait invité, bien que maintenant il me traitât en quantité négligeable. C'était bien lui qui m'avait presque attiré dans un guet-apens, car franchement il aurait dû savoir que je n'étais nullement fait pour ce genre d'existence. Malgré tout, le mot guet-apens et Davies n'allaient pas ensemble.

Davies s'éveilla comme en sursaut de sa rêverie.

– Dis donc, es-tu bien ? Attends, je vais te chercher quelque chose pour que tu puisses t'asseoir.

Il poussa un peu la barre, la tâta un instant, comme on tâte le pouls, jeta un rapide coup d'œil au vent, et s'enfonça dans l'escalier d'où il émergea un instant après avec deux coussins qu'il jeta à mes pieds. Je lui en voulus de me traiter avec tant de cérémonie et lui demandai :

– Ne suis-je bon à rien ?

– Oh ! ne te frappe pas, répondit-il. Tu dois être vanné. Hein, marchons-nous ? N'est-ce pas Ekken là, à l'avant par bâbord, qu'on aperçoit sous les arbres ? Dis donc, jette un coup d'œil sur la carte, si ça ne te fait rien ?

Il me lança la carte, que j'étendis avec difficulté ; elle s'agitait tout le temps, comme mue par un ressort, aussitôt que je ne l'aplatissais pas avec mes mains. Je ne m'y connaissais guère en cartes marines, aussi cette soudaine confiance, après un si long abandon, m'énerva-t-elle.

– Tu vois bien Flensbourg, n'est-ce pas ? C'est là où nous sommes, reprit-il, m'indiquant vaguement un point sur la carte très compliquée. Maintenant, dis-moi de quel côté de cette bouée nous devons passer ?

Je n'avais pas encore saisi ce qui représentait l'eau et la terre quand il ajouta :

– Ça ne fait rien ; je suis presque sûr que ce sont de grands fonds à peu près partout dans ces parages. Je suppose que cette bouée indique le chenal pour les vapeurs.

Quelques secondes plus tard, nous dépassions la bouée en question, du mauvais côté, j'en suis presque sûr, car nous vîmes apparaître, beaucoup trop distinctement pour mon goût et juste en dessous de nous, des algues et du sable. Mais Davies ne fit que remarquer :

– Pas de danger, c'est toujours calme ici, et la dérive n'est pas abaissée. (Ceci me parut sinistre bien qu'incompréhensible.) C'est ce qu'il y a d'agréable dans ces eaux du Schleswig. Un bateau comme celui-ci peut aller à peu près partout, et on n'a pas besoin de suivre les règles de la navigation. Tandis…

Un léger grincement se fit sentir plutôt qu'entendre en dessous de nous.

– N'échouons-nous pas ? demandai-je avec le plus grand calme.

– Oh ! la *Dulcibella* s'en tirera, répliqua-t-il, légèrement mortifié.

En effet elle s'en tira, mais Davies était vexé. Je fais remarquer ceci comme exemple d'une de ses petites faiblesses. Il n'était pas pédant le moins du monde, et n'essayait jamais de vous en remontrer comme c'est l'habitude des gens qui font du yachting. Il m'avait jeté la carte sans même penser que c'était de l'hébreu pour moi, et que cette occasion était excellente à saisir pour me faire un discours, exactement comme son abandon de toute la matinée n'avait été qu'une indépendance inconsciente et naturelle. À côté de cela, passé maître dans son métier, comme je le vis plus tard, adroit, alerte, jamais pris au dépourvu, il tombait souvent dans une sorte de vague assez irritant mais assez amusant. Je crois que ces deux singularités venaient surtout de son horreur de toute pose. Je fais remonter à la même source le fait que lui et son yacht n'observaient nullement l'étiquette superficielle à laquelle se plient les yachts et les yachtsmen. Par exemple, la *Dulcibella* n'arborait aucun pavillon national, et Davies ne portait jamais ni le pantalon blanc ni la vareuse bleue.

Nous doublâmes une pointe verte que j'avais à peine remarquée.

– Il faut changer de voile, dit Davies. Prends le gouvernail, veux-tu ?

Et sans attendre il se mit à haler bas la grand-voile de toute sa force. J'avais de vagues notions pour gouverner, mais changer la voile est une opération délicate. Aucun yachtsman ne sera surpris d'apprendre que le bout-dehors saisit l'occasion de s'élancer de l'autre côté avec un craquement formidable, pendant que la voile s'entortillait autour de moi et de la barre.

– Tu ne la connais pas encore bien, remarqua tristement Davies. Elle répond à la moindre pression.

– Où faut-il que je gouverne ? lui demandai-je affolé.

– Oh ! ne t'inquiète pas, je m'en charge maintenant, me répliqua-t-il.

Je pensai que le moment était venu d'avouer mon incapacité.

– Tu sais, je ne suis qu'un imbécile, commençai-je. Il va falloir que tu m'apprennes tout, depuis A jusqu'à Z. Sans cela, un de ces jours je te ferai sombrer. Vois-tu, il y a toujours eu un équipage…

– Équipage ! s'écria Davies avec un profond mépris. Mais le seul intérêt est de tout faire par soi-même !

– C'est qu'il me semble que je t'ai gêné toute la matinée, et que je ne te sers à rien.

– Oh ! je suis désolé. (Sa contrariété et sa contrition étaient trop drôles.) Mais au contraire, tu me rendras le plus grand service du monde.

De nouveau il retomba dans une sorte d'absence. Nous longions une petite baie, nous dirigeant vers une passe.

– Voilà l'Ekken Sound[1], dit Davies. Allons l'explorer.

Deux minutes après nous glissions dans le joli petit détroit, apercevant à l'autre extrémité la haute mer. Les rives étaient parsemées de chaumières, quelques-unes surplombant l'eau même ; d'autres y communiquaient par des escaliers délabrés ou par un ponton en miniature. Des plantes grimpantes et des roses débordaient pardessus les murs et les petites portes voûtées. Un instant nous longeâmes un quai grossièrement fait auquel quelques

1. *Sound* : détroit, bras de mer.

bateaux de pêche étaient attachés. Ces bateaux et le jardin d'une petite auberge suggéraient qu'à cet endroit il y avait un soupçon de commerce et que quelques rares touristes pouvaient visiter ce coin perdu. Les teintes dominantes étaient bronze et rose, dues en partie aux poutres des chaumières et aux pontons verdis par le temps, en partie aux plantes grimpantes se détachant roses sur le vert sombre des arbres, sur lesquels l'automne avait déjà laissé sa trace dorée. Nous débouchâmes dans une large mer intérieure, où nos voiles se gonflèrent bien vite.

– Pare à virer ! cria Davies sans même regarder le délicieux paysage qui se déployait devant nous. Il faut que nous en ressortions tout de suite.

Le bateau fit demi-tour.

– Oh ! pourquoi ne pas jeter l'ancre et nous arrêter ici ? protestai-je.

– Nous avons vu tout ce qu'il y a à voir, et il ne faut pas perdre cette jolie brise.

C'était presque une torture pour Davies que de perdre une bonne brise pendant qu'il était inactif à l'ancre ou à terre. La terre était pour lui un élément inférieur, une sorte d'annexe utile à l'eau – l'endroit où l'on se procure les nécessités de l'existence.

– Maintenant, déjeunons, continua-t-il pendant que nous remontions le fjord. Tu trouveras les boîtes de conserve dans le buffet en dessus du sofa de tribord, et la bière sous le plancher, dans la cale. Commence, si ça ne te fait rien, pendant que je passe cette bouée.

J'obéis de mauvaise grâce. L'odeur de la cabine et la position courbée me rendirent stupide probablement, car j'ouvris le buffet en dessus du sofa de bâbord et attrapai quelque chose de gluant qui n'était autre qu'un pot de vernis. Reculant de dépit, j'essayai d'ouvrir l'autre buffet, luttant avec difficulté contre les coins du puits de dérive. Enfin j'aperçus une collection de boîtes de conserve de toutes les tailles et une horrible odeur de moisi me monta aux narines. J'essayai de lire les étiquettes à moitié décollées par l'humidité, et, après beaucoup de tâtonnements, trouvai enfin la boîte de langue fumée dont m'avait parlé Davies. Je me mis alors à la recherche de la bière. Je me plaçai à quatre pattes et tirai sur la planche autant que je pus, tout en souhaitant que l'eau salée ait préservé notre boisson. J'eusse aussi préféré une cave d'accès plus facile et moins humide. Après de nombreux efforts j'arrachai quelques bouteilles parmi les «gueuses[1]» visqueuses et je contemplai, découragé, mon futur repas, la tête me tournant un peu.

– Trouves-tu ? me cria Davies. La clef pour ouvrir les boîtes est suspendue sur la cloison ; les assiettes et les couteaux sont dans le buffet.

Je continuai mon service avec acharnement. Les assiettes et les couteaux n'attendirent pas que je les prenne, mais me tombèrent affectueusement sur la poitrine, dégringolant par terre avec un fracas épouvantable, car le buffet étant du côté du vent le bateau penchait sur moi.

– Ça arrive souvent, me cria la voix d'en haut. Ne te frappe pas. Elles sont incassables. J'arrive t'aider.

Et il arriva, laissant la *Dulcibella* se tirer d'affaire toute seule.

– Je crois que je vais monter sur le pont, grommelai-je. Pourquoi n'avons-nous pas déjeuné à Ekken, au lieu de cet infernal pique-nique ? Et qu'est-ce que le yacht devient pendant ce temps-là ? Comment pouvons-nous manger sur une table qui penche comme ça ? Je suis couvert de vernis, de vase, et j'enfonce dans la vaisselle jusqu'aux chevilles. Allons bon, voilà le bouchon de la bière qui saute maintenant !

– Tu n'aurais pas dû la poser sur la table pendant que

1. Lest.

nous avons une telle bande, me répondit Davies très calmement; mais ça ne fait rien; cela n'abîmera rien; ça se perdra dans la cale. (Poussière retourne à la poussière, pensai-je.) Monte sur le pont; je m'en vais finir de préparer le déjeuner.

Je regrettai mon mouvement d'humeur, bien qu'il fût justifiable.

– Garde le gouvernail exactement dans la même position, ajouta Davies pendant que je m'extirpais de la vaisselle, brossais de la main mon pantalon et vernissais l'échelle avec mes mains en montant sur le pont.

Je détachai la barre et suivis les ordres donnés par Davies.

Nous suivions une courbe du fjord et nous nous dirigions vers un passage plus large. À chaque instant je découvrais un paysage fait pour calmer l'esprit le plus en colère. Un petit hameau aux toits rouges se trouvait à gauche. À droite, des ruines recouvertes de lierre se baignaient presque dans l'eau où quelques bestiaux immobiles enfonçaient jusqu'aux genoux. En face, la plage blanche bordait la côte qui remontait en pente douce pour aboutir à des coteaux boisés, coupée çà et là ou de falaises basses d'un rouge vif, ou par une petite combe tapissée de verdure.

J'oubliai toutes mes petites misères et me laissai aller à la beauté des choses. Je jouis du tremblement timide de la barre et des bouffées d'air que me renvoyait la voile. Et je me régalai avec le déjeuner que Davies m'apporta et qu'il me fit manger avec la plus grande sollicitude.

Plus tard le vent tomba. Davies s'occupa de remplacer les voiles. Quant à moi, je me contentai de rêvasser tout l'après-midi dans une sorte de torpeur.

CHAPITRE IV

RETOUR EN ARRIÈRE

– Allons, réveille-toi !

Je me frottai les yeux, me demandant où j'étais, et m'étirai avec peine, car malgré les coussins je ne m'étais pas étendu sur un véritable lit de roses. Il se faisait tard. Le yacht était immobile dans l'eau qui me parut opaque et colorée par les derniers rayons du soleil. Un nuage léger couvrait presque tout le ciel et l'atmosphère s'imprégnait d'humidité. Nous étions à peu près au milieu du fjord, dont les rives semblaient plus définies dans la lumière crépusculaire ; assez près, en avant, elles s'abaissaient subitement en une sorte de vide grisâtre. Le calme était parfait.

– Nous n'arriverons pas ce soir à Sonderbourg, dit Davies.

– Que faire alors ? lui demandai-je, reprenant mes esprits.

– Oh ! nous allons jeter l'ancre quelque part par ici, nous sommes juste à l'embouchure du fjord ; je vais remorquer la *Dulcibella* plus à l'intérieur, si tu veux bien gouverner dans cette direction.

Il désigna vaguement du doigt un point sur la rive. Puis il sauta dans le youyou, attacha l'amarre, et se mit à remorquer le yacht, qui ne se laissa pas faire de bonne grâce, à coups d'avirons saccadés. L'aspect menaçant du vide gris dont j'ai déjà parlé, joint à mes préférences naturelles pour passer la nuit en un point donné, me remit du noir dans l'âme. En sommeillant j'avais rêvé de Morven Lodge, de joyeuses parties de chasse, de massacres de grouses, de pêches miraculeuses, et maintenant…

La voix de Davies me parvint à travers le clapotement des avirons.

– Donne donc un coup de sonde !

– Où est-elle ? lui criai-je de toutes mes forces.

– Oh ! ça va bien… nous sommes assez près maintenant ; jette… Peux-tu jeter l'ancre ?

Je me précipitai vers le monstre endormi et le saisis maladroitement. Mais Davies, déjà de retour à bord, parut ne toucher l'ancre qu'une ou deux fois, et en un tour de main elle plongea dans l'eau au milieu d'un jaillissement d'éclaboussures et avec un horrible grincement de chaîne.

– Nous serons bien ici, remarqua-t-il.

Je suggérai timidement :

– N'est-ce pas un mouillage bien ouvert ?

– Oh ! ça n'est ouvert que de ce côté-ci, répliqua-t-il. Si le vent s'y lève il faudra nous en aller ; mais je crois que nous n'aurons que de l'eau. Serrons les voiles.

Un autre tourbillon d'activité, auquel je pris part, autant que je pus, obsédé par l'idée d'avoir à décamper, Dieu sait où, à minuit ! Mais probablement le sang-froid de Davies se gagnait, et en bas, notre petit antre brillamment éclairé et dans lequel le fumet des plats aiguisait l'appétit me devint presque cher. Un bifteck n'est pas moins bon parce qu'il a été entortillé dans un journal, et les traces légères des nouvelles du jour qui peuvent y avoir adhéré disparaissent rapidement dans la poêle, mêlées aux oignons et aux pommes de terre frites. Davies était dans tous ses états. Pour son premier dîner il me régala d'une bouteille de champagne allemand qu'il tira d'une tombe plus honorable que celle de la bière, et qu'il m'offrit avec un orgueil à peine déguisé. Nous bûmes à la santé de la *Dulcibella*.

– Si tu me racontais ton voyage d'Angleterre jusqu'ici? lui demandai-je. Tu as dû avoir des aventures intéressantes. Voilà les cartes, suivons dessus.

– Il faut laver la vaisselle d'abord, répliqua-t-il.

C'est ainsi que je fus initié avec tact à l'une des rares règles du bord. Nous ne devions ni commencer à fumer, ni nous mettre à bavarder, avant que le lavage de la vaisselle soit terminé.

– Sans ça ce ne serait jamais fait, ajouta-t-il sagement.

Mais quand ce fut fait, j'attendis vainement, le cigare à la bouche. (Il y en avait de toutes provenances : allemands, hollandais, belges, etc.)

– Je ne puis décrire les choses, gémit Davies, et vraiment il n'y a rien à raconter. Nous avons quitté Douvres, Morrison et moi, le 6 août. Jusqu'à Ostende nous avons eu une très belle traversée.

J'interrompis :

– Amusant, Ostende, je suppose?

– Amusant! Quel sale trou, mon Dieu! Nous avons dû nous arrêter là deux jours, car nous touchâmes une bouée et la sous-barbe du bateau fut emportée. Nous y sommes restés, dans un horrible petit bassin; il n'y avait rien à faire à terre.

– Oh! très bien. Et après?

– Nous eûmes une traversée splendide jusqu'au Scheldt est, mais arrivés là, comme des idiots, nous décidâmes de traverser la Hollande par les canaux et par les rivières. Dans les estuaires c'était épatant, les marées et les bancs de sable ne sont pas une petite affaire, je t'assure, mais plus à l'intérieur des terres, c'était embêtant au possible. Nous passâmes notre temps à payer des droits d'écluses, à nous cogner contre les *schuyts*[1], et à être remorqués le long des canaux puants. Jamais une nuit tranquille comme celle-ci,

1. Espèces de chalands.

toujours à l'ancre près d'un quai ou d'un chemin de halage, avec des passants et des gamins ! Grand Dieu ! jamais je n'oublierai ces petits voyous. La Hollande en est infestée ; leur unique occupation semble être de jeter des pierres et de la boue sur les yachts qu'ils ne connaissent pas.

– La Hollande aurait besoin d'un nouveau Hérode.

– Par Dieu, oui ! La vérité est que pour un voyage aussi ennuyeux que celui-là, on a besoin d'un équipage. Il servirait au moins à mettre les gamins en fuite et à les empêcher de voler les avirons. Un bateau comme celui-ci ne devrait jamais quitter la mer ou des endroits en dehors des chemins battus, le long de la côte. Alors, après Amsterdam...

– Tu en passes pas mal, il me semble ? interrompis-je encore.

– Oh ! tu crois ? Voyons, laisse-moi voir. Nous sommes passés de Dordrecht à Rotterdam, rien à voir, des milliers de remorqueurs filant autour de nous et frôlant notre avant à chaque instant. Alors nous suivîmes le Vecht[1] jusqu'à Amsterdam, et de là – quel soulagement ! – en plein dans la mer du Nord de nouveau. Jusque-là nous avions eu un temps calme et lourd, mais à ce moment précis une belle brise s'éleva et nous mîmes le cap sur le Zuyderzee, toutes voiles dehors.

Il allongea le bras, attrapa sur le rayon ce qui me sembla être un ancien grand livre et se mit à le feuilleter.

– Est-ce ton journal de bord ? lui demandai-je. J'aimerais le parcourir.

– Oh ! ça t'embêtera, c'est-à-dire si tu peux y comprendre quelque chose. Ce ne sont que des remarques sur les vents, les marées, etc. (Il tourna rapidement quelques pages.) Pourquoi, toi, ne tiendrais-tu pas un journal de ce que nous faisons ? Je ne peux pas écrire, tandis que tu peux.

– J'ai envie d'essayer.

1. Rivière canalisée.

– Prenons une autre carte maintenant.

Davies en tira une autre, encore plus tachée et plus éraillée que la première.

– L'exploration du Zuyderzee, sa partie septentrionale du moins, et parmi ces îles qui le bouchent au nord, fut des plus intéressantes. Ce sont les îles de la Frise, ces îles-là; elles s'étendent à l'est pendant à peu près cent vingt milles. Tu vois, là, ces deux premières : Texel et Vlieland, elles ferment le Zuyderzee, et les autres sont parallèles à la côte hollandaise et à la côte allemande[1].

– Qu'est-ce que tout ça? lui dis-je, passant le doigt sur de petits signes pointillés qui couvraient presque entièrement la carte, incompréhensible pour moi, car je n'y voyais que des lignes tortueuses se rejoignant, s'éloignant, se coupant, et des espaces nus.

– Rien que du sable, s'écria Davies avec enthousiasme. Voilà bien l'endroit rêvé pour faire du yachting. On pourrait explorer des semaines sans rencontrer âme qui vive. Ici ce sont les chenaux, vois-tu… ils sont mal indiqués. Cette carte ne m'a servi à rien, pour ainsi dire, mais ce n'en était que plus amusant. Pas de villes, pas de ports, juste un ou deux villages sur les îles, où se ravitailler.

– Elles ont plutôt l'air désertes, tes îles.

– Désertes n'est pas assez fort! Ce ne sont vraiment que de gigantesques bancs de sable.

– Et tout ça n'est-il pas un peu dangereux?

– Pas du tout. Voilà où notre faible tirant d'eau et notre fond plat ont leur avantage; nous avons pu aller partout et quand nous échouions ça ne faisait rien. La *Dulcibella* est la perfection pour ce genre de navigation, et elle n'est vraiment pas trop laide, n'est-ce pas? me demanda-t-il assez sérieusement.

J'hésitai probablement, car il s'écria :

1. Voir carte A.

– En tout cas, ce n'est pas de sa beauté que je m'occupe.

Il s'était renversé et je m'aperçus qu'un de ses moments d'absence était proche. Son cigare, qu'il avait passé son temps à rallumer fiévreusement – signe d'excitation chez lui – était cette fois-ci complètement éteint.

– Mais à propos d'échouage, persistai-je, certainement *cela* doit être dangereux.

Il se redressa pour chercher une allumette.

– Pas du tout, quand on sait où l'on peut se risquer ou non. Cette carte peut te sembler simple («simple» !) ; mais quand à mi-marée tous ces bancs de sable sont recouverts, les îles et les côtes sont à peine visibles tellement elles sont basses, et il est difficile de s'y reconnaître.

J'étais abasourdi par cette description des plus beaux parages du monde!

– Naturellement quelquefois on court quelque risque, continua-t-il; il faut bien choisir où jeter l'ancre. Généralement un bon mouillage sous le vent, près d'un...

– N'as-tu jamais pris de pilote? lui dis-je, coupant court à ses explications techniques.

– Un pilote! Comment, mais le seul intérêt en ceci... (Il s'arrêta court.) Si, j'en ai pris un plus tard, reprit-il avec un sourire bizarre qui s'effaça immédiatement.

– Alors, qu'est-ce qui t'est arrivé? demandai-je en insistant, voyant qu'il allait retomber dans une de ses rêveries.

– Oh! il m'a fait échouer, naturellement. C'était bien fait pour moi... Je vais voir si le temps change.

Il se leva, lança un curieux regard circulaire à l'anéroïde, à la pendule et à la claire-voie entrouverte, et monta sur l'échelle, où il demeura quelques instants, la tête et les épaules à l'air.

Pas la moindre brise ne se faisait sentir, mais la *Dulcibella* commençait à s'agiter, roulant nonchalamment, mue par quelque subtile influence de la mer, sursautant de temps en temps.

– Quel temps fait-il ? criai-je de mon sofa.

Je dus répéter ma question.

– Pluie probablement, et du vent peut-être, mais ici nous sommes assez à l'abri. Ça vient du sud-ouest. Allons nous coucher.

– Ton histoire n'est pas finie, répliquai-je. Allume une pipe et vas-y.

– *All right*, fit-il, plus facilement que je ne l'aurais cru.

– Après Terschelling[1] – c'est là, la troisième île partant de l'ouest – je… je partis vers l'est, prenant mon temps.

– Je… ?

– Ah ! j'oubliais. Morrison avait été obligé de me quitter. Il me manqua énormément, mais à cette époque j'espérais que X… viendrait me rejoindre. Naturellement je pouvais m'en tirer tout seul, mais tout de même deux valent mieux qu'un. La dérive est horriblement lourde, si bien que je ne pus m'en servir de crainte d'un accident.

– Et après Terschelling ? lui dis-je, le ramenant à son sujet.

– Eh bien, je suivis les îles hollandaises, Ameland, Schiermonnikoog, Rottum (quels noms !), quelquefois du côté de la mer, quelquefois entre elles et la terre. J'étais peut-être un peu seul, mais c'était prodigieusement intéressant et réellement du sport. Les cartes ne valent rien, et j'eus à relever moi-même la plupart des détroits.

– Il n'y a probablement que de tout petits bateaux du pays dans ces eaux, remarquai-je. C'est pourquoi les cartes marines sont inexactes.

Davies ne pouvait véritablement pas demander aux amirautés de perdre leur temps à préparer les voyages pour un malheureux petit bateau comme le sien ! Mais il se monta.

– Tout ça c'est très joli, dit-il, mais réfléchis un peu

1. Voir carte A.

combien c'est fou ! Mais ce serait une trop longue histoire, je te raserais. Enfin, pour en finir, car il est temps de nous coucher, j'arrivai à Borkum, qui est la première des îles allemandes.

Il m'indiqua un losange dénudé placé au milieu d'un archipel de bancs de sable.

– Rottum, cette petite-là qui a l'air si drôle et qui pour toute habitation n'a qu'une maison, est la dernière des îles hollandaises à l'est. La Hollande elle-même se termine là, juste en face, l'Ems lui servant de frontière.

– Quel jour était-ce ? lui demandai-je.

– À peu près le 9 de ce mois-ci.

– Comment, rien qu'une quinzaine avant ta dépêche ? Tu n'as pas perdu de temps pour aller à Flensbourg. Mais attends donc, nous avons besoin d'une autre carte ; est-ce celle-ci ?

– Oui, mais elle est presque inutile. Je n'allai qu'un peu plus loin, qu'à Norderney, la troisième île allemande, d'où je décidai d'aller tout droit dans la Baltique. Aussi, j'allai jusqu'à l'Eider, là, sur la côte ouest du Schleswig, je suivis le fleuve, le canal de Kiel jusqu'à la Baltique. De là je fis une autre traversée jusqu'au nord de Flensbourg. J'y restai une semaine ; tu es arrivé, et voilà. Maintenant allons nous coucher. Quelle belle traversée nous aurons demain !

Il termina avec une gaieté forcée, et enroula rapidement la carte. La gêne qu'il avait montrée au début, en parlant de sa croisière, avait disparu un instant dans l'enthousiasme excité par une partie de son récit, mais sa conclusion rapide me prouva qu'elle ne l'avait pas quitté. Je me dis que ce n'était pas seulement son horreur des discours qui le retenait et je cherchai une bonne explication. Son voyage seul de la Baltique aux îles de la Frise avait été une entreprise téméraire, plein d'incidents périlleux, qu'il aimait mieux supprimer qu'expliquer. Il est plus que probable qu'il avait honte de sa folle entreprise et ne voulait pas m'en parler, à moi, un si nouvel adepte de la *Dulcibella* et pas encore convaincu quant à ses mérites. L'intérêt et la courtoisie demandaient que je sois plein de confiance et non effrayé. Je l'aimai d'autant plus quand j'arrivai à cette conclusion, mais j'insistai encore un peu.

– J'ai dormi tout l'après-midi, et, bien franchement, l'idée de me coucher ne me sourit guère. C'est si fatigant ! Regarde, tu as supprimé la dernière partie de ton voyage. Ce passage vers la côte du Schleswig... tu as bien dit l'Eider ?... Ce fut assez long, il me semble !

– Eh bien, voilà... à peu près soixante-dix milles, je suppose, tout droit.

Il dit cela à voix basse, en se baissant pour épousseter sur le plancher les cendres de son cigare.

– Tout droit ? insinuai-je. Mais alors tu t'es arrêté quelque part ?

– J'ai jeté l'ancre une fois, pendant une nuit. Oh ! mais soixante-dix milles ce n'est rien, avec une belle brise... Sapristi ! J'ai oublié de calfater la couture au-dessus de ta couchette, et il va pleuvoir. Il faut que je le fasse maintenant. Couche-toi, ne m'attends pas...

Ma curiosité, qui n'avait jamais été très excitée, changea d'objet, et j'allai me coucher en espérant que de grosses gouttes d'eau n'allaient pas me tomber toute la nuit au milieu du front avec la régularité d'un pendule. Je me mis au lit, pas encore avec aisance, mais avec un peu moins de contorsions que la nuit précédente. Le martelage cessa et Davies reparut juste au moment où je m'étendais sur mon lit de torture... ma couchette, voulais-je dire.

Quand Davies fut installé dans la sienne et qu'il eut soufflé la bougie, il me demanda :

– Crois-tu que ça te plaira, ce genre d'exploration ?

Je répliquai :

– Oui, je crois, s'il y a beaucoup de paysages aussi beaux que celui que j'ai vu ici. Mais j'aimerais de temps en temps descendre à terre et faire une promenade. Probablement ça dépend du temps, qu'est-ce que tu en penses ? (On entendait de larges gouttes de pluie tomber sur le pont.) Est-ce que cette pluie signifie que l'été est tout à fait mort ?

– Oh ! on peut aller à la voile tout aussi bien, répondit Davies, excepté quand la mer est trop grosse. Il y a beaucoup d'endroits très abrités. D'ailleurs le temps va changer bientôt. Et puis, pour les canards, plus il fera froid et plus il y aura de tempêtes, mieux ça vaudra.

J'avais totalement oublié les canards sauvages et le froid. La *Dulcibella*, représentant notre rendez-vous de chasse par mauvais temps, perdit la moitié de la valeur qu'elle venait de gagner dans mon estime.

– J'aime beaucoup la chasse, répondis-je ; et je crains bien de n'être qu'un yachtsman d'occasion qui aime le beau temps et préfère admirer le paysage.

– Paysage, répéta-t-il en pesant le mot. Tu as dû me croire toqué de m'en aller explorer ces îles inconnues. J'aurais voulu t'y voir !

– Merci bien, jamais de la vie, répondis-je promptement. Tu aurais bien dû te contenter d'aller découvrir cette merveilleuse Baltique ! Quel contraste ça doit être avec les horreurs que tu m'as décrites. Autour de ces îles, as-tu jamais rencontré un autre yacht ?

– Un seul, répondit-il. Bonne nuit.

– Bonne nuit.

CHAPITRE V

ON DÉSIRE UN VENT DU NORD

Je passai une excellente nuit, tant la jeunesse s'adapte bien aux circonstances et tant est puissante dame Nature. J'eus bien, cependant, une vague notion de torrents de pluie tombant sur le pont et du sifflement du vent accompagné des soubresauts nerveux de notre petite coque. Une fois même je vis, comme dans un rêve, Davies en pyjama et en grosses bottes, tenant à la main une lanterne sourde de proportions gigantesques, mais cette apparition disparut par l'échelle et un autre rêve remplaça cette vision.

Je me réveillai au son de ce qui me parut être cinquante trombones. Le musicien souriant et échevelé était au chevet de mon lit, portant une trompe de brume à ses lèvres avec une intention perverse.

– C'est notre façon de faire sur la *Dulcibella*, me dit-il, pendant que je me soulevais rapidement sur un coude. Ça ne t'a pas trop fait sursauter, j'espère? ajouta-t-il.

– À choisir, j'aime mieux le réveille-matin à la douche froide, lui répondis-je, pensant à la matinée précédente.

– Temps superbe, brise magnifique! me répondit-il.

J'étais autrement de bonne humeur ce matin-là que le jour précédent; mes membres avaient retrouvé leur élasticité, et je commençais à savoir où j'en étais. Malgré le vent piquant, j'eus le plongeon le plus agréable du monde, et ni le pain un peu rassis ni le lait condensé ne m'empêchèrent de faire un excellent petit déjeuner. Une heure après, nous étions prêts à partir et nous cinglions vers le vide gris de la veille, devenu un grand espace d'un beau bleu.

Je ne puis dire que cette première traversée en haute mer fut un plaisir pour moi, malgré tout mon désir d'y trouver de l'agrément. Je frissonnais à chaque bond, j'entendais trop bien le chant persuasif de l'écume à l'avant, je voyais l'harmonie étincelante de la mer et du ciel; mais toute perception était affaiblie par une sorte de crainte nerveuse. Le yacht paraissait plus petit que jamais, et la crête des vagues montait bien haut à l'arrière. Je ne pouvais m'empêcher de regretter que nous n'ayons un équipage. Davies, assis à sa barre bien-aimée, paraissait tout à fait à son affaire et m'inspirait entièrement confiance, d'une certaine façon, mais d'une autre ce n'était qu'un amateur, et il en avait bien l'air pendant que d'une main (et rien que d'un œil, semblait-il) il luttait avec une carte à demi déroulée sur le pont, à côté de lui, et éclaboussée par les embruns. Sa dernière conversation me revint à l'esprit avec tout son décousu, et ses réticences sur son voyage aventureux vers la Baltique avaient éveillé mes soupçons.

– Vois-tu un monument quelconque, par ici ? me demanda-t-il tout à coup.

Avant que j'aie pu répondre, il reprit :

– Il faut que nous prenions un autre ris.

Il abandonna la barre et ralluma sa pipe, pendant que le yacht faisait un tour sur lui-même. Ce fut un tel claquement de voiles, de tels soubresauts, l'eau de mer me piquait tellement les yeux, que j'en fus étourdi. Mais Davies tira un peu la basse voile et calma la *Dulcibella* comme par enchantement. Une heure plus tard nous apercevions l'Als Sound, avec Sonderbourg, sa vieille ville paisible se chauffant au soleil sur la plage de l'île et surplombée par les hauteurs de Dybbol, ce Dybbol de sanglante mémoire, témoin de la dernière résistance désespérée des Danois en 1864, avant que les Prussiens ne leur arrachent les deux belles provinces du Schleswig et du Holstein.

Un pont mobile très pesant se leva pour nous laisser entrer dans le port pendant que Davies remarquait :

– Il est trop tôt pour jeter l'ancre et je déteste les villes.

Mais j'insistai avec fermeté sur la nécessité pour moi de faire une promenade, et je parvins à mes fins après la promesse formelle que je fis d'acheter les provisions et de revenir de bonne heure, afin que nous ayons le temps de trouver un mouillage tranquille.

Jamais je ne posai le pied à terre avec des sentiments plus complexes, dus en partie au bonheur d'avoir de l'espace devant moi et aussi parce que j'avais regagné mon indépendance et pouvais explorer à mon goût ce Sonderbourg fascinant. Sonderbourg avec ses vieilles maisons aux toits dépassants, aux poutres sculptées, propres comme un sou neuf et cependant paraissant vieilles comme le monde ; Sonderbourg avec ses hommes aux crinières blondes, telles celles des Vikings, et ses femmes laides au teint frais, aux grandes bouches et aux fronts proéminents ; Sonderbourg me parut danois au possible sous son mince placage teuton. Je fis l'ascension du Dybbol – parsemé de monuments en souvenir de la défense héroïque – et d'en haut j'aperçus la *Dulcibella* qui me fit l'effet d'un jouet. Cette vue me rappela que j'avais des provisions à acheter. Je redescendis rapidement dans le vieux quartier et marchandai des œufs et du pain à une bonne vieille dame, rose comme une débutante, qui prétendit patriotiquement ne pas comprendre l'allemand et qui fit comparaître son fils, un beau garçon, ma foi ! dont l'anglais consistait en quelques mots d'argot nautique entendus sur un chalutier anglais, ce qui ne nous servit guère pour marchander. Quand je rentrai à bord, le thé était prêt. Nous le prîmes sur le pont et nous continuâmes le long du Sound qui, malgré son nom imposant, n'était guère plus grand qu'une rivière. Seules des armées de méduses, passant par toutes les couleurs de l'arc-en-ciel, nous rappelaient que nous étions sur l'océan.

Davies était préoccupé, mais il se réveilla quand je lui parlai de la guerre de 1864.

– L'Allemagne est une grande nation, me dit-il, je me demande si jamais nous nous battrons contre elle.

Un petit incident, qui arriva après que nous eûmes jeté l'ancre, accentua l'impression que j'avais ressentie quand il avait fait cette remarque.

Nous glissâmes au crépuscule dans un petit bras de mer ombreux si peu profond que notre quille toucha presque le fond de sable. En face de nous, sur la rive d'Alsen, s'élevait, se découpant nettement sur le ciel, la flèche d'un petit monument qui paraissait sortir du milieu des feuilles.

– Je me demande ce que c'est, lui dis-je.

Avec le youyou nous en avions pour une minute, aussi nous laissâmes tomber l'ancre et prîmes les avirons. Nous débarquâmes et écartâmes des ronces, des bruyères et quelques branches d'arbres. Nous vîmes alors un mince monument gothique de pierre grise avec des bas-reliefs représentant les Prussiens débarquant et les Danois résistant avec une sauvage ténacité. Nous déchiffrâmes l'inscription : *« Den bie dem Meeres Uebergange und der Eroberung von Alsen am 29 Juni 1864 heldenmüthig gefallenen zum ehrenden Gedächtniss. »* (En glorieuse mémoire de ceux qui moururent héroïquement pendant l'invasion et l'assaut d'Alsen.) Je connaissais la passion des Allemands pour les monuments, j'en avais vu de semblables sur les champs de bataille d'Alsace, et plusieurs sur le Dybbol ce même après-midi ; mais l'heure, les circonstances, le paysage rendaient celui-là singulièrement émouvant. Quant à Davies je le reconnus à peine ; ses yeux étincelaient et étaient remplis de larmes, pendant qu'il regardait alternativement l'inscription, le chemin que nous venions de suivre et la mer au-delà.

– Ce fut un débarquement, je suppose, murmura-t-il. Je me demande comment ils ont pu y arriver. Qu'est-ce que ça veut dire, *heldenmüthig*?

– Héroïquement.

– *Heldenmüthig gefallenen*, répéta-t-il à mi-voix, appuyant sur chaque syllabe.

On eût dit un enfant épelant pour la première fois le récit de la bataille d'Austerlitz.

Naturellement, à dîner, nous nous mîmes à parler de la guerre, et je vis que la guerre navale était la passion littéraire de Davies. Je n'avais jusqu'ici fait aucune attention aux livres empilés dans notre cabine, mais je vis alors que, à côté d'un almanach nautique et autres livres de ce genre, il y en avait plusieurs sur des croisières de petits yachts et quelques gros volumes posés n'importe comment dessus. Je louchai vers un de ces tomes et vis que c'était la *Vie de Nelson* par Mahan.

– C'est un sujet passionnément intéressant, dit Davies, attrapant un autre volume de Mahan : *Influence du pouvoir maritime*.

Le dîner attendit (et refroidit) pendant qu'il illustrait un point en ayant recours aux pages lues et relues. Il était très ému et ses explications manquaient de clarté. J'en savais juste assez pour écouter avec intelligence, et, bien que mourant de faim, j'étais ravi de l'entendre causer.

– Je ne t'embête pas, au moins ? s'interrompit-il brusquement.

– Pas du tout, au contraire, protestai-je. Mais il faudrait peut-être donner un coup d'œil aux côtelettes.

Cette diversion coupa le sifflet à Davies. J'essayai en vain de ramener la conversation là-dessus, mais il demeura réservé et hésitant.

La bibliothèque en désordre me remit à la mémoire le journal de bord, et quand Davies eut disparu dans le gaillard avec la vaisselle, je tirai le grand livre et commençai à le feuilleter. C'était une masse de courtes remarques avec des abréviations cryptiques. Les vents, les marées, le temps, les directions, semblaient prédominer. Le voyage de Douvres à Ostende n'occupait que deux lignes. « Départ sept heures soir, vent ouest-sud-ouest; jolie brise. West Hinder cinq heures matin; en dehors des bancs; Ostende onze heures matin. Le Scheldt avait droit à deux pages très techniques. La Hollande intérieure ne se voyait accorder qu'un résumé méprisant, avec quelques allusions aux moulins à vent, et deux ou trois réflexions sarcastiques au sujet des gamins, de la peinture, et de l'odeur des canaux.

À Amsterdam on retombait dans les expressions techniques, mais le ton du journal était plus animé; il le devenait tout à fait à mesure que l'auteur avançait dans sa croisière sur la côte de la Frise. Il était certainement remonté, car çà et là on rencontrait des essais de descriptions d'une nature qui aurait découragé le plus brillant des observateurs et des écrivains. Là aussi un mot était dit de ses visites à terre, et il donnait un compte rendu de ses conversations avec les boutiquiers et les pêcheurs. Mais c'était rare. L'essentiel du journal consistait en une nomenclature de chenaux, de bas-fonds aux noms bizarres et décourageants, de la dérive, de voiles, de vents, de bouées, de *booms*[1], de marées, et de mouillages pour la nuit. « Touage » paraissait être une diversion fréquente, et « échouage » était presque journalier.

C'était d'une lecture difficile, aussi tournai-je rapidement les feuillets; j'étais curieux de voir la dernière partie du journal. J'arrivai au 9 septembre. Ce jour-là encore, Davies ne parlait que de touage, de *booms* et des détails

1. Sorte de piquets servant à baliser les petits chenaux.

ordinaires. Puis trois jours sans rien; le journal ne reprenait qu'au 13 septembre. « 13 sept. : vent ouest-nord-ouest, bonne brise. Décidé d'aller dans la Baltique. Mis la voile quatre heures matin, traversée rapide. Est-demi-sud. Mouillé pour la nuit sous le Hohenhorn – 14 sept. : rien. – 15 sept. : départ quatre heures matin. Jolie brise; route ouest quart-sud-ouest, quatre milles; nord-est par nord, quinze milles. Norderpiep neuf heures trente. L'Eider onze heures trente. »

Cette lecture aurait étouffé toute curiosité en moi si je n'avais remarqué alors qu'une page avait été arrachée du livre. On avait essayé d'en effacer les traces, mais Davies ne savait pas bien dissimuler et un enfant aurait pu s'en apercevoir. À partir du soir du 9 septembre – où une page finissait – tout ce qui avait été écrit l'avait été d'un seul coup. Je fus sur le point d'appeler Davies et de le taquiner en lui disant qu'il avait commis une grave offense contre les lois maritimes en falsifiant son journal; mais je m'en abstins sans savoir au juste pourquoi; probablement parce que je devinai que la plaisanterie n'aurait eu aucun succès, touchant un endroit trop sensible. Ma délicatesse reculait devant l'obligation où je l'aurais mis de bafouiller une confession ou d'amplifier une déception. Il était trop simple; et après tout, cela avait bien peu d'importance. Je remis le grand livre sur le rayon. Le seul résultat pratique que je retirai de cette lecture fut de me rappeler ma promesse de tenir moi-même un journal. À partir de ce moment je pris de temps à autre des notes sur un carnet.

Nous allumions nos cigares quand nous entendîmes un son de voix et un bruit d'avirons, suivis d'un choc contre la coque qui fit tressaillir Davies, comme toutes les fois que sa chère peinture était en danger.

Guten Abend; wo Jahren Sie hin? fut la phrase qui nous accueillit pendant que nous grimpions de la cabine sur le pont. C'étaient quelques braves pêcheurs qui retournaient à leurs bateaux, après une visite à Sonderbourg. Un court dialogue leur prouva que nous étions des Anglais toqués, ayant grand besoin qu'on s'occupât d'eux.

– Venez à Satrup, nous dirent-ils. Tous nos bateaux y sont, autour de la pointe. Le punch à l'auberge est très bon.

Sans nous faire prier nous les suivîmes dans le youyou, et bientôt nous arrivâmes en vue d'un village, avec quelques bateaux de pêche ancrés en face. Nous fûmes escortés jusqu'à l'auberge et on nous servit une boisson extraordinaire, appelée café-punch. Nous fûmes présentés à un cercle de pêcheurs, couronnés de fumée, qui parlèrent allemand par politesse mais qui étaient danois jusqu'au bout des ongles. Davies fut tout de suite à son aise au milieu d'eux, tellement à son aise que je l'enviai. Son allemand était des plus barbares, mais la franc-maçonnerie de la mer, ou son charme personnel, donnait de l'intuition à ses auditeurs comme à lui-même. Je faisais triste figure dans cette réunion de loups de mer, bien que Davies s'adressât à moi tout le temps ou parlât de moi comme si j'étais un confrère. Mais immédiatement je fus classé comme peu intéressant. Davies, qui de temps à autre me demandait un mot allemand, était plongé dans une conversation traitant de mouillages, de canards sauvages, et spécialement, je m'en souviens bien maintenant, d'un certain Schlei Fjord. Je tombai dans l'oubli jusqu'à ce qu'un homme très taciturne, portant des lunettes et une très haute casquette, le seul terrien présent, vînt à mon secours. Après quelques bouffées de tabac lancées dans ma direction, il me demanda si j'étais marié, ou, sinon, quand j'avais l'intention de l'être. Après cette question il retomba dans son mutisme.

Il était plus de onze heures quand nous quittâmes cette auberge hospitalière. L'assemblée nous accompagna jusqu'au youyou. Nos amis les pêcheurs nous forcèrent à partager leur bateau et ne nous laissèrent partir que quand un seau de poisson frais eut été versé dans le fond du nôtre. Enfin, après de nombreux serrements de mains calleuses, nous remontâmes sur la *Dulcibella*.

Davies renifla le vent et observa la pointe des arbres, où de légers coups de vent faisaient bruire les feuilles.

– Toujours sud-ouest, dit-il, et encore plus de pluie. Mais c'est sûr qu'ensuite le vent tournera au nord.

– Ça sera-t-il un bon vent pour nous ?

– Ça dépendra où nous irons, dit-il lentement. J'ai parlé de canards sauvages avec ces gens ; ils ont l'air de dire que le meilleur endroit serait le Schlei Fjord. C'est à peu près à quinze milles au sud de Sonderbourg, sur le chemin de Kiel. Ils m'ont dit qu'à l'embouchure du fjord il y avait un pilote qui nous donnerait tous les tuyaux nécessaires. Ils n'étaient pas très encourageants. Pour cela il nous faut un vent du nord.

À ma très grande surprise je répondis :

– Allons où tu voudras, cela m'est égal.

– C'est vrai… tu t'en fiches ? s'écria-t-il ravi.

Puis, la voix un peu changée :

– Tu veux dire que tout ici te plaît ?

– Naturellement que c'est ça que je voulais dire.

Avant de descendre dans la cabine nous jetâmes ensemble un dernier regard sur le petit monument gris. Cette nuit, celle du 27 septembre, était la troisième que je passais à bord de la *Dulcibella*.

CHAPITRE VI

SCHLEI FJORD

Je ne m'excuse pas d'avoir décrit ces premières journées en détail. Il n'est pas étonnant que je me rappelle avec autant d'exactitude chaque incident trivial, aussi bien que les couleurs brillantes de la terre et de la mer, dans ce coin enchanteur du monde, car chaque instant sordide ou pittoresque fut une révélation, chaque conversation un lien; chaque état d'esprit eut un résultat, bon ou mauvais. C'est en vérité toutes ces causes déterminantes, aussi infimes soient-elles, qui transformèrent mes vacances automnales en l'entreprise la plus importante que j'aie jamais risquée.

Le changement complet n'advint que deux jours après. Le premier de ces jours, la brise du sud-ouest tenant bon, nous explorâmes Augustenbourg Fjord, «pour nous habituer aux fortes houles», selon l'expression de Davies. Ce fut en ce jour aussi que j'enfilai pour la première fois mon suroît, dans lequel je pouvais à peine remuer et qui me rendait plus gauche que jamais; jour d'épreuves pour moi, car nous fûmes pris incessamment par des grains et Davies, à ma demande, me fit travailler tout le temps.

Je luttai avec des cordages intraitables, dont je ne savais me servir. Me traînant par terre, titubant, m'accrochant, je parvins à faire le tour du pont pendant que Davies, nu-tête et calme, dirigeait mes mouvements maladroits.

– Maintenant, me dit-il, mets-toi au gouvernail et essaie de gouverner au vent, par forte brise. Il n'y a rien de plus amusant au monde.

Je me mis donc, les yeux piquants, les mains pleines d'ampoules et la tête bourdonnante, à apprendre les difficultés du métier, que Davies, tout en ajustant des cordages, me criait dans l'oreille. Il m'apprit entre autres choses la façon de s'en tirer quand on est pris par un grain, et que le gouvernail doit toujours être tenu par une main de fer dans un gant de velours. Je fis de mon mieux et luttai toute la matinée. Inutile de dire que je n'eus guère le temps de m'occuper du paysage. Les petites rivières intérieures dans lesquelles nous pénétrions nous arrachaient un instant au vent et aux éclaboussures des vagues. Mais là, alors, il fallait s'occuper de la sonde et de la dérive. La passion de Davies pour la navigation compliquée devait être assouvie, même dans ces eaux intérieures et sans marée.

Sa formule était : «Allons aussi près de la terre que nous le pouvons; toi, occupe-toi du sondage.» Aussi fis-je de nombreux faux coups de sonde, m'entortillai-je les pieds dans la corde, m'envoyai-je des jets d'eau dans les manches; enfin je commis toutes les gaucheries des débutants pendant que je voyais le sable devenir de plus en plus blanc sous la quille, jusqu'à ce qu'enfin Davies, donnant un coup de barre avec regret, me criât :

– Pare à virer, abaisse la dérive.

Alors je me précipitais en bas pour abaisser cette satanée dérive qui fut, jusqu'au dernier jour que je passai à bord de la *Dulcibella*, la seule partie du yacht que je détestai cordialement. Quand on baissait cet odieux objet, des colonnes d'eau sortaient des trous par où passaient les chaînes et inondaient le plancher de la cabine. Une de mes occupations était de l'étancher avec de l'étoupe, mais même alors l'espèce de gargouillement étouffé de l'eau dans la cale était le son le plus désagréable qu'on puisse entendre dans une salle à manger.

Une minute après nous laissions la petite crique derrière nous et nous nous élancions sur les vagues courtes et profondes du fjord, et à travers les embruns et la pluie nous mettions le cap sur un point de la côte opposée. J'ignore le but de ces bordées, j'ignore même si elles avaient un but. Puis, tout à coup, après un moment d'absence, Davies se mit à parler de l'inutilité d'aller davantage au nord. Dans une sorte de monologue, il parla de canards sauvages, du temps, de cartes. Je n'y compris rien, si ce n'est qu'il changea soudainement la direction du yacht et que nous eûmes à nous débrouiller pour retourner vers le sud. Au coucher du soleil, nous étions à nouveau au même mouillage tranquille parmi les arbres et les prés de l'Als Sound, jouissant d'une paix étonnante après le vacarme de la journée. Je sortis de ma prison de toile cirée, et plus tard mangeai du meilleur appétit du monde ce qui me sembla de l'ambroisie (c'était du bœuf en conserve) ; je bus le nectar des dieux (sous la forme de bière et de café), et couronnai le tout du cigare le plus odorant que j'aie jamais fumé. J'étais mort de fatigue mais content.

Le lendemain, 30 septembre, au petit matin, un joyeux cri de « vent nord-ouest » me fit monter sur le pont pour haler les voiles durcies par la pluie et tirer des chaînes qui me coupaient les doigts. Il y avait des nuages au ciel, mais la journée s'annonçait assez calme, en comparaison de la précédente. Nous retournâmes sur nos pas, dépassâmes Sonderbourg et, de là, nous nous dirigeâmes vers une faible ligne vert pâle qu'on apercevait à l'horizon, au sud-ouest. Ce fut pendant cette traversée qu'un incident, très peu important en lui-même, m'ouvrit beaucoup les yeux.

Un vol de canards sauvages passa à quelques mètres de l'avant de la *Dulcibella*. J'étais au gouvernail pendant que

Davies relevait un point sur la carte, en bas. Je lui criai de monter et nous nous mîmes à discuter de notre future chasse. Davies n'y allait pas de bon cœur.

– Ces gens, à Satrup, ne m'y ont pas poussé, disait-il. Il y a des canards, c'est vrai, mais j'ai bien vu que ce n'est pas facile pour des étrangers d'avoir un permis de chasse. Tout ce pays-ci est si civilisé ; ce n'est pas assez sauvage, il me semble.

Il me regarda. Je n'étais pas fixé. Certainement que sous bien des rapports le pays était tout excepté sauvage, mais il me semblait qu'on trouverait des endroits assez propices pour y chasser les canards sauvages. Les côtes que nous apercevions étaient bordées de marais inhabités, bien que des plaines spacieuses remontassent par-derrière. Je crois que j'aurais été fort irrité de son hésitation perpétuelle si le pays avait été moins beau, et si je n'avais pris goût à la façon originale dont nous le visitions, car, après tout, il m'avait fait venir surchargé d'équipements de chasse avec la promesse expresse de chasse aux canards.

– Mais tu as dit que nous irions demander des renseignements à Schlei Fjord, lui répliquai-je. Sapristi, allons-y ; et si nous ne pouvons chasser, tant pis, nous le verrons bien. D'après la carte c'est un fjord splendide ; nous pouvons l'explorer et nous mettre à l'abri, au besoin. Si le temps est trop mauvais, nous resterons à bord.

Davies reprit :

– Le mauvais temps est ce qu'il nous faut pour les canards, mais je crains bien que nous ne soyons pas du bon côté pour les trouver. Je ne dis pas que si nous étions dans la mer du Nord, parmi ces îles de la Frise...

Son ton était timide et interrogatif, et je sentis immédiatement qu'il était en train de lancer des jalons pour voir ce que je dirais d'un projet fantastique quelconque, dont la nature commençait à être moins mystérieuse pour moi.

Il continua à bafouiller quelque chose sur la « sauvagerie » et de «personne pour se mêler de ce que vous faites». Je l'interrompis à brûle-pourpoint.

– Je ne suppose pas que tu aies l'intention de quitter la Baltique?

– Pourquoi pas? répondit-il, les yeux fixés sur le compas.

– Animal! répliquai-je en colère, nous voilà ici en octobre, l'été complètement fini, et avec un temps de chien. Nous sommes seuls dans une coque de noix, quand tous les autres yachts, de la taille du nôtre, sont amarrés pour l'hiver. Nous avons la veine d'être dans un endroit épatant avec un tas de fjords agréables à explorer et la perspective d'une chasse intéressante, si nous nous donnons la peine de nous en occuper. Tu ne vas pas commencer à nous faire perdre notre temps et à nous faire courir des risques (je pensai à la page déchirée du journal de bord) dans un long voyage vers tes satanées îles de la mer du Nord.

– Ce n'est pas un très long voyage, répliqua Davies avec entêtement. La moitié se fait par canal, et le reste n'est pas du tout dangereux si l'on est prudent. Il y a beaucoup d'endroits abrités et ce n'est vraiment pas nécessaire…

– Mais enfin, qu'est-ce que tout cela veut dire? l'interrompis-je, impatienté. Nous n'avons pas encore essayé de chasser ici. Est-ce que tu te serais fourré dans la tête, par hasard, de retourner en Angleterre sur la *Dulcibella* cet automne?

– En Angleterre? murmura-t-il. Oh! je ne sais pas au juste.

De nouveau cette indécision me porta sur les nerfs; il semblait y avoir entre nous deux comme une barrière invisible et insurmontable. Et après tout, qu'est-ce que je faisais dans ce sale petit bateau? J'étais absolument hors de mon élément, avec un garçon que je connaissais à peine une semaine auparavant et qui maintenant était une énigme ennuyeuse. L'état morbide dans lequel j'étais en quittant Londres fut sur le point de me reprendre. Tout ce que j'avais appris et vu s'effaça ; ce que j'avais souffert demeura. J'allais dire quelque chose qui aurait pu arrêter net notre croisière, mais il me prévint.

– Je suis désolé, me dit-il impulsivement, je ne suis qu'un animal, un égoïste. Je ne sais vraiment à quoi je pensais. Tu es un si chic type d'être venu me rejoindre et de bien vouloir partager mon genre de vie, moi qui suis le pire des maîtres de maison. Bien sûr que la Baltique est un endroit idéal pour naviguer. Allons tout de suite nous informer à propos des canards. Comme tu le dis, nous sommes certains d'en trouver si nous nous donnons la peine de les chercher. Nous ne devons pas être loin maintenant. Mais non, voilà justement l'entrée. Prends la barre, veux-tu ?

Il s'élança et grimpa au mât comme un singe, et du haut des barres traversières, il examina la terre. Je lançai un regard à mon énigme, et me félicitai intérieurement de m'être tu à temps, car personne n'aurait pu résister à cet accès de franche bonne volonté. Et cependant je fus frappé, étant donné les conditions de notre vie, que notre intimité fût si lente à se développer. Je ne pouvais pas encore me rendre compte où ses manies finissaient et où son vrai moi commençait. Lui, je m'en étais bien aperçu, en était au même point quand il s'agissait de me définir. S'il en eût été autrement ç'aurait été le moment de le faire parler, car j'avais la sensation que sa façon d'être recelait un mystère que je n'avais pas encore pu élucider. J'allais bientôt être renseigné.

L'entrée dont il avait parlé n'avait que quatre-vingts mètres de large, mais le fjord est long de trente milles. Après deux ou trois secousses, nous prîmes le courant et nous nous enfonçâmes dans l'étroit goulet, glissant entre des marais et des prés, puis s'évasant en une mer intérieure comme à Ekken. Nous jetâmes l'ancre presque à l'embouchure et tout près d'un groupe de bateaux d'un type qui me devint plus tard très familier. C'étaient des barques à voiles, assez semblables à celles qu'on voit sur la Tamise, renflées à l'avant, élevées à l'arrière, d'à peu près cinquante tonneaux, gréées en galiotes avec des ailes de dérive, de très légers espars et un long beaupré retroussé. À l'avenir je les appellerai galiotes. À part ces galiotes le seul signe de vie était une maison blanche, la maison du pilote, nous dit la carte, sur la pointe nord de la passe.

Après le thé nous rendîmes visite à ce pilote. Il était installé patriarcalement devant un poêle rouge, en compagnie d'une belle-fille affairée et avenante et de petits-enfants roses. Cet être rond et rubicond nous accueillit avec un rugissement enroué qui nous parut de l'allemand et qui se changea aussitôt qu'il nous vit en l'anglais le plus drôle que j'aie jamais entendu, mais dont le pilote était très fier et qu'il parlait avec le plus grand plaisir. Nous nous expliquâmes le mieux que nous pûmes malgré les interruptions causées par la bière et un immense phonographe qu'on avait remonté en l'honneur de notre arrivée. Inutile de dire que le pilote me reconnut tout de suite comme bon à rien, et que je servis d'écouteur.

– Oui, oui, dit-il, très bien. Il y a beaucoup de canards, mais allons d'abord boire de la bière, puis nous allons changer votre bateau de place, capitaine, ce n'est pas un bon mouillage. (Davies se leva comme un ressort, mais le pilote le fit rasseoir d'un geste de main.) Ensuite nous boirons une autre chope de bière, puis nous parlerons des canards… Non, nous irons les tuer, ça vaut mieux. Après quoi nous boirons beaucoup de bière.

Le programme fut suivi de point en point. Après la bière notre hôte fut empaqueté vivement par sa belle-fille dans des guêtres de laine, des gilets tricotés, un cache-nez et un passe-montagne, si bien qu'on ne lui vit plus que des yeux clignotants. Ainsi équipé, il nous précéda au-dehors et rugit de nouveau en appelant :

– Hans ! donne-moi mon fusil.

Un garçon, déjà grand, sortit de la cour et timidement nous serra la main.

Tous ensemble nous suivîmes le quai, où le pilote resta, ayant l'air d'une bonne balle de tricot, et hurla toutes sortes de directions pendant que nous rapprochions la *Dulcibella* des autres bateaux. Nous retournâmes à terre avec nos fusils pour prendre de nouveaux rafraîchissements. Nous repartîmes au crépuscule ; nous traversâmes une espèce de marécage, et prîmes des positions stratégiques autour d'une mare d'eau stagnante. Hans nous servit de rabatteur. Le résultat de notre expédition fut un beau mâle et trois canes sauvages. Il est vrai qu'ils tombèrent tous sous les coups du pilote, c'était peut-être le simple hasard, mais la partie de chasse n'en fut pas moins un succès triomphal. Il fut célébré avec la bière et la musique comme auparavant, pendant que le pilote, un enfant sur chacun de ses gros genoux courts, discourait avec exubérance sur la gloire de son pays et le bonheur de sa vie. Il termina le tout par : « On a de la bière en abondance, de la viande en abondance, de l'argent en abondance, des canards sauvages en abondance. »

Peut-être était-ce une idée, mais Davies, malgré des moments de vivacité, me parut très inattentif, étant donné que nous étions auprès d'un oracle aussi expansif. Ce fut moi qui demandai la plupart des renseignements pratiques, détails quant aux heures, au temps, aux endroits qui convenaient à la chasse, avec quelques allusions fines pour savoir avec quelle espèce de gens il fallait se mettre bien. Quelle que fût l'opinion qu'il avait de moi, ma sympathie pour le pilote grandissait à chaque instant, car il prit sous son bonnet de dire que nous ne pouvions plus faire de croisières cette année, nous prouva que nous étions fous d'être restés à bord si longtemps, et plus fous encore d'avoir l'intention de vivre sur un si petit bateau quand nous pourrions vivre à terre avec de la musique et de la bière en abondance.

J'aurais presque mis la question de la mer du Nord sur le tapis pour voir la tête que ferait Davies devant les protestations horrifiées du pilote, mais je m'abstins, désirant ne pas le contrarier maintenant que tout allait si bien. Les îles de la Frise n'étaient plus alors qu'une absurdité sans nom. Je n'y fis même pas allusion pendant que nous retournions vers la *Dulcibella*, après avoir juré amitié éternelle au bon pilote et à sa famille.

Davies et moi nous nous couchâmes bons amis ce soir-là, ou plutôt c'est moi qui me couchai dans ces dispositions, car je laissai Davies suçant une pipe vide et feuilletant avec énervement un volume de Mahan, dans le salon. Et quand je me réveillai une fois au milieu de la nuit, j'eus la sensation que sa couchette était vide et qu'il était à rêver à côté dans la sombre cabine.

CHAPITRE VII

LA PAGE ARRACHÉE

Je me réveillai, le 1er octobre, avec l'impression décourageante qu'il y avait quelque chose de dérangé dans nos projets. En montant sur le pont je trouvai la *Dulcibella* enveloppée de brouillard, silencieuse, suintante d'humidité, et rien n'était visible, excepté la coque spectrale d'une galiote à l'ancre près de nous. Elle avait dû arriver pendant la nuit, car je me souvenais d'avoir été réveillé par le son de grosses voix et de grincements de chaînes.

– Rien à faire aujourd'hui, je crois, dis-je en frissonnant à Davies qui servait le petit déjeuner dans la cabine.

– Oh ! répondit-il avec beaucoup de résignation, nous ne pouvons rien faire jusqu'à ce que ce brouillard se lève.

Le petit déjeuner ne fut pas un succès. L'humidité pénétrait jusque dans la cabine même, le plafond et les murs étaient couverts de gouttelettes. Mon bain me manquait, et la vilaine lumière rendait la nappe plus sale que jamais. Le jambon n'était pas bon et le manque de coquetiers n'avait rien d'amusant ce matin-là.

Davies commençait à enlever le couvert pour laver la vaisselle à sa façon sommaire, quand le bruit d'un pas sur le pont se fit entendre. Deux bottes apparurent sur l'échelle et, avant que nous puissions nous demander qui était notre visiteur, un petit homme en suroît se penchait vers nous à l'entrée de la cabine et souriait affectueusement à Davies, lui disant tranquillement en allemand :

– Voilà une heureuse rencontre, capitaine. Où allez-vous cette fois-ci ?

– Bartels ! s'écria Davies sautant en l'air.

Tous deux se regardèrent radieux. On eût dit un père et un fils.

– Et vous, d'où venez-vous ? Prenez une tasse de café. Comment va la *Johannes* ? Est-ce vous qui êtes arrivé cette nuit ? Que je suis content de vous voir !

Il prit le petit homme par la main et l'assit de force, sur l'autre sofa en face de moi.

– J'ai porté mes pommes à Kappeln, fit calmement Bartels ; maintenant, je vais à Kiel et ensuite à Hambourg où sont ma femme et mes enfants. C'est mon dernier voyage de l'année. Je vois que vous n'êtes plus seul, capitaine.

Il avait retiré son suroît dégouttant d'eau et s'inclinait cérémonieusement de mon côté.

– Oh ! j'ai tout à fait oublié, cria Davies qui s'était mis à genoux dans l'entrée basse, absorbé par l'arrivée de son ami. C'est *meiner Freund* Herr Carruthers. Carruthers, mon ami Schiffer Bartels, de la galiote *Johannes*.

Encore une fois la voix de Davies avait complètement changé. En prononçant ces derniers mots, toute sa bonne humeur était tombée et il nous regardait tour à tour, le petit homme et moi, comme quelqu'un qui, malgré lui ou par manque de tact, a présenté l'une à l'autre deux personnes qui ne s'entendront pas.

Il y eut un silence pendant lequel il tripota les tasses, servit du café froid, et resta à l'examiner comme il l'eût fait pour une composition chimique. Puis il murmura quelque chose et courut se réfugier dans le gaillard d'avant. À cette époque je n'étais pas à mon aise avec les hommes de mer, mais ce petit homme doux ne pouvait guère m'effrayer.

De plus, quand il eut enlevé son suroît, il me fit bien plus l'effet d'un boutiquier que d'un marin, avec son col blanc propre et son costume de ratine bien fait. Nous échangeâmes poliment quelques mots sur le brouillard et sur son voyage de Kappeln, qui semblait être une ville à quelque quinze milles en remontant le fjord.

À ce moment Davies, du gaillard d'avant, se mêla à la conversation avec un excès de cordialité qui me stupéfia. Nous abandonnâmes vite le sujet choisi par nous, et mon vis-à-vis, me souriant paternellement comme il avait souri à Davies, me dit confidentiellement :

– Il vaut mieux que le capitaine ne soit plus seul. Quel brave garçon ! Oh ! oui, quel brave garçon ! Je l'aime comme mon fils. Mais il est trop brave, trop audacieux. Il vaut mieux pour lui qu'il ait un ami.

Je fis signe que oui, et me mis à rire, bien qu'en réalité je fusse loin d'en avoir envie.

– Où l'avez-vous rencontré ? lui demandai-je.

– Dans un vilain endroit et par bien mauvais temps, me répondit gravement Bartels avec un éclair de malice dans les yeux. Mais ne vous l'a-t-il pas raconté ? ajouta-t-il, voulant faire le malin. Je suis arrivé juste à temps. Non, qu'est-ce que je dis ? Il est brave comme un lion et souple comme un chat. Je crois qu'il ne peut pas se noyer, mais tout de même, c'était un endroit bien dangereux.

– Qu'est-ce que vous dites, Bartels ? cria Davies, qui émergeait brusquement du gaillard avec une bouillotte.

Je répondis :

– J'étais en train de demander à ton ami où tu avais fait sa connaissance.

– Oh ! il m'a tiré d'un mauvais pas dans la mer du Nord ; n'est-ce pas, Bartels ?

– Ce n'était rien, dit Bartels. Mais, capitaine, votre petit bateau n'est pas fait pour la mer du Nord. Je vous l'ai déjà dit bien des fois. Comment avez-vous trouvé Flensbourg ?

Une belle ville, n'est-ce pas ? Avez-vous trouvé Herr Krank, le charpentier ? Je vois que vous avez posé un petit mât d'artimon. Le gouvernail n'était pas très abîmé et heureusement il a tenu bon jusqu'à l'Eider. Mais votre *Dulcibella* est bonne et solide, et, Seigneur, il faut qu'elle le soit !

Il gloussa gaiement et secoua la tête en regardant Davies comme on regarde un enfant gâté.

J'attendais la fin de cette conversation avec impatience. Cette fois-ci, j'avais résolu de savoir la vérité et d'en finir avec toutes ces mystifications déconcertantes. Davies s'occupa de son ami, lui fit la conversation, mais malgré toute l'affection qu'il lui témoignait je pouvais voir qu'il avait hâte d'être seul avec moi.

Le petit homme essayait d'empêcher Davies d'aller en haute mer, lui conseillant paternellement de penser plutôt aux quartiers d'hiver pour son petit bateau. Il expliqua que lui aussi retournait à Hambourg par le canal de Kiel, pour y passer l'hiver chez lui, comme un bon citoyen, et que nous devrions suivre son exemple. Il termina en nous invitant à aller le voir sur la *Johannes*, et après d'aimables adieux disparut dans le brouillard. Davies l'accompagna jusqu'à son bateau, revint le plus vite possible, et s'assit sur le sofa en face de moi.

– Qu'a-t-il voulu dire ? lui demandai-je.

– Je vais t'expliquer, répondit Davies. Je vais tout te raconter. C'est presque une confession que je te dois. Cette nuit j'avais pris la résolution de ne rien te dire, mais quand j'ai vu arriver Bartels, j'ai senti qu'il fallait que ça sorte. Ça m'a horriblement tracassé, et peut-être que tu pourras m'aider. Mais c'est toi qui décideras.

– J'écoute, lui dis-je.

– Tu te souviens de ce que je t'ai dit à propos des îles de la Frise, l'autre jour ? Il m'est arrivé là quelque chose dont je ne t'ai jamais parlé, quand tu m'as demandé de te raconter mon voyage.

– Ça a dû commencer près de Norderney, fis-je.

– Comment as-tu pu deviner?

– Tu ne sais pas mentir, lui répondis-je. Allons, continue.

– Eh bien! tu as raison, c'était là, le 9 septembre. Je t'ai dit à peu près ce que je faisais à ce moment-là, mais je ne crois pas que j'aie fait mention d'avoir été demander des renseignements à deux ou trois personnes sur la chasse aux canards sauvages. À Borkum quelques pêcheurs me dirent qu'il y avait dans ces parages un grand yacht à voiles, appartenant à un certain Dollmann, un Allemand, qui chassait beaucoup et qui pourrait me donner quelques tuyaux. Je trouvai ce yacht un soir, le reconnaissant à la description qu'on m'en avait faite. C'était ce qu'on appelle un *barge-yacht*, de cinquante à soixante tonneaux, construit pour les bas-fonds, sur le modèle des galiotes hollandaises, avec des ailes de dérive et cet étrange avant rond et non moins étrange arrière carré. Le yacht ressemblait à ces galiotes qui sont là près de nous en ce moment, mais le modèle du genre, très chic, reluisant comme de l'or. Je tombai sur lui au coucher du soleil, après une longue journée d'exploration dans l'estuaire de l'Ems. Il était...

– Attends, l'interrompis-je, prenons la carte.

Davies alla la chercher et l'étendit sur la table, entre nous deux, repoussant la nappe et la vaisselle du petit déjeuner, sans desservir. Ce fut une des deux seules occasions où je le vis remettre le lavage de la vaisselle à plus tard, preuve de l'importance de la communication qu'il avait à me faire.

– C'est là[1], dit Davies.

Je regardai avec un intérêt nouveau la longue chaîne que formaient les îles, la ligne parallèle de la côte et la foule de bas-fonds, de bancs de sable, de chenaux, qui se trouvaient entre elles.

– Vois-tu, ça, c'est Norderney. À propos, il y a un port,

1. Voir carte A.

là, à l'extrémité ouest de l'île, le seul réel port de toutes les îles hollandaises ou allemandes, Terschelling exceptée. Il y a aussi une grande ville, en été c'est une plage à la mode, où les Allemands viennent aux bains de mer. Eh bien, la *Médusa* (c'est le nom du yacht de Dollmann) était à l'ancre dans la rade de Riff Gat, battant pavillon allemand, et je jetai l'ancre tout près pour y passer la nuit. J'avais l'intention d'aller faire visite à son capitaine plus tard, mais je fus sur le point de ne pas le faire, car je ne suis jamais à mon aise sur les beaux yachts ; quant à mon allemand, tu le connais ! Cependant je réfléchis, et après dîner, quand il fit noir, je pris le youyou et approchai de la *Médusa*. Je hélai un marin qui était sur le pont, lui dis qui j'étais et lui demandai si je pouvais voir le capitaine. Ce marin, très désagréable, me fit attendre longtemps la réponse, et je restai sur le pont du yacht, me sentant de moins en moins à mon aise. Enfin, un maître d'hôtel monta et, me montrant le chemin, me fit descendre l'échelle de commandement. Je pénétrai dans le salon qui, après celui-ci, me parut atrocement beau. Tu comprends ce que je veux dire : canapés de peluche, coussins de soie, etc., etc. Le dîner venait de finir, on en était au dessert. Herr Dollmann buvait son café. Je me présentai...

– Arrête-toi un instant, lui dis-je. Comment était-il ?

– Oh ! un grand type mince, en habit, d'à peu près cinquante ans, les cheveux gris et une courte barbe. Mais tu sais que je ne peux pas décrire les gens. Un front haut, très proéminent, et il y avait quelque chose en lui qui... mais je crois qu'il vaut mieux que je m'en tienne aux simples faits d'abord.

« Je ne peux pas dire que ma visite a eu l'air de lui faire plaisir. Il ne pouvait pas parler anglais, et, franchement, jamais je ne me suis senti plus bête de ma vie. Cependant, comme ma visite avait un but et comme j'étais allé le trouver, je pris mon courage à deux mains.

(L'idée de Davies, dans le costume que je lui connaissais,

faisant visite à un Allemand rigide, en habit, dans une cabine magnifique, m'amusait beaucoup.)

– Il eut l'air très étonné de me voir, avait certainement vu arriver la *Dulcibella* et s'était demandé ce que ce pouvait bien être. Je parlai chasse aussitôt que je pus, mais il me coupa la parole immédiatement, me disant qu'il n'y avait rien à faire aux alentours. Je mis cela sur le compte de la jalousie ; tu sais ce que c'est que les chasseurs ! Mais je vis bien que j'étais mal tombé, et j'allais juste essayer de m'en tirer en mettant fin à cette conversation déplaisante quand il s'humanisa un peu, m'offrit un verre de vin, et se mit à causer très aimablement, s'intéressant vivement à ma croisière et à mes projets d'avenir. Finalement, il était très tard quand je le quittai, bien que je ne me fusse jamais senti à mon aise. Il semblait essayer tout le temps de me classer, comme si j'eusse été une nouvelle espèce d'animal. (Combien je comprenais cet Allemand !) Nous nous quittâmes assez bons amis, je rentrai à bord, et me couchai avec l'intention de repartir vers l'est le lendemain matin.

« Le lendemain matin, dès l'aurore, un marin vint me demander de la part de Dollmann si son capitaine pouvait s'inviter et venir déjeuner avec moi sur la *Dulcibella*. Du coup je fus épaté, mais ne voulant pas être insolent, je répondis que oui. Alors, il vint, puis je retournai sur la *Médusa*... et... enfin, je restai là pendant trois jours. (Ça finissait plutôt en queue de poisson, pensai-je.)

– Mais qu'est-ce que tu as fait pendant tout ce temps-là ? lui demandai-je.

Rester trois jours à l'ancre, au même endroit, me paraissait si extraordinaire pour Davies que je n'en croyais pas mes oreilles.

– Oh ! je suis allé déjeuner et dîner avec lui deux ou trois fois... avec eux, devrais-je dire, ajouta-t-il en se dépêchant. Sa fille était avec lui. Elle n'était pas là le soir de ma première visite.

– Comment était-elle ? lui demandai-je avant qu'il ne puisse continuer.

– Oh ! elle avait l'air d'une charmante jeune fille, me répondit-il sans paraître y attacher d'importance, mais très sur ses gardes ; et la fin de tout fut que la *Médusa* et moi partîmes de compagnie. Il faut que je t'explique en quelques mots, maintenant, comment j'en arrivai là.

« Ce fut lui qui me le proposa. Il me dit qu'il devait aller à Hambourg, et que je devrais aller avec lui dans la *Dulcibella* jusqu'à l'Elbe. Que là, si je le préférais, je pourrais prendre le canal à Brunsbüttel et continuer jusqu'à Kiel et la Baltique. Je n'avais aucun projet arrêté, bien que mon intention fût d'explorer entre les îles et la côte à l'est et d'arriver ainsi à l'Elbe bien plus lentement. Il m'en dissuada complètement, persistant à dire que je ne trouverais aucun canard sauvage, et me mettant encore d'autres bâtons dans les roues. En tout cas, nous décidâmes de partir tous deux et d'aller droit à Cuxhaven, dans l'Elbe. Avec une bonne brise et en mettant la voile de bonne heure, ce n'était qu'un jour de traversée ; il n'y a que soixante milles.

« Notre résolution ne fut prise que le soir du troisième jour, le 12 septembre. Je t'ai dit, je crois, qu'après un long beau fixe le temps avait changé. Ce jour-là, cela ventait dur, venant de l'ouest, et le baromètre descendait toujours. Naturellement, j'avais dit à Dollmann que je ne pouvais le suivre s'il faisait trop mauvais temps, mais il prophétisa une bonne journée, dit que c'était une traversée facile, et pour rien au monde je n'aurais reculé. Tu vois ça d'ici. Peut-être m'étais-je trop avancé en parlant, expliquant combien il était facile de s'en tirer tout seul, bien que tu saches que ce n'est pas par vantardise, car je déteste cela ; d'ailleurs, il n'y a aucun danger quand on est prudent…

– Oh ! continue, lui dis-je.

– En tout cas, nous partîmes le lendemain matin à six heures. Le jour s'annonçait mal, vent ouest-nord-ouest, mais comme le yacht de Dollmann était couvert de toile je suivis son exemple. Nous entrâmes en haute mer, et gouvernâmes est-nord-est pour arriver jusqu'au phare extérieur de l'Elbe, à cinquante milles environ. C'est là, vois-tu ? (Il me montra le chemin suivi sur la carte.) Ce n'était rien pour la *Médusa*, qui, elle, est puissante, sur laquelle on peut compter, et qui coupait les lames aussi facilement qu'un cheval s'élance au galop. Je suivis aisément d'abord, bien que j'eusse beaucoup à faire, car la brise était très forte et la mer mauvaise. Je savais parfaitement que si les choses continuaient de ce train je m'en tirerais, tout en sachant aussi, tout le temps, que c'était de la folie d'avoir suivi l'avis de Dollmann.

«Tout alla bien jusqu'à ce que nous soyons en vue de Wangeroog, la dernière de ces îles-là ; alors le vent s'éleva, et souffla réellement dur. Je me décidai presque à renoncer à cette traversée et à entrer dans la Jade, là, en bas, vois-tu ? mais je n'eus pas le courage de m'avouer battu, aussi je quittai le gouvernail et pris mon dernier ris. (Ce fut simplement dit, et je l'avais vu faire par beau temps, mais je frémis encore en me représentant la scène d'alors.) Jusque-là nous avions marché de compagnie, mais avec mes voiles diminuées je fus distancé. Ça n'avait réellement aucune importance. Je connaissais mon chemin, je savais mes marées par cœur, et, malgré le temps qui devenait épouvantable, j'étais sûr de trouver le phare. Il était trop tard pour changer mes plans maintenant. J'avais l'estuaire de la Weser à ma droite, mais tout cet endroit n'était qu'une terre sous le vent et un tas de bancs de sable inconnus. Jettes-y un coup d'œil. Je continuai ma route. La *Dulcibella* faisait de son mieux, mais il s'en fallut de bien peu que nous n'embarquions à l'arrière. J'étais à peu près là, disons à six milles sud-ouest du bateau-feu[1], quand je

1. Voir carte marine A.

m'aperçus soudain que la *Médusa* s'arrêtait, comme si elle m'attendait. Elle vira de bord pendant que j'arrivai à sa hauteur et nous naviguâmes de concert pendant un instant. Dollmann lâcha la barre, se pencha par-dessus le bastingage, et me cria très lentement et très distinctement, afin que je comprenne bien : « Suivez-moi, au large la mer est trop mauvaise pour vous ; un raccourci à travers les sables, six milles de gagnés. »

« Je ne pouvais faire autre chose que de gouverner, mais je compris immédiatement ce qu'il voulait dire, car j'avais étudié la carte[1] avec beaucoup de soin la nuit précédente. Tu vois, tout le golfe entre Wangeroog et l'Elbe est encombré de sable. Une espèce de grand banc de sable, partant de Cuxhaven dans la direction nord-ouest, s'étend sur une longueur de quinze milles environ. Il est très irrégulier et se termine par une pointe appelée le Scharhorn. Pour arriver à l'Elbe, en venant de l'ouest, il faut faire le tour de ce banc extérieurement, dépasser le bateau-feu qui indique le Scharhorn et contourner la pointe. C'est ce que tous les vaisseaux d'un fort tonnage sont obligés de faire. Mais, en regardant bien, tu peux voir que ces sables sont sillonnés, çà et là, par des bras de mer peu profonds et très sinueux, exactement comme ceux derrière les îles de la Frise. Maintenant, regarde celui-là, qui traverse un grand morceau du Scharhorn et qui aboutit près de Cuxhaven. On l'appelle le Telte[2]. Il a une largeur de plusieurs milles, à l'entrée, mais plus loin le banc de sable appelé le Hohenhorn le sépare en deux. À partir de cet endroit, il devient très peu profond et très compliqué, et se termine en une espèce de petit ruisseau soumis à l'influence des marées, qui porte un autre nom. C'est exactement le genre de bras de mer que j'aimerais explorer par beau temps et avec

1. Voir carte A.
2. Voir carte marine A.

un vent venant de terre. Seul, par mauvais temps, et avec une mer houleuse, c'était de la folie de se lancer dedans, excepté comme dernière ressource. Mais, comme je te l'ai dit, je compris sur-le-champ que Dollmann allait l'essayer et me montrer le chemin.

« Cette idée ne me plut pas, d'abord parce que j'aime faire tout par moi-même, ensuite parce que – cela peut te sembler idiot, mais c'est vrai – j'étais vexé qu'il m'ait dit que la mer était trop forte pour moi. Elle l'était cependant certainement. Le raccourci nous évitait plusieurs milles et un passage très difficile à la pointe du Scharhorn, où deux marées se rencontrent. J'avais la plus entière confiance en Dollmann, et je suppose que je me dis que j'aurais été un insensé de ne pas saisir cette bonne occasion. Je sais que j'hésitai, mais enfin je me décidai et levai le bras en signe d'acquiescement au moment où la *Médusa* donnait de l'avant de nouveau. Bientôt après elle dévia sa course et je la suivis. Tu m'as demandé si j'avais jamais pris un pilote. C'est la seule et unique fois que j'en pris un.

Davies prononça ces quelques mots gravement, mais la voix pleine de rancœur. Il se renversa sur le sofa et chercha sa pipe dans sa poche. Il n'avait nullement l'intention que cette pause soit dramatique, mais elle l'était. Je vis Davies, pendant un instant, sous un nouveau jour. Un Davies de cinq ans plus âgé, secoué par de violentes émotions : mépris, colère, entêtement, détermination ; un Davies qui m'était de beaucoup supérieur, bien plus capable que moi, et avec des idées autrement larges et élevées que les miennes. Malgré l'intérêt passionné avec lequel je l'écoutais, j'attendis sans oser rien dire qu'il eût rempli sa pipe et gratté pas mal d'allumettes. Je sentais que, quelle que soit la solution de cette charade, elle n'était pas futile. Il se maîtrisa avec difficulté, se souleva, lança son regard circulaire à la pendule, au baromètre, à la claire-voie, et reprit :

– Nous arrivâmes bientôt près de ce que je savais devoir

être le commencement du Telte. Tout autour on entendait les lames déferler sur les sables, bien qu'il fît trop mauvais temps pour qu'on puisse les voir. À mesure que la profondeur diminuait, les vagues, naturellement, devenaient plus courtes et plus difficiles. Le vent augmentait toujours. Je peux dire que c'était une vraie tempête.

« Je suivis la *Médusa* le plus près possible, mais je m'aperçus bientôt, à mon grand ennui, qu'elle me distançait très rapidement. J'avais compris, quand Dollmann me dit qu'il me piloterait dans le raccourci, qu'il ralentirait afin de ne pas me quitter. C'eût été très facile pour lui, il n'avait qu'à ordonner à ses marins de diminuer sa toile, ou de haler bas son pic. Au lieu de cela, il mit toute sa toile dehors. Une fois dans un grain, je le perdis complètement de vue, le rattrapai plus tard, mais j'avais trop à faire avec mon gouvernail pour pouvoir passer mon temps à essayer de reconnaître où était mon pilote fugitif. Jusque-là je n'avais pas été en danger, mais le pire endroit de toute cette traversée approchait, là où le banc de sable du Hohenhorn bouche le chemin et que le bras de mer se divise en deux. Je ne sais pas quel effet ça te fait sur la carte ; ça a l'air assez facile peut-être, mais pour un étranger arrivant comme cela dans un endroit où – souviens-toi qu'il n'y a pas de bouées – on ne peut rien reconnaître à l'œil nu, à moins que ce ne soit à marée basse et par très beau temps, il faut s'en rapporter à la sonde et au compas et aller en tâtant pas à pas. Je savais parfaitement bien que ce que j'allais apercevoir bientôt serait un mur formé par le ressac juste en face de moi, à droite et à gauche. Tâter son chemin par ce temps-là est impossible. Il faut le connaître par cœur ou avoir un pilote. J'en avais un, mais il ne s'occupait que du coup qu'il méditait.

« Avec un camarade à bord, qui aurait gouverné pendant que j'aurais reconnu la marche à suivre, j'aurais été moins embarrassé. Tel que c'était, je savais que j'aurais dû être au large, et je m'agonisais de sottises intérieurement, pour avoir failli à ma règle de conduite et m'être enfilé aveuglément dans ce sacré raccourci.

«Au moment où je me rendis compte du danger, il était trop tard pour retourner vers le large. J'étais entré dans un renfoncement en forme de goulot de bouteille, immobilisé par une terre sous le vent, et une forte marée montante me poussant où je ne pouvais me diriger. Par exemple, cette marée montante était ma seule chance de salut. Je savais les heures à une minute près, il y avait encore deux heures de marée montante; cela voulait dire que les bancs seraient tous recouverts quand j'y arriverais et seraient plus difficiles que jamais à reconnaître; mais cela voulait dire aussi qu'il y avait une chance que je flotte par-dessus les pires, si j'avais la veine de tomber sur une bonne place.

Davies donna un coup de poing sur la table.

– N'est-ce pas dégoûtant d'être obligé de compter sur le hasard, comme un imbécile qui n'a jamais navigué! Enfin, exactement comme je l'avais prévu, le ressac apparut à l'horizon, avec un clapotement sinistre et un bruit de tonnerre. La dernière fois que j'avais aperçu la *Médusa*, elle avait eu l'air de s'élancer dessus comme un cheval qui saute par-dessus une barrière, et je me rendis compte rapidement de sa position exacte par un regard à mon compas. À ce moment même il me sembla qu'elle lofa et qu'elle me montra le flanc; mais un nouveau grain m'aveugla et mon gouvernail devenait de plus en plus difficile à tenir. Après je la perdis de vue, elle disparut dans le brouillard blanc qui surplombait la ligne des lames. Je continuai tant bien que mal, mais j'étais déjà en dehors du chenal. Plus j'approchais du banc de sable, moins j'avais de chances de m'en tirer. Je n'allais cependant pas abandonner la *Dulcibella* à son malheureux sort sans un dernier effort. Aussi, plutôt par instinct qu'avec une idée bien définie, je donnai un coup de barre pour essayer de longer le banc et peut-être aussi de découvrir un passage pour le traverser. Immédiatement le yacht s'engagea par le travers et le foc s'en alla au diable. Mais les étais des ris tinrent bon et mon brave yacht s'en tira épatamment. Je continuai tout en sachant que cela ne pouvait durer, car la dérive n'était pas abaissée et la *Dulcibella* dérivait horriblement vers le banc de sable.

« J'étais aveuglé par l'écume, mais tout à coup je remarquai ce qui me sembla un passage derrière une pointe qui s'avançait juste en face de moi. Je lofai encore plus pour contourner cette pointe, mais la *Dulcibella* ne put y arriver. En moins de temps qu'il n'en faut pour le dire, elle était lancée dessus, toucha fortement, retourna à l'assaut, toucha encore, et sembla tomber en eau plus profonde. Il m'est impossible de décrire ce qui arriva pendant les quelques instants qui suivirent. J'étais dans une espèce de chenal, mais très étroit, et les vagues déferlaient de tous côtés. Je n'étais plus maître de mon bateau, car le gouvernail avait été démoli par le dernier choc. J'étais comme un homme ivre courant dans un chemin sombre et se cognant à tous les coins. Finalement, avec un craquement, nous fûmes immobilisés sur quelque chose, la *Dulcibella* se secouant et grinçant.

« C'est ainsi que se termina ma traversée avec un pilote.

« Maintenant je vais t'expliquer : il n'y avait réellement pas de danger. (J'ouvris les yeux en entendant cette phrase caractéristique.) Je veux dire que d'être tombé sur ce chenal me sauva. Depuis je n'avais fait qu'aller au hasard sur un mille de sable, qui se déroulait derrière moi comme un brise-lames, me protégeant de la tempête. Le sable était recouvert, naturellement, et écumait comme de l'eau de savon ; mais l'élan de la tempête était amorti. La *Dulce*[1] bondissait et rebondissait, mais pas trop durement. La marée montante était presque arrivée à son plus haut

1. Diminutif de *Dulcibella*.

point, et à marée descendante, à mi-marée, le bateau serait à sec.

« En temps ordinaire j'aurais essayé de le touer avec le youyou, et je serais allé plus loin et aurais jeté l'ancre à un endroit où la *Dulcibella* aurait été à flot. Mais par malheur je m'étais blessé à la main, le youyou était défoncé, sans parler du gouvernail. C'était le premier bond qui avait causé tout ce dommage. Quand nous touchâmes pour la première fois, le youyou qui était remorqué à l'arrière s'écrasa sur le yacht. J'essayai de le repousser avec ma main et je me blessai sur le plat-bord. Le youyou ne pouvait plus servir à rien, et je ne pouvais plus touer. (Ceci était de l'hébreu pour moi, mais je le laissai continuer.) À ce moment-là ma main me faisait tellement mal que je ne pus m'occuper ni du bout-dehors ni des voiles qui claquaient et voltigeaient comme bon leur semblait. Il y avait aussi le gouvernail qu'il fallait raccommoder, et j'étais à plusieurs milles de la terre. Si le vent tombait, ce serait facile ; mais s'il augmentait, la perspective n'était pas réconfortante. Je n'en pouvais plus et le pire aurait pu arriver.

« C'est à ce moment, et je peux dire que j'ai eu de la chance, que Bartels fit son apparition. Sa galiote était mouillée à un mille, dans une branche du chenal. Pendant une éclaircie, entre deux grains, il aperçut la *Dulcibella*, et, comme le brave homme qu'il est, il prit son youyou, et lui et son mousse arrivèrent jusqu'à moi, non sans mal. J'étais rudement content de les voir… Non, ça n'est pas vrai. J'étais tellement furieux et honteux que je crois que j'aurais été assez bête pour dire que je n'avais besoin de personne, s'il ne s'était mis à arranger les choses sans me demander la permission. Tu n'as pas idée de ce que ce petit bonhomme, gros comme une souris, peut faire. En moins d'une demi-heure il avait arrimé les voiles, détaché la grosse ancre, déroulé cinquante brasses de filin, et avait halé petit à petit le yacht en eau profonde. Puis il nous remorqua en remontant le chenal et nous mit à l'abri près de sa galiote. La nuit était venue, je leur donnai à boire et leur dis au revoir. La tempête fit rage toute la nuit, mais l'endroit était bien abrité. J'étais sauf tant que l'ancre tiendrait bon.

«Le pire était passé. Après souper je repassai attentivement dans ma mémoire les événements de la journée.

CHAPITRE VIII

LA THÉORIE DE DAVIES

Davies se renversa en arrière en poussant un soupir de satisfaction, comme si sa conscience était débarrassée d'un grand poids. La carte, que nos doigts n'aplatissaient plus, roula sur elle-même avec un petit crissement comme pour nous demander : «Hein ! qu'est-ce que vous pensez de cela ?»

– Et Dollmann ? lui demandai-je. Qu'est-ce que tu en penses ?

– Oui, fit Davies, qu'est-ce que j'en pense ? Cette nuit-là je ne pus arriver à une conclusion. La seule chose dont j'étais sûr, c'est qu'il m'avait laissé dans le pétrin exprès. Je me formai une opinion du reste pendant les quelques jours qui suivirent et que je vais te dépeindre aussi brièvement que possible. Bartels revint à bord de la *Dulcibella* le lendemain matin et, bien que la tempête continuât, nous pûmes mener la *Dulcibella* à un endroit où elle sécha, à la marée basse de midi. Nous pûmes alors voir ce qui était arrivé au gouvernail. Nous le raccommodâmes de notre mieux comme pis-aller. Il y avait bien d'autres petites réparations à faire, mais rien d'important. Quant à la perte du foc, je m'en moquais pas mal, en ayant deux autres de rechange. Le youyou étant en trop mauvais état, je l'attachai sur le pont, ne pouvant rien y faire.

«Je compris que Bartels transportait des pommes de Brême à Kappeln, dans ce fjord, et avait pris le chenal à travers les sables à cause du mauvais temps. Ce jour-là il allait vers l'Eider, d'où, comme je te l'ai dit, on peut passer dans la Baltique par les rivières et les canaux. Le chemin par l'Elbe, en se servant du nouveau canal de Kiel, est le plus court; celui par l'Eider est l'ancien, mais Bartels croyait se débarrasser d'une partie de ses pommes à Tönning, la ville qui se trouve à l'embouchure du fleuve. Les deux routes débouchent dans la Baltique, à Kiel. Tu te souviens que j'avais l'intention de passer par l'Elbe. L'aventure du jour précédent me fit changer d'avis, je te dirai pourquoi tout à l'heure, et je pris la résolution d'aller avec la *Johannes* par l'Eider. Le temps se leva le lendemain, et je fis le pari d'arriver à Tönning avant lui. Je gagnai facilement mon pari, quittai la galiote à l'embouchure de l'Eider et trois jours plus tard j'entrais dans la Baltique. Une semaine après mon échouement sur le Hohenhorn, je te télégraphiais. J'étais arrivé à la conclusion que *Dollmann était un espion*.

La fin de son histoire fut si soudaine et il la dit si tranquillement que je sursautai. «Je te télégraphiais, Dollmann est un espion.» Ce fut l'association de ces deux idées qui me frappa le plus au moment.

– Un espion! répétai-je. Qu'est-ce que tu veux dire? Pourquoi m'as-tu télégraphié? Un espion de quoi... pour qui?

– Attends, fit Davies. Je vais t'expliquer comment je suis arrivé à cette conclusion. Peut-être que l'expression espion n'est pas tout à fait juste, mais c'est sûrement quelque chose de ce genre ou qui ne vaut guère mieux.

«C'est exprès qu'il m'a fait échouer. Je ne crois pas être méfiant de nature, mais il est difficile de me tromper quand il s'agit de bateaux et de la mer. Je sais qu'il aurait pu ne pas me quitter s'il l'avait voulu, et j'ai vu ce qu'il en était, à marée basse, quand Bartels et moi avons quitté les sables deux jours après ma mésaventure. Suis sur la carte. Voilà le banc de sable, le Hohenhorn, qui, comme je te l'ai expliqué, barre le chemin[1]. Il est en deux parties : première partie ouest, seconde partie est. Le chenal, appelé le Telte, se divise en deux branches. Les deux branches sont larges et profondes, par rapport aux autres chenaux de ces parages. Maintenant, je suis sûr qu'en suivant Dollmann je n'ai jamais été près ni de l'un ni de l'autre et que la dernière fois que je le vis il gouvernait droit sur le banc lui-même, à un point ici à peu près, distant d'un mille au moins du bras nord du chenal et de deux du bras sud. Comme je te l'ai déjà dit, je suivis sur le compas tout le temps et ne pus trouver un chemin en avant. Comment ai-je pu, malgré tout, trouver le chenal ? C'est là où j'ai eu de la veine. Je ne t'ai parlé que de deux chenaux, c'est-à-dire de ceux qui contournent le Hohenhorn, au nord et au sud. Mais regarde attentivement, et tu verras que, juste au milieu du Hohenhorn ouest, il y en a un petit, très étroit, si petit que je ne l'avais pas même remarqué la nuit précédente en étudiant la carte. C'est celui dans lequel je suis entré absolument par hasard pendant que j'essayais de gagner du temps, en suivant la ligne d'écume. Je m'engageai dedans sans savoir où j'étais, débouchai dans un espace d'eau assez profond et allai m'écraser sur le bord du Hohenhorn qui est là. C'était plus que je ne méritais. Je me rends bien compte maintenant que j'avais quatre-vingt-dix-neuf chances sur cent de tomber sur un mauvais endroit et d'y couler en trois minutes.

– Et comment lui, Dollmann, a-t-il passé ? lui demandai-je.

– C'est clair comme le jour, me répondit Davies. Il retourna sur ses pas dans le chenal au nord quand il m'eut

1. Voir carte marine A.

assez embrouillé. Tu te souviens bien que je t'ai dit que la dernière fois où j'aperçus la *Médusa* il me sembla que le yacht avait lofé et montrait le flanc. Là, j'ai encore eu de la chance, il lofait nord, cela me frappa, malgré la pluie qui m'aveuglait. À mon tour j'arrivai en face du banc de sable, et il me fallut choisir de quel côté tourner afin de l'éviter. Il aurait été tout naturel que je tournasse nord aussi, afin de suivre son exemple. En ce cas j'étais perdu, car j'aurais eu à suivre un mille du banc avant d'arriver au chenal nord et j'aurais été jeté à la côte avant que j'aie pu y arriver. Heureusement, je tournai sud.

– Pourquoi ?

– Inspiration, je suppose, et aussi la nécessité. Pour aller nord il m'aurait fallu changer de voile, et étant donné les circonstances je ne pouvais courir ce risque. Il faisait un vent à décorner des bœufs. La moindre chose aurait cassé que j'aurais été jeté à terre en un clin d'œil. Sur le moment, je réfléchis à peine, mis la barre dessous et tournai sud, bien que je ne connusse nullement ce petit chenal central qui se trouvait à deux encablures à gauche. Le tout ne fut que de la veine, du commencement à la fin.

« De la veine, pensai-je, secondée par du courage », et j'essayai de m'imaginer ce que cette scène périlleuse avait bien pu être. Quant à la vérité dans toute cette affaire, il était assez facile de la tracer sur la carte et en suivant la version donnée par Davies ; mais je n'étais qu'à demi convaincu. L'espion, comme Davies appelait son pilote, avait pu parfaitement se tromper de chemin lui-même, avoir perdu de vue l'autre yacht sans le vouloir, et l'avoir échappé belle tout autant que la *Dulcibella*. Je suggérai ceci à l'instant même, mais Davies ne voulut rien entendre.

– Attends la fin de l'histoire, me dit-il. Il faut que je remonte à ma première visite. Quand je le rencontrai pour la première fois, je t'ai dit qu'il était comme un ours mal léché et glacial, puis que, tout à coup, il se dégela et devint aimable. Je me rends compte, maintenant, que dans la conversation qui suivit ce changement il me tirait les vers du nez. Ce n'était guère difficile. Je n'avais pas rencontré un «gentleman» depuis le départ de Morrison, mon voyage me tenait fort au cœur, et je crus Dollmann bon sportsman, malgré ses réticences à propos des canards. Je parlai très librement – aussi librement que mon mauvais allemand me le permettait – de mes explorations de la quinzaine précédente; je lui dis comment j'avais suivi tous les chenaux à l'intérieur et à l'extérieur des îles, et combien cela m'avait intéressé de me rendre compte de l'effet des vents sur les marées, de la direction des courants, etc. Je lui parlai aussi des difficultés que j'avais eues à surmonter, des bouées mal placées, de l'incurie de l'amirauté anglaise au sujet des cartes marines; des côtes allemandes, etc., etc. Il me fit parler le plus possible, et maintenant que les événements qui suivirent m'ont ouvert les yeux, je saisis très bien le but de ses questions.

«Le lendemain et le surlendemain, je le vis souvent, et cette sorte d'interrogatoire continua. Il y avait aussi mes projets d'exploration. Je voulais faire le long de la côte allemande ce que j'avais fait le long de la côte hollandaise, et son idée, à lui, était – comme je le vois clairement maintenant – de m'en empêcher complètement et de m'éloigner à jamais de cette partie de la côte. C'est pourquoi il m'assura qu'il n'y avait aucun canard là-bas. C'est pourquoi aussi il vanta la Baltique comme la mer idéale à explorer et aussi comme pays de chasse. Et encore une fois, c'est pourquoi il organisa ce voyage de compagnie directement jusqu'à l'Elbe. C'était pour se débarrasser de moi.

– Il fit même mieux que cela.

– Oui, mais à partir de là, je déduis au hasard. Je veux dire qu'il m'est impossible de savoir quand il résolut de me noyer. Il ne pouvait être certain du mauvais temps. Mais en admettant qu'il ait décidé de se débarrasser de moi complètement, cette traversée vers le bateau-feu de l'Elbe lui fournit une excellente occasion. Je suppose qu'il y pensa tout à coup et qu'il agit sous l'impulsion du moment. Tout seul, je m'en serais tiré. Le raccourci fut de sa part une idée géniale. Il avait tous les atouts en main : vent, mer, sable, marée. Il me croit mort.

– Mais l'équipage ? lui dis-je, qu'est-ce que tu fais de l'équipage ?

– Ça, c'est une autre paire de manches. Quand il s'arrêta la première fois, pour m'attendre, l'équipage était sur le pont – deux marins, je crois – en train de haler les voiles. Mais quand j'arrivai à sa hauteur, la *Médusa* avait tourné sur elle-même et il n'y avait plus personne sur le pont, excepté Dollmann à la barre. Personne n'entendit ce qu'il me dit alors.

– Mais ils ont pu te voir après ?

– Probablement non, il faisait trop mauvais temps. La *Dulce* est si petite !

Je fus frappé de l'incongruité de toute cette histoire. En l'honneur de quoi aurait-on voulu tuer Davies ? Et pourquoi Davies, la modestie et la simplicité mêmes, s'imaginait-il que qui que ce soit veuille le tuer ? Il fallait cependant qu'il ait des raisons sérieuses de le croire, car c'était l'homme le moins porté du monde à être le jouet d'une imagination morbide.

– Continue, repris-je. Pourquoi aurait-il voulu te tuer ? Un Allemand rencontre un Anglais qui explore un coin de la côte allemande et détermine de l'arrêter, même de se débarrasser de lui ? Ça a tout l'air d'être *toi* qu'on croyait l'espion.

Davies tressaillit.

– *Mais il n'est pas allemand !* s'écria-t-il, perdant son sang-froid. C'est un Anglais.

– Un Anglais !

– Oui, j'en suis sûr. Ce n'est pas que j'aie des preuves

certaines. Il prétendait ne savoir que quelques mots d'anglais, et n'en prononça que quelques-uns, de temps en temps, pour m'aider à me tirer d'une phrase. Quant à son allemand, il me sembla le parler comme sa langue maternelle, mais, naturellement, je ne peux pas juger. (Davies soupira.) C'est pourquoi j'avais besoin de quelqu'un comme toi. Tu aurais découvert son point faible immédiatement, s'il n'est pas allemand. Moi, je m'en rapporte davantage à… Comment dit-on ?

– Une impression générale, murmurai-je.

– Oui, c'est ça que je veux dire. C'était quelque chose dans son extérieur, dans ses façons. Tu sais combien nous sommes différents des autres sous ce rapport. Et puis ce n'était pas seulement lui, c'est la façon dont il parlait, je veux dire quand il parlait des croisières et de la mer en particulier. Il est vrai que c'est moi qui parlai presque tout le temps, mais, tout de même… je ne sais pas comment l'expliquer, je sentis que nous nous comprenions l'un et l'autre comme jamais deux étrangers ne se comprennent. Il prétendit me trouver un peu toqué de venir si loin dans un si petit bateau, mais je jurerais qu'il l'avait fait, comme moi, car il me fit un tas de petites questions qui me prouvèrent qu'il était très au courant. Remarque que tout ceci ne m'est venu qu'après réflexion. Je n'y aurais jamais pensé – je ne suis pas fait pour jouer les Sherlock Holmes – si les événements que je t'ai décrits n'avaient suivi ses conversations.

– C'est plutôt vague, lui dis-je. N'as-tu aucune autre raison plus définie pour croire qu'il est anglais ?

– Il y a une ou deux choses un peu plus certaines, reprit Davies en appuyant sur les mots. Quand il s'arrêta et me héla, me proposant le raccourci, je t'ai dit en gros ce qu'il me cria, je ne me souviens pas des mots exacts, mais j'entendis : *«Abschneiden durch Watten.»* Ils appellent les bancs de sable *Watts*, tu sais. C'étaient des mots faciles, et il les cria aussi fort que possible afin qu'ils ne se perdent pas dans le vent. Je compris parfaitement ce qu'il voulait dire, mais comme je te l'ai déjà expliqué, j'hésitai avant de consentir à le suivre. Il crut probablement que je ne le comprenais pas, car juste au moment où il recommençait à gouverner pour aller devant le vent il montra du doigt le sud, et cria, se servant de ses mains comme d'un porte-voix : *«Verstchen Sie? Short cut through sands; follow me*[1]», les deux dernières phrases dans le meilleur anglais d'Angleterre. Je les entends encore, ces phrases, et, ma parole, elles étaient prononcées dans sa langue maternelle. Inutile de dire qu'au moment je ne le remarquai même pas. Je savais bien qu'il parlait un peu anglais, bien qu'il eût toujours eu soin de mal prononcer, truc assez facile quand votre interlocuteur ne se doute de rien. Mais au moment où il me cria de prendre le raccourci je commençais à me méfier, malgré que je n'aie pas la prétention de découvrir un complot et de gouverner un petit bateau dans une tempête en même temps.

– Et si lui te pilotait dans l'autre monde, il pouvait s'offrir le luxe de se fendre avant votre séparation! Est-ce tout? Et à propos, quel effet t'a fait la fille? Avait-elle l'air anglaise, elle aussi?

Deux hommes ne peuvent discuter d'une femme que quand ils sont de véritables intimes. Jusqu'à ce moment-là nous n'avions jamais parlé femmes, Davies et moi, d'aucune façon. C'était certainement le dernier sujet de conversation qu'il aurait choisi et, si j'en avais parlé, il se serait immédiatement retiré sous sa tente. Il essaya bien d'éviter de me répondre, et je ne pus m'empêcher de me trouver vieux et blasé quand je le vis rougir et répondre lentement :

– Oui, je crois qu'elle était très anglaise.

– Elle n'a parlé qu'allemand, naturellement?

1. «Comprenez-vous? Raccourci à travers les sables; suivez-moi.»

– Oui, rien qu'allemand.

– L'as-tu vue beaucoup?

– Pas mal.

– Voulait-elle... Comment dire?... Désirait-elle que tu ailles avec eux jusqu'à l'Elbe?

– Oui, elle avait l'air de le désirer, admit Davies. Mais, Carruthers, ne va pas t'imaginer qu'elle se doutait de ce qui allait arriver, ajouta-t-il très chaleureusement.

Je n'osai insister sur Mlle Dollmann, me disant que dans cette histoire extraordinaire il y avait des sentiments qui se contrariaient dont je commençais à apercevoir la force et la profondeur. Je m'abstins aussi de toute taquinerie qui eût été déplacée et revins à ma première question :

– Qui est Dollmann, et pour quelle raison veut-il se débarrasser de toi?

Davies devint plus communicatif.

– Je suis convaincu, me dit-il, que c'est un Anglais au service de l'Allemagne. Il est sûrement au service de l'Allemagne, et il y a longtemps qu'il est dans ces parages. Il en connaît les moindres recoins. C'est un endroit du monde très solitaire et il a une maison dans l'île de Norderney. Il est très connu, lui et tout ce qui le touche.

«J'ai rencontré un de ses amis. Devine un peu ce qu'il était? Un officier de marine. Il arriva à bord de la *Médusa*, l'après-midi du troisième jour, pendant que nous prenions le café sur le pont et parlions du voyage du lendemain. Il vint dans sa petite chaloupe, aborda, serra la main de Dollmann et me regarda fixement. Dollmann fit les présentations, l'appelant capitaine von Brüning, commandant la canonnière *Blitz*. Il montra Norderney du doigt, et je vis une canonnière basse, grise, à l'ancre dans la rade, à deux milles au large environ. Le commandant m'expliqua qu'il était là avec son bâtiment pour empêcher la contrebande, parmi les pêcheurs de la côte.

«Je dois dire qu'il me plut. Il avait l'air d'un brave garçon.

Et quel splendide officier de marine ! Ce que je voulais tant être ! Tu sais que j'avais désiré... Mais ne parlons pas de ça. Je lui causai et nous nous entendîmes à merveille. Pas pour bien longtemps, cependant, car je quittai la *Médusa*, devinant qu'ils voulaient rester seuls.

– Étaient-ils tout à fait seuls ? demandai-je innocemment.

– Oh ! Fräulein Dollmann y était, naturellement, expliqua Davies, retombant dans sa réserve.

– Avait-il l'air de très bien les connaître ? continuai-je.

– Oh oui, très bien.

Je crus toucher le point sensible, et j'espérai en apprendre plus long. Mais Davies résuma :

– Je ne vis plus von Brüning. Nous partîmes le lendemain au petit jour. Maintenant, saisis-tu où je veux en venir ?

– Oui, vaguement, lui répondis-je. Va toujours.

Davies s'approcha de la table, déroula la carte, et, l'aplatissant vigoureusement de la paume de ses deux mains, reprit son histoire avec une nouvelle ardeur.

– J'ai deux certitudes comme point de départ, expliqua-t-il. La première est que l'on m'éloignait de cette côte, parce que j'étais trop curieux. La seconde est que Dollmann est mêlé là à quelque satané complot qui vaut la peine d'être découvert. Maintenant... (Il s'arrêta un instant, prenant sa respiration et essayant d'être logique et clair.) Maintenant... regarde la carte marine. Non, d'abord, regarde cette carte d'Allemagne. (Il prit rapidement sur le rayon formant la bibliothèque une carte de poche et la déplia[1].) Voilà un immense empire couvrant la moitié de l'Europe centrale, un empire qui se répand comme le feu grisou, je crois, quant à la population, la richesse, et tout le teste. Ils ont battu les Français et les Autrichiens, et c'est la plus grande puissance militaire européenne. Je voudrais bien

1. Voir carte A.

en savoir davantage là-dessus, mais ce qui m'occupe est leur puissance maritime. C'est une marine toute jeune, qui avance à grands pas et pour laquelle leur empereur ferait tous les sacrifices. C'est un type épatant, et, à moins d'être idiot, il est facile de voir qu'il est dans le vrai. Ils n'ont pour ainsi dire pas de colonies, et il leur en faut, comme à nous. Ils ne peuvent ni les conquérir, ni les coloniser, ni protéger leur immense commerce sans une force navale de premier ordre. La suprématie maritime est de la plus haute importance à notre époque, qu'en penses-tu ? Et surtout, ajouta-t-il naïvement, ne va pas croire que ce soient mes idées. Tu les trouveras toutes dans les livres de Mahan et d'autres. Eh bien, les Allemands n'ont qu'une petite flotte à présent, mais elle est rudement bonne, et ils construisent tous les jours de nouveaux vaisseaux. Il y a, par exemple, le… et le…

Il se lança dans une digression sur les armements, les vitesses, etc., où je ne pus le suivre. Il avait l'air de connaître par cœur le moindre de leurs vaisseaux de guerre. Il fallut que je le ramène à la question.

– Alors, recommença-t-il, considère l'Allemagne comme puissance maritime nouvelle. La seconde question qui se pose est : « Comment est la côte de l'Allemagne ? » Tu peux voir que c'est un littoral très bizarre coupé en deux par le Danemark. La plus grande partie de cette côte s'étend à l'est du Danemark et donne sur la Baltique, qui est vraiment une mer intérieure, dont l'entrée est obstruée par les îles danoises. C'est pour ne pas être encombré par cette obstruction que Guillaume a fait faire le canal de Kiel, qui en cas de guerre pourrait facilement être bloqué. La partie de la côte de beaucoup la plus importante pour eux est celle qui s'étend à l'ouest du Danemark et qui donne sur la mer du Nord. C'est là que l'Allemagne peut mettre le nez au large, pour ainsi dire. C'est là qu'elle nous défie, nous et la France, les deux grandes puissances maritimes de l'Europe occidentale, et c'est là que sont ses plus grands ports et son plus riche commerce. Tu dois être frappé, en regardant attentivement la carte, par la proportion ridicule qu'il y a entre le peu de longueur de la ligne de côte comparée à l'immense pays auquel elle appartient. À vol d'oiseau, de Borkum à l'embouchure de l'Elbe il n'y a que soixante-dix milles. Si tu y ajoutes la côte occidentale du Schleswig, disons cent vingt milles, le total est à peu près deux cents milles. Compare cela avec l'étendue des côtes de France et d'Angleterre. Il tombe sous le sens que chaque mètre de cette côte a son importance. Maintenant, quelle espèce de côte est-ce? Même sur cette petite carte, on remarque tout de suite qu'il y a du sable partout; sable qui obstrue les neuf dixièmes du pays et qui fait tout son possible pour ensabler l'autre dixième, à l'embouchure des grands fleuves. À présent, prenons la côte bout par bout et divisons-la en trois tronçons. En commençant à l'ouest, le premier tronçon comprend l'espace entre Borkum et Wangeroog, cinquante milles environ. De quel genre est-il? Une chaîne d'îles sablonneuses entourées de sable. Le fleuve, l'Ems, à l'extrémité occidentale, près de la frontière hollandaise, mène à Emden, ce qui n'est pas grand-chose. En d'autres mots, pas un port dans cette région. Second tronçon : une sorte de baie profonde consistant en trois grands estuaires, ceux de la Jade, du Weser et de l'Elbe, qui mènent à Wilhelmshaven (leur base navale dans la mer du Nord), à Brême et à Hambourg. La largeur totale de la baie n'est que de vingt milles environ. Elle est parsemée de bancs de sable. Troisième tronçon : la côte du Schleswig, absolument barrée par une frange de sable de six à huit milles d'épaisseur. Pas de grandes villes, un fleuve moyen : l'Eider. Laissons de côté ce troisième tronçon. Je peux me tromper, mais en réfléchissant à tout ceci je me suis surtout attaché à l'étendue de soixante-dix milles allant de Borkum à l'Elbe, moitié îles, moitié estuaires. C'est là que je rencontrai la *Médusa*, et c'est cet endroit que je ne pus explorer, empêché par Dollmann.

J'objectai :

– Il y a probablement des ouvrages de défense ? Il pensait peut-être que tu en verrais trop. À propos, a-t-il vu tes livres sur la marine ?

– Parfaitement. Ce fut ma première idée ; mais ça ne peut pas être cela. Ça n'expliquerait en rien ce qui s'est passé. Pour commencer, il n'y a pas de forts, et il ne peut pas y en avoir dans cette première division où se trouvent les îles. Il pourrait peut-être y en avoir un, à Borkum, pour protéger l'embouchure de l'Ems ; mais c'est moins que probable, et, en tout cas, j'avais dépassé Borkum et j'étais à Norderney. Il n'y a pas autre chose à protéger. Dans la seconde division, où se trouve l'embouchure des grands fleuves, c'est complètement différent. Il y a probablement des masses de forts et de mines prêtes à être posées autour de Wilhelmshaven, Bremerhaven et Cuxhaven, juste à l'embouchure de l'Elbe. Non pas que j'aie jamais eu l'idée de m'en occuper ; n'importe quel vapeur qui remonte les estuaires peut en voir autant que moi. Personnellement, j'aime beaucoup rester à bord, et je ne descends guère à terre. Et grand Dieu ! s'écria Davies, se renversant en arrière et éclatant de rire, est-ce que j'ai l'air de ce genre d'espion ?

Malgré le peu d'envie que j'en avais, je ne pus m'empêcher de sourire en pensant à l'espion légendaire dont l'épingle de cravate recèle un Kodak, qui a un carnet de notes dans la doublure de son pardessus, et des perruques et des fausses barbes dans son sac de voyage.

– Pour en revenir à cette côte, reprit Davies, il me semble qu'en cas de guerre chaque mètre aurait son importance, le sable aussi bien que le reste. Prenons les grands estuaires d'abord. Ils pourraient être attaqués et bloqués par l'ennemi. Au premier abord on peut penser qu'il n'y a que leurs chenaux principaux qui comptent. En temps de paix ceux-là sont ouverts à tout le monde, ils sont balisés, ils sont éclairés comme des rues, servent de passage à des milliers de bateaux marchands, sont marqués scrupuleusement sur les cartes marines, puisque des millions dépendent d'eux. Mais regarde aussi tous les bancs de sable à travers lesquels ces grands chenaux passent. Tu en verras de plus petits, soumis aux marées pour la plupart, et connus seulement des pêcheurs et des caboteurs comme Bartels. Je suis frappé par l'idée qu'en cas de guerre ces petits chenaux auraient la plus haute importance, aussi bien pour la défense que pour l'attaque, car au bon moment de la marée il y a assez d'eau pour que des bateaux de petit tonnage et des torpilleurs passent, bien que je me rende compte qu'il faille les connaître par cœur. Maintenant, supposons que nous ayons la guerre avec l'Allemagne : les belligérants pourraient s'en servir comme moyens d'approche entre les trois estuaires, et pour ne parler que de nous, un petit torpilleur – remarque que je ne dis pas un contre-torpilleur – pourrait, pendant une nuit sans lune, aller droit de la Jade à l'Elbe et faire sauter pas mal de bateaux. Mais je doute qu'il y ait un être dans toute notre flotte qui se doute de ces petits chenaux. Nous n'avons pas de bateaux de pêche à cet endroit, et quant aux yachts anglais, il y a bien des chances pour qu'ils ne viennent jamais croiser par ici. Il n'y a que moi pour avoir des goûts pareils et pour explorer, en amateur, tous ces chenaux. (Je commençai à comprendre ce qu'il voulait me faire faire.)

« Maintenant, passons aux îles. Je fus complètement paralysé par elles, au début. Bien qu'entre elles et la côte il y ait des bancs de sable et le même genre de chenaux sillonnant ces bancs de sable, je ne vis là rien à attaquer ou à défendre. Alors, pourquoi un étranger ne pouvait-il y naviguer au hasard selon son bon plaisir ? Et pourquoi le quartier général de Dollmann y était-il ? Puis je me dis que ce qui pouvait servir dans les estuaires pouvait tout autant servir de ce côté. Cette bande de la côte de la Frise rejoint les estuaires et pourrait former une base pour de très petits bateaux faisant des raids. Ils pourraient passer inaperçus de l'Ems à la Jade, et même de la Jade à l'Elbe entre les îles et la côte, comme dans un chemin couvert entre deux lignes de forts protecteurs. Ce pays nous est encore absolument inconnu. Beaucoup de galiotes locales parcourent ces chenaux ; quant aux étrangères, jamais, j'en suis sûr. Peut-être que pour s'abriter par mauvais temps un yacht étranger entre dans une des ouvertures entre les îles et a la veine de s'en tirer. Encore une fois, ma manie est d'aimer croiser dans des parages de ce genre, et Dollmann a voulu se débarrasser de moi. Il n'est pas allemand, mais il est avec les Allemands, et avec la marine allemande. Il habite sur cette côte et la connaît sur le bout des doigts. Il a essayé de me noyer. Maintenant, qu'est-ce que tu en penses ?

Davies me fixa longuement et anxieusement.

CHAPITRE IX

JE PROMETS MON CONCOURS

C'était une question embarrassante. Je n'avais jamais eu d'expérience de ce genre. La mer servait de décor à toute cette affaire et la scène se passait dans une partie de la mer que je ne connaissais nullement. Il y avait aussi d'autres difficultés que je voyais peut-être plus clairement que Davies, un enthousiaste, avec des manies, qui avait ressassé sa dangereuse aventure dans la solitude. Cependant, la narration et la théorie m'avaient fortement impressionné. La rudesse voulue de Davies, sa personnalité complexe, ses élans d'ardeur, sa timidité enfantine, avaient un charme que je ne puis définir. J'étais toujours en train d'essayer de voir l'homme à travers l'enfant, de séparer le jugement rassis de l'imagination vagabonde. Non pas qu'un seul instant j'eusse pensé à mettre l'histoire de son naufrage sur le compte d'une hallucination. Ses yeux bleus et sa simplicité saine ne permettaient pas une telle pensée.

Évidemment, aussi, il avait besoin de moi, raison qui aurait bien pu influencer mon opinion sur les faits qu'il venait de me raconter s'il avait été un autre. Mais il eût fallu être bien plus endurci que je ne l'étais pour pouvoir résister à l'attraction de Davies et de son entreprise. Je ne mérite donc nullement d'être loué pour avoir décidé de le suivre jusqu'au bout, à tout prix; et tout en lui soumettant quelques objections pour la forme, je savais parfaitement que nous risquerions l'aventure.

– Il y a deux points que je ne comprends pas bien, lui dis-je. Premièrement, tu ne m'as jamais expliqué pourquoi un Anglais surveillerait ces parages et se débarrasserait des curieux; secondement, il me semble que ta théorie n'est pas basée sur un motif suffisant. Il se peut que tout ce que tu dis sur la navigation des chenaux soit juste, mais ce n'est pas assez. Tu dis qu'il a voulu te noyer, c'est une accusation sérieuse qui doit reposer sur un motif sérieux. Mais je ne nie pas que ton cas soit intéressant. (La figure de Davies s'illumina.) Je suis prêt à te croire sur parole... jusqu'à ce que nous en découvrions davantage.

Davies sauta en l'air, et, pour la seule et unique fois pendant notre voyage, je le vis se cogner la tête au plafond de la cabine.

– Cela veut dire que tu vas venir! s'écria-t-il. Mais je ne te l'ai pas même demandé. Oui, tu as bien compris. Je veux y retourner et tirer au clair cette histoire de brigand. Je sais maintenant que je veux y retourner; ça m'a fait tant de bien de tout raconter! Beaucoup dépendait de toi! C'est pourquoi je me sentais un tel hypocrite. Dis donc, mon vieux, tu ne m'en veux pas?

– Oh! je t'en prie, ne t'occupe pas de moi, je m'amuse beaucoup et suis tout prêt à t'accompagner; seulement, j'aimerais savoir exactement ce que tu...

– Non, attends, il faut que je te parle à cœur ouvert. À propos de toi, je veux dire. Voilà, j'étais arrivé à la conclusion que je ne pouvais rien faire seul, non pas que d'habitude on ait besoin d'être deux pour se servir de la *Dulcibella*, mais pour cette sorte de recherche il faut être deux. En plus, je parle très mal l'allemand, et, de toute façon, je ne suis qu'un idiot. Si ma théorie, comme tu l'appelles, est juste, c'est une question de perspicacité ou jamais. J'ai pensé à toi. Tu es intelligent, je savais que tu avais vécu en Allemagne, que tu parlais allemand, et je savais aussi, ajouta-t-il un peu gêné, que tu avais beaucoup navigué. Mais j'aurais dû te prévenir et te dire le genre de vie auquel tu devais t'attendre dans un petit bateau sans équipage. J'eus honte en recevant si vite ta réponse, et quand tu es arrivé... (Davies bégaya et hésita afin de ne pas me blesser.) Enfin, je n'ai pas pu m'empêcher de voir que tu as été désillusionné, résuma-t-il délicatement. Mais tu n'as pas bronché, ajouta-t-il rapidement. Seulement, je ne sais pourquoi, je ne pouvais me décider à t'exposer mes projets. C'était déjà bien assez chic de ta part d'être venu, sans que je t'embête avec mes toquades. Je n'étais pas sûr, non plus, de ce que je voulais faire. C'est une affaire compliquée. Il y avait des raisons, il y a encore des raisons... (il me regarda anxieusement) qui font que... qui, enfin, en font une affaire compliquée.

Je crus qu'une confidence allait lui échapper, mais, au contraire, il se dépêcha d'ajouter :

– J'étais dans un état d'incertitude proche de l'imbécillité, mais le plan se formait de plus en plus dans ma tête. Je voyais que la vie que nous menions commençait à te plaire et qu'elle t'intéressait. Toute cette histoire de canards sauvages sur la côte de la Frise n'était qu'une blague, une idée stupide pour te tromper et pour gagner du temps. Cependant, avec raison, tu émis quelques objections, et hier j'avais résolu d'abandonner ce projet et de te distraire le mieux possible, quand Bartels est arrivé.

– Attends, lui dis-je. Savais-tu que Bartels pouvait te rencontrer quand tu as voulu mouiller ici ?

– Oui, fit Davies gêné. Je savais que je *pourrais* le rencontrer. Et maintenant il a fallu que je me confesse, et tu viens ! Quel imbécile j'ai été !

Bien longtemps avant qu'il eût fini j'avais compris ce qui s'était passé dans son esprit pendant les jours précédents, et mille petits incidents qui m'avaient intrigué s'expliquaient d'eux-mêmes.

– Pour l'amour de Dieu, ne t'excuse pas, lui dis-je. Si je le voulais, moi aussi, je pourrais me confesser. Et tu n'as pas été bête du tout, il me semble. J'ai un caractère difficile, et c'est le plus pur des hasards qui m'a fait rester ici au lieu de décamper. C'est au temps et à d'autres petits stimulants que tu le dois. Tu ne me demandes même pas pourquoi j'ai décidé d'essayer ton régime ?

– Mon régime ? s'écria Davies, qu'est-ce que tu veux dire ? C'est déjà bien assez aimable de ta part...

– Ça ne fait rien. Tout dépend du point de vue, mais pour le moment, revenons à notre plan. Qu'est-ce que tu comptes faire ?

– Voilà, répliqua-t-il rapidement ; retourner dans la mer du Nord par Kiel et le canal. Là, nous avons deux buts à atteindre : premièrement, retrouver Norderney, c'est l'endroit où j'ai abandonné l'exploration des chenaux à travers les estuaires et les îles ; secondement, trouver Dollmann, découvrir ce qu'il fait, et le mettre au pied du mur. Les deux choses peuvent se nuire l'une l'autre, c'est à prévoir. Je ne sais pas où Dollmann et son yacht se trouvent, mais je suis plus que sûr qu'ils sont quelque part dans les mêmes parages, et plus probablement à Norderney.

– C'est délicat, murmurai-je avec inquiétude, si ta théorie est correcte. Espionner un espion...

– Ce n'est pas du tout cela, cria Davies avec indignation. N'importe qui peut naviguer autour des îles et les explorer. Dis donc, tu ne penses pas vraiment que ce soit de l'espionnage ?

– Ne t'agite pas, sois tranquille, je ne crois pas du tout que tu fasses quelque chose de déshonorant, me hâtai-je de lui expliquer. Je suis d'accord avec toi pour dire que la mer est à tout le monde. Je veux seulement te prévenir que certains résultats sur lesquels tu ne comptes pas peuvent se produire. Il doit y avoir autre chose que ces chenaux naturels, et si mes prévisions sont justes, ne deviendrons-nous pas ainsi des espions ?

– Oh ! après tout, au diable tes prévisions, s'écria Davies. Voilà comment je vois la chose : Dollmann est anglais. S'il est avec l'Allemagne, c'est un traître. Nous, étant anglais, nous avons le droit de le démasquer. Si nous ne pouvons pas y arriver sans espionner, nous avons le droit d'espionner à nos risques et périls...

– Il y a encore une autre raison beaucoup plus importante, il me semble : il a essayé de te noyer.

– Oh ! ça, je m'en fiche. Je ne suis pas idiot au point d'avoir soif de vengeance comme un héros de roman. Mais ce qui me met hors de moi, c'est de penser à ce type qui, sous le masque d'un Allemand, prépare Dieu sait quel complot – complot assez sérieux pour qu'il désire se débarrasser de n'importe qui. Tout ce qui touche à la marine m'intéresse passionnément, et je les trouve un peu indifférents en Angleterre à ce propos. L'amirauté a besoin qu'on la réveille. En tout cas, en ce qui me concerne personnellement, il est tout naturel que j'aille le voir, Dollmann ?

– Oh ! tout à fait, vous vous êtes quittés bons amis et ils seront ravis de te revoir. Vous aurez mille choses à vous dire.

– Hum ! fit Davies, rendu muet par le « ils » de ma phrase. Sapristi ! déjà trois heures. Comme le temps a passé vite. Regarde, on dirait que le ciel se dégage.

Je me retrouvai, non sans étonnement, dans la cabine aux murs suintants, à la table de bois blanc couverte des restes du déjeuner – symboles de la vie à laquelle j'avais promis d'adhérer. Je commençais à regretter ma promesse quand Davies dit avec énergie :

– Qu'est-ce que tu dirais si nous partions immédiatement pour Kiel ? Le brouillard se lève, et nous avons la brise du sud-ouest.

– Tout de suite ! Mais alors, cela veut dire qu'il va falloir naviguer toute la nuit ?

– Oh ! non, répondit Davies. Pas avec un peu de chance.

– Mais il fait noir à sept heures !

– C'est vrai, mais nous n'avons que vingt-cinq milles à faire. Je sais que ce n'est pas exactement un bon vent, mais nous resterons près de la terre la plupart du temps. Le baromètre baisse, et il faut se servir de cette occasion.

Discuter à propos de vents avec Davies était inutile. Le résultat de tout ceci fut que nous partîmes sans déjeuner. Le grincement de notre chaîne fit monter Bartels sur le pont de sa galiote, se frottant les yeux et enroulant autour de son cou un châle gris. Il avait l'air d'une bonne femme qui reçoit son lait en déshabillé du matin.

– Nous partons, Bartels, dit Davies sans même lever la tête. Nous vous retrouverons à Kiel, j'espère.

– Vous vous dépêchez toujours, capitaine, bêla le petit bonhomme, secouant la tête. Vous devriez attendre jusqu'à demain. Le ciel ne présage rien de bon et il fera noir avant que vous soyez même en vue d'Eckernförde.

Davies se mit à rire, et bientôt la triste figure de son mentor se perdit dans le lointain.

Pendant la soirée, les mille sentiments qui m'avaient assailli lors de mon arrivée à Flensbourg s'emparèrent de moi à nouveau, les circonstances prêtant leur concours à leur travail de démoralisation. Une tasse de thé prise à la hâte ne remplace pas un bon déjeuner. Il n'est guère agréable de remplir les feux de côté accroupi dans le gaillard d'avant, puant l'essence. Enfin notre petit bateau fortement secoué dans la nuit m'énervait considérablement. Cependant le vent sifflant dans la grand-voile, les crêtes des vagues se détachant soudain blanches sur le vide sombre, me chuchotaient à l'oreille un refrain en l'honneur de l'esprit d'aventure. Il faut dire aussi que notre voyage de découverte commença bien, car, comme Davies l'avait prophétisé, le brouillard disparut complètement et le phare de Bulk Point nous guida sûrement jusqu'à l'embouchure du fjord de Kiel. Ce fut pendant ce passage que tous deux, fumant à l'arrière, nous retournâmes à la solution du problème exposé devant nous, car nous étions partis en coup de vent et beaucoup de points demandaient à être discutés. J'appris quelques faits nouveaux qui n'aidèrent point à me rassurer. Davies n'avait vu les Dollmann que sur leur yacht, où le père et la fille habitaient à ce moment-là. Il ne connaissait ni leur villa à Norderney ni leur genre de vie, bien qu'il fût descendu à terre une fois. De plus, il avait vaguement entendu parler d'une belle-mère en voyage à Hambourg. Ils devaient aller la rejoindre dans cette ville qui se trouve assez haut en remontant l'Elbe, à quarante milles ou plus en amont de Cuxhaven, la ville à l'embouchure du fleuve.

La combinaison faite le jour avant le voyage fatal était que les deux yachts devaient se rencontrer le soir à Cuxhaven et remonter ensemble le fleuve. Puis Davies devait se séparer d'eux à Brunsbüttel (quinze milles en amont de l'embouchure), point terminus occidental du canal de Kiel. Telle avait du moins été sa première intention ; mais je saisis que petit à petit il changea d'avis, sans même peut-être se l'avouer à lui-même, et qu'il aurait suivi la *Médusa* à Hambourg ou même jusqu'au bout du monde, pour le même motif, contraire à tous ses goûts et à tous ses principes, qui lui avait fait abandonner sa vie dans les îles et entreprendre le voyage de compagnie. Sur ce sujet, impossible de le faire parler. Tout ce que je pus déduire est que l'idée de la fille de Dollmann mêlée à cette histoire l'avait fait cruellement souffrir et l'avait préoccupé au point de lui faire perdre son sang-froid, mais que maintenant il avait résolu de tâcher d'ignorer ou de prétendre ignorer l'existence de Mlle Dollmann et d'aller droit au but.

Les faits que je venais d'élucider soulevaient d'importantes objections. Dollmann ne savait-il pas à présent que lui et son yacht avaient survécu ? Davies était convaincu que non.

– Il peut l'avoir entendu dire à Cuxhaven ou avoir demandé de mes nouvelles à l'écluse de Brunsbüttel, mais c'est peu probable, car mon sort était certain. Si j'avais échoué sur le banc de sable extérieur, comme il y avait quatre-vingt-dix-neuf chances sur cent que je le fasse, le yacht aurait été en morceaux en trois minutes. Bartels ne m'aurait pas aperçu et n'aurait pu venir à mon secours, même s'il m'avait aperçu. Personne ne m'aurait vu. Et depuis, rien n'indique qu'ils sachent que je suis encore vivant.

– Ils ? remarquai-je. De qui veux-tu parler ? Qui sont nos adversaires ? Si Dollmann est un agent accrédité de l'amirauté allemande… Mais non, c'est impossible ; jamais, au siècle où nous sommes, un gouvernement civilisé et en bons termes avec nous n'aurait pu admettre le meurtre d'un jeune Anglais. D'un autre côté, si Dollmann n'était pas un tel agent, toute ta théorie s'écroulerait.

– Je crois, dit Davies, que Dollmann a pris cela sous son bonnet. Je n'en sais pas plus long. Ça n'a aucune importance ; mort ou vivant nous ne faisons rien de mal, rien dont nous puissions avoir honte.

– Il me semble au contraire que ça a beaucoup d'importance. Qui notre résurrection intéressera-t-elle ? Quelle ligne de conduite allons-nous choisir ? Allons-nous agir à découvert ou en secret ? Je suppose que nous allons nous garer des chemins battus autant que possible ?

– Il n'y a pas moyen de faire autrement que de passer par le canal de Kiel. Là, tout le monde peut nous voir. Mais après il ne sera pas difficile de passer inaperçu. Attends d'avoir vu quel pays c'est ! (Il éclata d'un rire qui m'aurait fait frissonner le jour précédent.) À propos, cela me fait penser qu'il faudra nous arrêter pendant un après-midi à Kiel pour embarquer beaucoup de provisions. Il faut que nous soyons ensuite absolument libres de la côte.

Quelle perspective, dans un yacht de sept tonneaux, en octobre !

À neuf heures, nous doublâmes Bulk Point, nous entrâmes dans le fjord de Kiel et commençâmes à louvoyer pour arriver à sept milles de la pointe où se trouve Kiel. Jusque-là j'avais été trop intéressé pour penser au danger et me dire que, si la moindre chose arrivait à Davies, je me trouvais dans l'impossibilité absolue de lui rendre service ou de me tirer d'affaire avec le bateau. Pendant cette soirée Davies m'avait souvent imploré d'aller me coucher. Je descendis dans la cabine et m'étendis sur le sofa de gauche, avec l'intention d'écrire mon journal. Soudain j'entendis les voiles claquer fortement et je glissai sur le plancher.

– Qu'est-ce qui se passe ? criai-je affolé à Davies qui se pencha par la claire-voie.

– Rien, répondit-il, se frottant les mains pour les réchauffer. Je me promène, voilà tout. Passe-moi les jumelles, veux-tu ? Il y a un vapeur devant nous. Si tu ne désires pas vraiment te coucher, tu pourrais aussi bien me faire une soupe. Passe-moi la carte aussi, que nous y jetions un coup d'œil.

Il l'étudia si délibérément que j'en fus exaspéré, me demandant si le steamer était tout près, et ce que le yacht faisait pendant ce temps-là.

– Je suppose qu'il n'est pas réellement nécessaire que quelqu'un soit au gouvernail ? dis-je.

– Oh ! ça ne fait rien pour un instant, répondit-il sans lever la tête. Deux… un et demi… un… feux en ligne, sud-ouest quart ouest… As-tu une allumette ?…

Il en brûla deux, et regrimpa sur le pont.

– Tu n'as pas besoin de moi en haut ? criai-je après lui.

– Non, mais viens quand tu auras mis la bouillotte sur le feu. Le fjord vaut la peine d'être vu. Une belle brise.

Il disparut. Une sorte de fatalisme optimiste s'empara de moi. Je finis mon journal et mis la bouillotte sur le poêle. Je montai sur le pont et regardai le fjord très animé par les vapeurs, les bateaux de pêche, les bateaux à voile, qui, ayant été arrêtés par le brouillard, se remettaient en marche dans l'espace assez restreint. Leurs feux rouges, verts, jaunes, scintillaient; mêlés à ceux de la côte et à ceux des bateaux à l'ancre, ils me faisaient cligner les yeux, tandis qu'un bruit, causé par les hélices, remplissait l'air d'un rugissement lointain semblable à celui des rues de Londres. Davies était tout à fait à son aise, et, tout en tirant des bordées, discourait placidement sur la simplicité et la sûreté de la navigation nocturne quand on est prudent, qu'on suit les règles de la navigation et qu'on a de bons feux. Un reflet rouge dans le ciel nous annonça la proximité de Kiel. Nous passâmes une forme scintillante mouillée au milieu du fjord.

– Navires de guerre, me souffla Davies à l'oreille, comme en extase.

À une heure nous jetions l'ancre en vue de la ville.

CHAPITRE X

LE CANAL DE KIEL

Nous étions dans le bureau de poste à Kiel. Davies griffonnait rapidement sa carte-lettre et je regardais la mienne, ne sachant quoi écrire, quand je lui demandai :

– Combien de temps crois-tu que notre tour va durer? Je n'ai qu'un mois de vacances, tu sais?

– Sapristi, s'écria Davies s'arrêtant, ça ne fait plus que trois semaines; je n'y avais pas pensé. Tu ne pourrais pas demander qu'on prolonge tes vacances?

– Je pourrais demander au patron, mais quelle adresse lui donner pour la réponse? Je suppose qu'il vaut mieux qu'on ne la connaisse pas?

Davies réfléchit un instant.

– Il y a bien Cuxhaven... mais ça, c'est trop près; il y a aussi... mais nous ne voulons pas être obligés de descendre à terre. Je vais te dire. Donne comme adresse : «Poste restante, Norderney», et rien que ton nom, pas celui du yacht. Il se peut que nous débarquions là et nous pourrons alors prendre nos lettres.

Jamais le caractère hasardeux de notre aventure ne me frappa tant qu'à ce moment.

– Est-ce ce que tu écris? lui demandai-je.

– Oh! moi, je n'attends pas de lettres importantes comme les tiennes.

– Mais qu'est-ce que tu mets?

– Juste que nous avons eu une croisière magnifique et sommes sur la route du retour.

L'idée me parut bonne, et j'écrivis la même chose à mes parents, ajoutant simplement que nous étions à la recherche d'un ami de Davies qui nous fournirait l'occasion de chasser. J'écrivis aussi un mot à mon chef de bureau, lui disant qu'ayant d'importantes affaires à arranger en Allemagne, il se pourrait que je lui demandasse une extension de mon congé. Je le priai de bien vouloir répondre à l'adresse indiquée par l'en-tête de ma lettre.

Nous prîmes nos paquets et continuâmes nos commissions.

Nous déchargeâmes deux fois le youyou plein sur le pont de la *Dulcibella*. Nous eûmes soin de ne pas oublier deux immenses bidons de pétrole, constituant notre réserve de chaleur et de lumière, ni un sac de farine. Nous achetâmes aussi des cordages de rechange, des poulies, des cartes marines allemandes d'une exactitude parfaite, des cigares, des conserves de saucisses et de viande, sans compter mille choses qui ne servirent vraiment qu'à apaiser la rage qu'avait mon compagnon de «jeter à la mer». Quant à moi, je m'occupai surtout des vêtements, car malgré le triage que j'avais fait à Flensbourg, ma garde-robe laissait encore beaucoup à désirer. Deux pantalons de flanelle blanche, d'une coupe irréprochable, étaient déjà perdus à jamais.

– Nous allons pouvoir les jeter par-dessus bord, me dit Davies enchanté.

J'achetai donc une grosse paire de bottes du pays, doublées de feutre et à semelles de bois. Davies et moi, nous nous procurâmes les habits de laine que les pêcheurs du pays portent, le tout d'une couleur allant avec les taches de pétrole et la vase.

Le même soir nous faisions nos adieux à la Baltique, dépassant les navires de guerre et un groupe de yachts amarrés pour l'hiver. Nous doublâmes la dernière pointe de terre, nous gouvernâmes dans la direction de brillantes lumières, nous halâmes nos voiles, et nous vînmes nous ranger sous les portes colossales de l'écluse de Holtenau. Il était incroyable de penser qu'elles allaient s'ouvrir à l'appel d'un si petit quémandeur. Elles s'ouvrirent cependant, lentement et majestueusement, et notre petite coque se perdit bientôt dans le sein du bassin construit pour les plus grands navires de guerre. Les pylônes électriques l'éclairaient fortement au-dessus de notre tête, mais le silence le plus absolu régna jusqu'à ce qu'une silhouette nous appelât, demandant le capitaine. Davies grimpa le long d'une échelle, disparut avec la silhouette et revint, fourrant un papier dans sa poche. Je l'ai là sous les yeux (dûment estampillé par le *Königliches Zollamt*), et j'y lis que moyennant la somme de dix marks pour les frais d'écluse, et de quatre pour les frais de tonnage, un remorqueur impérial remorquerait le bateau *Dulcibella* (capitaine A. H. Davies) tout le long du canal Kaiser-Wilhelm, de Holtenau à Brunsbüttel. Je rougis encore en pensant aux grandes portes de l'écluse et aux employés endormis du Königliches Zollamt. Ils se doutaient bien peu que pour quatorze marks (17,50 F) ils admettaient dans leur giron un tel serpent !

– C'est bon marché, n'est-ce pas ? fit Davies en me rejoignant. Ils ont un tarif calculé sur le tonnage. Le même pour les yachts que pour les transatlantiques. Nous partons demain matin à quatre heures, avec toute une flottille. Je me demande si Bartels est ici.

Bientôt les portes intérieures s'entrouvrirent et nous nous glissâmes dans un grand bassin où de nombreux bateaux, de différents types, étaient rangés côte à côte. Nous nous faufilâmes dans un espace libre le long du quai.

Nous dînâmes, et le cigare à la bouche nous partîmes, en flânant, à la recherche de la galiote de Bartels. Nous la découvrîmes encastrée entre deux autres, son capitaine assis dans sa cabine, lisant sa bible, ses lunettes sur le nez, près d'un poêle rouge. Il nous offrit du «schnaps[1]» et des poires d'une petitesse et d'une dureté remarquables. Davies se mit tout de suite à le taquiner sur ses fausses prédictions.

– Le ciel n'était pas beau, fut tout ce que répondit Bartels aux taquineries de son jeune ami, qu'il regardait avec grande complaisance.

Quand nous prîmes congé il fut convenu que le lendemain matin nous viendrions nous placer le long de la *Johannes*, à laquelle nous nous agripperions au moment où la flottille se mettrait en mouvement pour être remorquée.

– Karl gouvernera pour nous deux, nous expliqua Bartels, et nous resterons à nous chauffer dans notre cabine.

Ce qui fut fait le lendemain au petit jour, sous une pluie cinglante, non sans quelques contusions et non sans écorchures pour la bien-aimée peinture de Davies. Pendant deux jours nous remontâmes lentement le majestueux canal, qui est le lien stratégique unissant les deux mers allemandes. Large et droit, flanqué de quais massifs, plus éclairé à l'électricité, pendant la nuit, que bien des grandes rues de Londres, traversé par les grands vaisseaux de guerre, par les riches bateaux de commerce aussi bien que par les humbles bateaux de pêche, ce canal est le symbole de la force nouvelle et extraordinaire qui, contrôlée par le génie des hommes d'État et des ingénieurs, pousse irrésistiblement l'empire allemand vers son but : la suprématie maritime.

– N'est-ce pas magnifique ? me dit Davies. Quel homme que cet empereur !

Pendant que Karl, un mousse de seize ans environ qui

1. Eau-de-vie de genièvre.

constituait tout l'équipage de la *Johannes*, gouvernait pour nous deux, nous nous réunissions soit dans la cabine de la galiote, soit dans la nôtre. Le chauffage du salon de la *Dulcibella* devint un véritable souci. Nous arrivâmes à la seule conclusion logique, c'est-à-dire de transporter le fourneau du gaillard d'avant dans la cabine-salon, ajustant le poêle Rippingille au bout avant de notre table. De cette façon nous pourrions faire notre cuisine et être chauffés. C'était horrible, et l'odeur de pétrole qui imprégna l'atmosphère était parfois nauséabonde, mais, après tout, comme le dit si bien Davies, la beauté et la propreté ne viennent qu'après le confort.

Bartels et Davies eurent de longues conversations au sujet des îles de la Frise. Le petit skipper connaissait à fond la navigation des sables sur lesquels nous nous dirigions, son bateau étant le type même de ceux qui passent dans ces parages. Je n'oublierai jamais le moment où il soupçonna, pour la première fois, que la curiosité de son jeune ami avait un objectif pratique. Il avait toujours cru que le but de notre voyage était sa chère Hambourg, reine des villes. Voir Hambourg et mourir !

– Mais c'est trop tard, implorait-il. Vous ne connaissez pas la mer du Nord comme je la connais.

– Voyons, Bartels, il n'y a aucun danger.

– Pas de danger ! Et ne vous ai-je pas trouvé échoué sur le Hohenhorn, pendant une tempête, avec votre gouvernail démoli ? Dieu a été miséricordieux envers vous ce jour-là, mon fils.

– Oui, mais ce n'était pas ma f... (Davies s'arrêta brusquement.) Nous repartons chez nous, cela n'a rien d'extraordinaire ?

Bartels se résigna mélancoliquement.

– Il est heureux que vous ayez un ami, conclut-il.

Mais le regard plein de doute qu'il me lança me fit voir qu'il n'était pas convaincu de ce qu'il avançait.

Quant à Davies et à moi, notre amitié se développa rapidement. Il gardait cependant un mutisme absolu sur le côté personnel de notre aventure.

Pour moi, je me mis à parler de ma vie et de mes occupations avec une liberté dont j'aurais été incapable un mois auparavant. En échange j'arrivai à saisir la dominante du caractère de Davies. C'était l'amour de la mer, allié à un patriotisme fougueux et contenu, luttant incessamment pour trouver un débouché sous la forme de l'action physique énergique et entêtée. C'était aussi une humilité née d'une sensibilité excessive, dont la cause provenait du sens exagéré qu'il avait de ses imperfections, ce qui ne faisait que jeter, pour ainsi dire, de l'huile sur le feu de son zèle brûlant. J'appris pour la première fois que, dans sa toute jeunesse, il avait manqué l'examen pour entrer dans la marine. Premier échec, suivi de bien d'autres.

– Et il n'y a que la mer qui m'intéresse ; je ne lis que ce qui s'y rapporte, tout en n'étant qu'un inutile. Tout ce que j'ai pu faire a été d'explorer un peu dans un petit bateau, mais jusqu'à cette occasion tout a été perdu. Je me demande si tu peux comprendre ce que je ressens, mais enfin, pour une fois, j'aperçois le moyen d'être utile.

– Il devrait y avoir des moyens d'être utile pour des garçons de ton espèce, sans qu'ils aient à escompter le hasard, lui répondis-je.

– C'est vrai, je comprends ce à quoi tu fais allusion. Il doit y avoir des centaines de garçons comme moi – personnellement j'en connais pas mal – qui connaissent nos côtes depuis A jusqu'à Z : bas-fonds, criques, marais, rochers, et rien que par habitude. On devrait se servir de nous comme réserve navale. On a bien essayé une fois, mais ça n'a pas abouti, et personne ne s'y intéresse vraiment. Et quel est le résultat ? En employant les hommes des réserves que nous avons, nous pourrions en temps de guerre avoir assez d'hommes pour la flotte, mais pas un de plus. On a bien essayé le bon vouloir des pêcheurs, des hommes dans la marine marchande, des équipages de yachts, mais ce n'est pas assez. Il faudrait que chaque individu soit obligé de faire partie de la réserve navale, et aux colonies aussi. Il est sûr et certain que si nous avons la guerre il y aura un recrutement volontaire désespéré, un racolage sans but, de la précipitation, de la confusion, du temps perdu. Ma propre idée est que nous devrions aller beaucoup plus loin, que chaque homme bon pour le service devrait être entraîné pendant deux ans dans la marine. Et l'armée, me diras-tu? Oh! je suppose qu'il pourrait choisir l'une ou l'autre. Ce n'est pas que je m'y connaisse ou m'y intéresse beaucoup, à l'armée, bien qu'à entendre parler les gens il semble qu'elle ait autant d'importance que la marine. Nous sommes une nation maritime, toute notre expansion nous vient de la mer, nous vivons par elle. Si nous perdons la suprématie maritime, nous mourrons de faim. Nous sommes uniques de cette façon, exactement comme notre immense empire, qui n'est relié que par la mer, est unique dans son genre. Lis Brassey, Dilke, et tous les livres sur la marine, et tu verras quel échafaudage d'apathie et de morgue il a fallu attaquer. Ce n'est pas la faute du peuple. Nous avons été si longtemps préservés de tout danger, nous sommes devenus si riches, que nous avons oublié à qui nous devons notre sécurité et notre richesse. Mais ces imbéciles, les hommes d'État, payés pour voir les choses telles qu'elles sont, ne méritent pas d'excuse. Ce qu'il nous faudrait, c'est un homme comme ce Kaiser, qui n'attend pas qu'on le secoue, qui travaille comme un nègre pour son pays et prévoit les événements.

– Mais nous faisons des progrès dans ce sens, n'est-ce pas?

– Oh! naturellement, mais c'est une lutte continuelle d'armement et nous ne sommes pas prêts. On parle de…

Il se lança alors dans des considérations que je ne puis rapporter. Ceci n'est que pour donner une idée de beaucoup de conversations que nous eûmes ensuite et qui se terminaient toujours par la question brûlante de l'Allemagne. Loin de comprendre les Affaires étrangères et moi-même dans le réseau contre lequel il dirigeait ses invectives, assez vagues d'ailleurs, il avait un profond respect pour ma sagacité et mon expérience comme membre de cette honorable institution. Respect qui ne manqua pas souvent de m'embarrasser quand je pensais à mes cigarettes, mes bals et mes dîners. Mais je connaissais assez bien mon sujet et pouvais répondre avec une certaine autorité à ses questions sans fin. Il demeurait immobile, tout oreilles, tandis que je lui décrivais le merveilleux réveil de l'Allemagne pendant la dernière génération, dirigé par la force et la sagesse de ses monarques ; son ardeur patriotique intense, sa bouillante activité industrielle ; et plus fort que tout, son rêve d'un empire colonial, substituant une puissance maritime à une puissance terrienne. Cet agrandissement, basé sur de vastes ressources territoriales que nous ne pouvons amoindrir, se fortifie tous les jours et attend une occasion. L'instinct de son peuple, non seulement dirigé mais excité par le génie de la maison régnante, en fait notre rivale actuelle quant au commerce et notre rivale maritime de l'avenir. Dans les temps à venir, l'Allemagne sera le plus formidable facteur de dissolution de notre empire, pour lequel les chocs extérieurs sont de la plus haute importance et dont le pouvoir se trouve dans une île dont le commerce, la vie et la ration quotidienne de pain dépendent de sa suprématie navale.

– Et nous ne sommes pas prêts, répétait Davies, nous ne regardons pas les choses du même point de vue que l'Allemagne. Nous n'avons ni base navale ni escadre dans la mer du Nord[1]. Nos meilleurs vaisseaux ont un trop grand tirant

1. Depuis la première édition anglaise de ce livre (1903), des bases navales ont été établies dans la mer du Nord.

d'eau pour y être utiles. Et ça, c'est le bouquet, nous avons été assez stupides pour leur céder Héligoland. Et supposons que l'Allemagne s'empare de la Hollande ? Est-ce qu'il n'a pas été question de cela ?

Ceci m'amena à décrire les ambitions démesurées du parti pangermanique et ses intrigues éternelles pour exciter le pays à absorber l'Autriche, la Suisse et la Hollande. Menace directe et évidente contre nous-mêmes.

– Je ne les en blâme pas, disait Davies, qui malgré tout son patriotisme n'avait pas un atome de haine de race, je ne les en blâme pas. Leur Rhin cesse d'être allemand juste où il commence d'avoir de la valeur pour eux. L'embouchure est hollandaise, et leur donnerait des ports magnifiques en face des côtes anglaises. Ce n'est pas à nous de récriminer contre les conquêtes et les prises de possession par la force. Nous nous sommes emparés d'une jolie portion du monde et les Allemands ont toute raison d'être jaloux. Qu'ils nous détestent donc autant qu'ils voudront, et qu'ils le crient aussi fort qu'ils pourront, ça mettra la puce à l'oreille de nos hommes d'État, et c'est vraiment cela dont nous avons besoin.

Ces conversations nous rapprochaient singulièrement, Davies et moi. Jusqu'ici j'avais toujours détesté les alarmistes malencontreux qui cachent leur ignorance sous du bagou et qui se lamentent toujours, voyant tout au tragique. Davies était tout différent ; lui, au moins, commandait le respect.

Il est vrai que de temps en temps il intercalait dans ses phrases haletantes le jargon habituel employé par les journalistes ou les chauvins discoureurs. Mais c'était rare. Il semblait avoir extrait sa conviction la plus profonde de l'âme même de la mer. Un critique en chambre est une chose ; mais un patriote zélé, bronzé par le soleil, endurci par l'eau de mer, souffrant d'une déception personnelle, brûlant de trouver le moyen, aussi tortueux soit-il, de contribuer par son effort à la grande cause : la suprématie maritime de la Grande-Bretagne, ça, c'est autre chose. Il tirait son inspiration du vent et des vagues. Je crois vraiment qu'il communiquait avec son gouvernail, qui semblait lui fournir ses meilleurs arguments.

Dans nos discussions politiques et stratégiques nous n'étions rien de moins que des Bismarck ou des Rodney, jonglant avec les nations et les flottes, et je ne doute pas que notre imagination ne prît quelquefois la tournure la plus extravagante. Prosaïquement parlant, nous n'étions que deux jeunes hommes dans un bateau de plaisir de sept tonneaux, faisant de l'hydrographie et de la police secrète combinées en amateurs. Non pas que Davies doutât un seul instant. Une fois lancé sur une piste il allait au but avec une foi et une ténacité enfantines. C'était l'occasion de sa vie. Il ne la laisserait pas échapper.

CHAPITRE XI

CARRUTHERS EN HAUTE MER

Vers la fin de l'après-midi du second jour, notre flottille atteignit l'Elbe à Brunsbüttel et prit rang dans le bassin intérieur pendant qu'un grand transatlantique passait les portes de l'écluse. Davies me confia la *Dulcibella* et s'enfuit rapidement, un bidon à pétrole et un pot au lait dans les mains. Un employé en uniforme passait de bateau en bateau, contresignant des papiers. Je montai sur le quai pour lui présenter notre reçu qu'il signa sans faire attention. Puis il s'arrêta en murmurant : *Dooltzhibella*... et ajouta, se grattant la tête :

– C'était bien ce nom-là. Anglais ? questionna-t-il.

– Oui.

– Un petit *lust-cutter*, c'est bien ça. On a demandé de vos nouvelles.

– Qui ?

– Une de vos connaissances qui a un grand barge-yacht.

– Oh ! je sais. Ils ont continué sur Hambourg, je suppose ?

– Non, capitaine, vous n'avez pas cette chance-là. Ils se dirigeaient vers le large.

Qu'est-ce que cet homme voulait dire ? Quelque chose avait l'air de l'amuser énormément.

– Il y a à peu près trois semaines qu'on vous a demandé de nos nouvelles ? lui demandai-je indifféremment.

– Trois semaines ? C'était avant-hier. Quel malheur de l'avoir manqué de si peu, ajouta-t-il en ricanant et clignant de l'œil.

– Vous a-t-il chargé de quelque commission pour moi ? demandai-je.

– C'est une demoiselle qui m'a demandé de vos nouvelles, chuchota l'employé en ricanant.

– Oh vraiment, fis-je, commençant à me sentir hautement ridicule mais extrêmement curieux. Alors elle s'inquiétait de savoir où était la *Dulcibella* ?

– *Herrgott!* et elle n'était pas commode à satisfaire ! Elle regardait par-dessus mon épaule pendant que je cherchais dans le grand livre. « Un très petit yacht », répétait-elle, et « Êtes-vous sûr que tous les noms y sont ? ». Je la remis dans son petit bateau et elle s'en alla à la rame, pendant un grain. Non, elle ne m'a donné aucune commission à faire. Il faisait bien mauvais temps pour qu'une jeune demoiselle soit ainsi seule sur mer. Ach ! elle n'avait besoin de personne, cependant. C'était un régal de la voir remonter le courant avec une mer aussi clapoteuse.

– Et le yacht s'en allait vers l'embouchure alors ? Savez-vous dans quelle ville il devait s'arrêter ?

– Comment voulez-vous que je le sache ? Brême, Wilhelmshaven, Emden... que sais-je ? Quelque part dans la mer du Nord, beaucoup trop loin pour vous.

– Oh ! ça, ce n'est pas sûr, lui dis-je bravement.

– Ach ! vous ne pouvez pas les suivre dans ça ? Et puis, n'allez-vous pas à Hambourg ?

– Nous pouvons changer de direction. C'est malheureux de les avoir manqués.

– Réfléchissez, capitaine, il y a beaucoup de jolies filles à Hambourg. Mais vous, les Anglais, vous osez tout. Eh bien ! *viel Glück*[1] !

1. *Bonne chance !*

Et il s'en alla, riant tout seul, vers le bateau suivant. Davies revint bientôt avec son bidon, son pot au lait, et les bras pleins de pains bis. Il était temps, car le transatlantique ayant passé de l'autre côté, la flottille se mettait en mouvement et Bartels commençait à s'impatienter.

Toujours flanqués de la *Johannes*, nous suivîmes la file et, pendant les quelques minutes que nous eûmes à attendre que le bassin fût vidé, nous fîmes nos adieux à Bartels. Puis les portes de l'écluse s'ouvrirent. Dans un brouhaha de cris, de grincements de poulies et de craquements d'espars, toute la compagnie se dispersa sur l'Elbe. La *Johannes* se dirigea immédiatement vers le milieu du courant. Un dernier serrement de main et Bartels laissa glisser, avec regret, le câble qui nous attachait à lui. Nous dérivâmes. « Bon voyage ! Bon voyage ! » Ce n'était plus le moment de s'arrêter en de vains regrets, car le flot nous emportait, et ce ne fut que quand nous eûmes jeté l'ancre dans une crique peu profonde que nous eûmes le temps de nous occuper de Bartels à nouveau. Mais alors la *Johannes* et les autres galiotes n'étaient plus que des ombres dans le brouillard venant de l'est.

Je racontai alors à Davies ce qui s'était passé sur le quai du canal, gardant instinctivement pour la fin le sexe de la questionneuse comme l'employé l'avait fait.

– La *Médusa* a passé par ici avant-hier ! interrompit-il. Et à destination de la mer du Nord ! Quelle veine ! Pourquoi n'a-t-il pas demandé de mes nouvelles il y a trois semaines en remontant l'Elbe ?

– Ce n'était pas lui, répondis-je brièvement, affectant d'être très occupé à balayer le pont. C'était une jeune fille – et je lui racontai de façon succincte ce que m'avait dit l'employé : Tout est en ordre ici maintenant, n'est-ce pas ? ajoutai-je. Je descends allumer le poêle.

Davies était de son côté très occupé à fixer notre lanterne. En descendant je le vis immobile, la lanterne sous le bras gauche, étreignant de la main droite le cordage à demi noué, les yeux fixés sur le fleuve, et la face illuminée par une étrange expression, moitié exultante, moitié perplexe. Quand il redescendit et me parla, il semblait avoir triomphé d'un difficile combat intérieur.

– Cela prouve, en tout cas, dit-il, que la *Médusa* est retournée à Norderney. C'est le plus important.

– Probablement, mais résumons d'abord tout ce que nous savons. Premièrement, il est certain qu'aucun des gens que nous avons rencontrés jusqu'ici ne *nous* suspecte...

– Je t'ai déjà dit qu'il l'avait fait de sa propre initiative, me cria Davies.

– Ou, secondement, que ces mêmes personnes ne *le* suspectent pas. S'il est ce que tu crois, personne ne le sait par ici.

– Je n'y peux rien.

– Troisièmement, il demande de tes nouvelles en revenant de Hambourg, trois semaines après le fameux naufrage. Cela n'a pas l'air comme s'il pensait s'être débarrassé de toi, cela n'a même pas l'air comme s'il avait eu l'intention de se débarrasser de toi. Et c'est sa fille qu'il envoie, ce qui est assez curieux, vu les circonstances. Peut-être que tout ceci n'est qu'une supposition erronée.

– Ce n'est pas une erreur, fit Davies, se parlant à lui-même. Mais est-ce lui qui l'a envoyée ? Il aurait envoyé un de ses matelots. Probablement qu'il n'est pas même à bord.

Ceci m'ouvrit de nouveaux horizons.

– Qu'est-ce que tu veux dire ? lui demandai-je.

– Il aura dû quitter la *Médusa* quand il est arrivé à Hambourg, ayant à s'occuper de quelque autre satanée affaire, je suppose. Le yacht retourne à Norderney et, passant par ici...

– Oh ! je vois. C'est une enquête supplémentaire et privée.

– C'est lui donner un bien long nom.

– Mais est-ce que cette jeune fille retournerait seule avec l'équipage ?

– Elle a l'habitude d'être sur mer... et peut-être n'est-elle pas seule. Il y avait cette belle-mère... Mais cela ne change en rien nos plans ; nous partirons demain avec le reflux.

Nous fûmes plus occupés que d'habitude cette nuit-là, faisant l'inventaire de nos possessions, mettant en ordre les buffets et fixant les objets mobiles.

– Il va falloir vivre avec économie, me répétait Davies, exactement comme si nous étions deux naufragés sur un radeau. C'est assommant d'être obligés d'aborder pour acheter du pétrole.

Avant de m'endormir je fis la connaissance d'un nouveau facteur dans les conditions de la navigation, maintenant que nous avions laissé derrière nous la Baltique sans marée. Un fort courant clapotait de chaque côté du yacht, et à peine couché je fus obligé de monter sur le pont, vêtu d'un pyjama et d'un suroît (horrible combinaison), pour aider Davies à jeter l'ancre à touer.

– Et qu'est-ce que c'est que ça, se touer ? lui demandai-je quand nous fûmes de nouveau dans nos couchettes.

– Oh ! c'est quand on échoue involontairement ; il faut... tu l'apprendras bien assez tôt. (Je fis provision de courage pour le lendemain.)

Maintenant, gentil lecteur, figure-toi nous voir, à huit heures du matin, le 5 octobre, en partance pour le premier champ d'action. Nous sommes à quinze milles de l'embouchure de l'Elbe, le paysage est gris, triste, comme le paysage le plus désolé de la basse Tamise. Mais nous nous en occupons peu, une brise du sud-ouest nous tient constamment sur le qui-vive. Nous sommes entraînés par la marée avec une force attestée par la rapidité avec laquelle nous apercevons les bouées et les dépassons, les laissant chacune à leur tour dans un tourbillon d'écume sale. Je fais à peine attention d'abord, tant l'eau est calme et tant les bouées se succèdent avec la régularité de bornes le long d'un chemin, au fait que la ligne nord de la côte disparaît et que le fleuve n'est bientôt plus qu'une ceinture d'eau profonde formant un vaste estuaire de trois, sept, dix milles, jusqu'au moment où il se perd en haute mer.

– Mais nous sommes en mer, m'écriai-je soudain. Il n'y a qu'une heure que nous sommes partis.

– Tu viens seulement de t'en apercevoir ? me dit Davies en riant.

– Mais tu m'avais dit qu'il y avait quinze milles.

– En effet, il y a quinze milles jusqu'à Cuxhaven, mais je crois que tu peux vraiment dire que nous sommes en pleine mer, bien que naturellement tout ce que tu vois là à droite ne soit que du sable. Regarde, il y en a déjà de découvert.

Il montrait du doigt le nord. Regardant plus attentivement, je vis qu'en delà de la rangée des bouées certains endroits de la surface de l'eau s'élevaient et s'abaissaient ; à un ou deux de ces endroits, des raies et des cercles blancs se formaient. Au milieu d'un de ces cercles, une espèce de protubérance mauve faisait bosse ; on eût dit le dos d'une baleine endormie. Je vis que Davies était de nouveau sous le charme. Ses yeux étaient fixés à l'horizon, il essayait de voir au-delà, et son visage portait l'expression d'intensité perçante de celui qui découvre un nouveau sens à ce qu'un vieil ami lui dit. Quelque chose de son enthousiasme me passa dans les veines et calma mon anxiété. La terre protectrice était encore à portée réconfortante ; mais bientôt nous en serions complètement séparés. Nous fûmes bien vite en vue de Cuxhaven, qui paraît accroupi très bas derrière ses puissantes digues ; à peine distinguait-on les cheminées de ses maisons. Puis, à un mille environ de la ville, la plage forme une pointe comme une griffe. La digue devient à cet endroit un fort, long et bas, avec de grands canons montrant leurs gueules. Puis la côte cesse brusquement et retourne dans la direction sud, offrant une perspective embrouillée de brise-lames et de dunes.

En un clin d'œil nous fûmes en pleine mer. Le yacht s'éleva et s'abaissa avec une assez forte oscillation, mais ma première impression fut d'admirer le calme de la mer bien que le vent soufflât librement d'un point de l'horizon à l'autre.

– C'est parce que nous sommes entourés de sable qui nous protège, dit Davies, avec un geste circulaire de la main sur la mer à notre gauche.

Il ajouta avec enthousiasme :

– Voilà ce qu'il nous faut explorer !

– Qu'est-ce que nous allons faire ? questionnai-je.

– Trouver Sticker's Gat, me répondit-il. Ce doit être près de la bouée K.

Une bouée rouge avec un immense K apparut presque aussitôt. Davies regarda par bâbord.

– Remonte la dérive, veux-tu ? remarqua-t-il, sans avoir l'air d'y attacher d'importance, et passe-moi les jumelles.

Puis il ajouta presque aussitôt :

– Ne t'occupe pas des jumelles, je sais où je suis maintenant. Viens m'aider, pour la grande écoute.

Il donna un coup de barre, et mit le cap droit sur une « baleine endormie ».

– Occupe-toi de la sonde, s'il te plaît, me dit poliment Davies, je vais m'occuper des voiles. Il faut que nous louvoyions et ça va être dur. Pare à virer !

Nous avions le vent debout maintenant. Pendant une bonne demi-heure nous ne fîmes que courir des bordées de plus en plus petites, dans les renfoncements d'un chenal qui serpentait à travers les bas-fonds, se dirigeant vers l'ouest. J'étais agenouillé dans un écheveau de cordes, sous l'impression que quelque chose de douteux se passait. Je sondais furieusement, me cognant et m'inondant en criant le plus fort que je pouvais la hauteur d'eau, qui diminuait de plus en plus. J'étais très affairé, croyant me rendre très utile. Davies avait l'air de ne rien entendre, mais continuait à courir ses bordées, imperturbablement, jonglant avec le gouvernail, les voiles et la carte marine, de telle façon qu'il me faisait tourner la tête. Malgré toute notre bonne volonté nous n'avancions guère.

– Rien à faire, la marée est trop forte, s'écria enfin Davies. Essayons…

« Essayer quoi ? » me demandai-je, n'y comprenant rien.

Nos bordées devinrent soudain beaucoup plus longues, et la hauteur d'eau que j'enregistrais beaucoup moins profonde. Tout alla bien pendant quelque temps et nous avançâmes plus vite. Puis, après une bordée beaucoup plus longue que les autres, je criai, inquiet :

– Il n'y a plus que cinq pieds !

L'eau devenait très épaisse et écumeuse.

– Tant pis, fit Davies, pensant tout haut. Il y a un remous ici, c'est malheureux de le perdre. Pare à virer ! Masque le foc !

Mais il était trop tard. Le yacht ne répondit que faiblement à l'action de la barre, stoppa, donna fortement de la bande, se vautrant dans l'eau épaisse en grinçant. Davies hala bas la grand-voile, en moins de temps qu'il n'en faut pour le dire. Je faillis être étouffé, à moitié aplati que j'étais à gauche, parmi mon enchevêtrement de cordes, stupéfait et impotent. Je me tirai à quatre pattes d'entre les plis de la voile et vis Davies plongé dans une profonde rêverie, debout au pied du mât.

– À marée descendante, ça ne sert pas à grand-chose, fit-il, mais nous allons toujours essayer de nous touer. Pendant que je vais jeter l'ancre, file la chaîne.

Avec la rapidité de l'éclair il avait détaché la bosse du youyou, jeté l'ancre à touer dans le petit bateau, s'y précipita lui-même, rama dans l'eau plus profonde à une distance de cinquante mètres et jeta ladite ancre.

– Ho hisse ! me cria-t-il.

Je halai de toutes mes forces, commençant à me rendre compte de ce que c'était que « se touer ».

– Ça va ? Ne t'éreinte pas, me dit Davies sautant à bord.

– Ça vient, bafouillai-je triomphalement.

– La chaîne, oui, mais le yacht ne bouge pas. C'est l'ancre que tu amènes. Ça ne fait rien, la *Dulcibella* sera bien ici. Descendons déjeuner.

Le yacht était immobile, et l'eau qui l'entourait baissait de plus en plus. De petites vagues clapotaient contre ses flancs, mais, malgré mon affolement, je compris qu'il n'y avait pas l'ombre d'un danger. Autour de nous toute la surface des eaux changeait d'instant en instant, blanchissant à un endroit, jaunissant à un autre, là où les bancs de sable commençaient à être découverts. Tout près, à notre droite, le chenal que nous avions quitté prenait l'allure d'une petite rivière boueuse ; et je compris pourquoi nous avions avancé si lentement quand je vis que son courant retournait rejoindre l'Elbe. Davies était déjà en bas, servant un déjeuner plus compliqué que d'habitude, tant il était content.

– Est-elle assez tranquille, notre *Dulcibella* ? remarqua-t-il. Quand on veut avoir un déjeuner qui ne soit pas un pique-nique sur le pont, il n'y a qu'à échouer. En tout cas, c'est tout aussi commode pour nous de commencer ici nos investigations qu'autre part. Tu vas voir.

Comme la plupart des terriens, je détestais l'échouage, si bien que les paradoxes et les taquineries de mon mentor m'exaspérèrent un peu.

Après déjeuner, la carte marine des estuaires fut déployée et nous l'étudiâmes ensemble, préparant notre travail de relèvement des quelques jours qui suivirent. La carte générale, et le fragment[1] de cette carte sur une plus grande

1. Voir carte marine A.

échelle, donnent une assez bonne idée de la région. On voit que les trois larges embouchures de la Jade, du Weser et de l'Elbe divisent les sables en deux groupes principaux. Le groupe le plus à l'ouest est de forme symétrique, un triangle à angles aigus, très semblable à une pique, si vous vous imaginez que la péninsule d'où elle s'élance est la hampe en bois. L'autre groupe est une immense agglomération de bancs de sable dont la base repose sur la côte du Hanovre. Deux de ses côtés sont assez égaux et peu dentelés ; mais le troisième, celui qui fait face au nord-ouest, est déchiqueté par la fureur de la mer qui y a rongé de profondes cavités et y a creusé de nombreuses mers intérieures. Le tout ressemble à un E renversé, ou, mieux encore, à une fourche dont les trois dents meurtrières seraient le Scharhorn Reef, le Knecht Sand et le Tegeler Flat. Aussi bien que sur la pointe dangereuse de « la Pique », beaucoup de bons bateaux périssent sur ces trois dents quand la tempête souffle du nord. Si nous suivons cette comparaison, le banc du Hohenhorn, sur lequel Davies échoua, est un de ceux qui se trouvent entre la dent du haut et celle du milieu.

Nous avions l'intention d'explorer ce que j'appellerai la Pique et la Fourche, et les chenaux qui les sillonnent. J'emploie l'expression générale, « chenal », mais en réalité les Allemands ont plusieurs noms pour ces bras de mer, qui diffèrent beaucoup les uns des autres. Je ne les diviserai qu'en deux espèces : les chenaux qui ont de l'eau à n'importe quel moment de la marée et ceux qui sont à sec, soit entièrement, soit partiellement, à marée basse.

Davies m'expliqua que ces derniers sont les plus difficiles à connaître et qu'ils seraient notre étude principale, parce qu'ils étaient les chenaux de communication entre les estuaires. Vous pouvez toujours les reconnaître sur la carte marine parce qu'ils sont indiqués par de petites marques en forme d'Y, représentant les booms, c'est-à-dire des pieux ou des perches plantés dans le sable pour indiquer les passages. Ces marques ne sont naturellement que des signes de convention, qui ne correspondent en rien à chaque boom. Ces booms sont beaucoup trop nombreux pour être indiqués exactement sur une carte, même sur une très grande échelle. Il en est de même pour les chenaux, dont il est impossible d'indiquer les méandres de moindre importance.

Nous étions immobilisés au bord d'un de ces chenaux, subissant les influences des marées. Il s'appelle Sticker's Gat[1]. Le lecteur le trouvera en suivant le chemin que nous avions suivi en partant de Cuxhaven. C'était, m'expliqua Davies, le dernier et le plus compliqué tronçon du raccourci que la *Médusa* avait pris le jour mémorable, endroit que la *Dulcibella* n'atteignit jamais. Nous montâmes sur le pont ; Davies s'arma d'un calepin, des jumelles et du compas azimutal, dont je compris enfin l'importance (c'était pour relever les angles des chenaux), et nous pûmes observer ce qui suit.

1. Voir carte marine A.

CHAPITRE XII

MON INITIATION

Le yacht reposait légèrement incliné (grâce à ses petites quilles de roulis) dans une espèce d'auge qu'il s'était creusée lui-même. Il était encore entouré d'un fossé d'eau de quelques pouces.

Un désert de sable s'étendait à des milles à la ronde. Au nord il rejoignait l'horizon ; un seul point bleu, l'île de Neuerk et son phare, en rompait la monotonie. À l'est il semblait aussi s'étendre à l'infini, mais la fumée d'un vapeur prouvait qu'il était percé par le courant de l'Elbe ; au sud il allait jusqu'à la côte du Hanovre, à peine perceptible pour nous. Il n'y a qu'à l'ouest que l'on pouvait se rendre compte qu'il appartenait à la mer, qui lui avait donné le jour. À cet endroit seulement le sable était couvert de filaments blancs, rampants, entremêlés confusément à un point au nord-ouest d'où provenait un murmure comparable au sifflement d'une invasion de serpents. Mon désert de sable, comme je l'appelle, n'était cependant pas absolument sans caractère. La couleur variait d'un chamois clair (parties plus élevées que le vent avait séchées) à un brun ou violet foncé (parties encore mouillées) et à un gris ardoise sali par des traînées de vase. Çà et là je pouvais voir des flaques d'eau que le vent impuissant faisait clapoter ; çà et là le sable était tacheté par des coquillages et des algues. Et tout près de nous, commençant à se diriger vers ce point siffleur, au nord-ouest, se tortillait notre pauvre chenal exposé sans merci, tel un fossé stagnant et embourbé. Un pied d'eau à peine le remplissait. Il n'était pas assez profond pour cacher notre petite ancre, dont une branche apparaissait, ayant l'air de se moquer de nous. Le ciel sombre, les gémissements du vent dans les gréements rendaient la scène d'une désolation inexprimable.

Davies se délecta un instant dans la contemplation du paysage, grimpa sur le bout-dehors qu'il choisit comme point d'observation, et suivit avec ses jumelles le cours du chenal.

– Les booms sont assez réguliers, remarqua-t-il, mais un ou deux sont tout à fait en dehors. Sapristi, il y a là un tournant difficile.

Il releva quelque chose au compas, inscrivit deux ou trois notes sur son calepin, et d'un bond sauta sur le sable.

Ceci, remarquerai-je en passant, était la seule façon d'aller à terre qu'il aimât réellement. Nous nous mîmes à courir aussi vite que nos grosses bottes nous le permettaient, en suivant le cours de notre chenal vers l'ouest, reconnaissant à l'avance le chemin dans lequel nous passerions quand la marée monterait.

– La seule façon d'apprendre à connaître un endroit comme celui-ci, hurlait Davies, est de le voir à marée basse. Les bancs de sable sont secs et les chenaux se détachent facilement. Regarde-moi ce boom, fit-il en s'arrêtant et en me montrant ledit boom d'un doigt vengeur, il n'est pas du tout à sa place. Je suppose que le chenal a changé son cours. Et c'est justement à une courbe très importante. Si on avait compté dessus à marée haute on aurait échoué certainement.

– Ce qui aurait été très utile, observai-je.

– Oh ! ne te fiche pas de moi, dit-il en riant. Nous

explorons. Je désire être capable de parcourir tout ce chenal sans me tromper une seule fois.

Il s'arrêta de nouveau, se servit du compas et marqua le relèvement qu'il avait pris sur son calepin. Puis nous nous remîmes à courir jusqu'à ce qu'il me dît de m'arrêter.

– Regarde, s'écria-t-il, le chenal devient de plus en plus profond, et il n'y a pas une minute il était presque à sec. Et quel courant maintenant ! Ça, c'est le flot montant de l'ouest, remarque bien, venant du côté du Weser. Cela prouve que nous avons dépassé le « versant ».

– Le « versant » ? répétai-je abasourdi.

– Oui, c'est ainsi que je l'appelle. Vois-tu, un grand banc de sable comme celui-ci peut se comparer à une chaîne de montagnes divisant deux plaines. Bien qu'il ait l'air absolument plat, il ne l'est jamais ; il y a toujours un endroit, je devrais dire une ligne, qui forme son plus haut point. Maintenant, un chenal qui traverse ce banc de sable est naturellement moins profond quand il traverse cette ligne ; à marée basse il est généralement à sec à cet endroit, et il retrouve sa profondeur à mesure qu'il se rapproche de la mer. À marée haute, au contraire, quand tout le banc de sable est couvert, l'eau du chenal va dans n'importe quelle direction ; mais aussitôt que la marée descend, de chaque côté de cette ligne de partage des eaux, le chenal devient deux rivières dont le cours se dirige en sens contraire partant du « versant », comme je l'appelle. Ainsi, quand la marée montante recommence, le chenal est formé de deux courants, dont le cours se dirige vers le centre, et qui s'y rejoignent. Ici c'est l'Elbe et le Weser qui sont nos deux courants. Celui-ci va vers l'est, donc nous savons que d'après l'heure où nous sommes, nous sommes à marée montante, et que le « versant » est entre nous et le yacht.

– Pourquoi est-ce si important de savoir cela ?

– Parce que ces courants sont violents, et qu'il faut savoir quand on en perd un bon et quand on en prend un mauvais. En plus, le «versant» est l'endroit critique à traverser à marée descendante. Il faut savoir aussi quand on l'a dépassé.

Nous avançâmes jusqu'à ce qu'une large lagune nous barrât le chemin. Elle avait l'air d'avoir beaucoup plus d'importance que le chenal, mais après un rapide regard, Davies la traita avec un grognement de mépris.

– C'est un cul-de-sac, dit-il. Regarde cette proéminence de sable, là-bas.

– Il y a des booms, lui fis-je remarquer, montrant du doigt une vieille perche.

– Oui, c'est justement ce qui trompe, c'est un vieux chenal ensablé. Ce boom est un trompe-l'œil. Nous ne pouvons continuer par ici, la marée monte rapidement. Je vais juste relever ce que nous pouvons voir.

La fausse lagune fut une des premières qui commencèrent à être visibles à l'ouest. Tout le temps le sifflement lointain se rapprochait et augmentait, pendant qu'une note basse, semblable au tonnerre, se faisait entendre en sourdine. Nous tournâmes nos dos au vent, et nous nous précipitâmes vers la *Dulcibella*, le courant de notre chenal se précipitant lui aussi et s'élevant dans le même sens que nous.

– Nous avons juste le temps d'explorer l'autre côté, me dit Davies au moment où nous touchions le yacht et que je me félicitais de l'avoir retrouvé sans encombre.

De nouveau nous nous élançâmes dans la direction par laquelle nous étions venus le matin, éclaboussés par l'eau des flaques dans lesquelles nous pataugions et sautant par-dessus les infimes ruisseaux qui s'échappaient du chenal. Ayant terminé nos observations, nous retournâmes vers le yacht, par un chemin détourné sur des sables plus élevés, afin d'éviter le flot montant, ayant de l'eau jusqu'aux genoux au moment où nous sautâmes à bord.

Du pont je regardai la scène. De l'est et de l'ouest deux

nappes d'eau recouvraient le désert de sable, chacune s'élançant l'une contre l'autre pour retomber en jets d'eau quand elles se rencontraient. Enfin, les dernières forteresses de sable furent attaquées, enlevées, démolies ; le tumulte de bruit s'apaisa et la mer victorieuse balaya tout l'espace, sablonneux quelques moments auparavant. La *Dulcibella*, jusque-là inerte et méprisante, s'éveilla et se mit à trembler sous les coups qu'elle recevait. Puis elle se redressa d'un effort et se posa droite sur sa quille. Elle se mit à frapper le sable et à tirer sur sa chaîne, comme impatiente de recouvrer sa liberté. Bientôt la chaîne se tendit et son avant se balança, son arrière seul frappant le sable de moins en moins fortement.

Soudain le yacht s'affranchit et se mit à dériver, le travers au vent, jusqu'à ce que, son ancre l'arrêtant, il se retournât sous le vent, se balançant aisément et triomphalement.

Nous avalâmes rapidement une tasse de thé, nous appareillâmes en vitesse et de nouveau mîmes le cap sur l'ouest. Une fois le « versant » passé nous tombâmes sur un fort courant, mais la direction de ce passage étant alors plus vers le nord-ouest nous pûmes continuer notre course sans louvoyer.

– Descends la dérive d'un pied, me dit Davies. Nous connaissons le chemin ici, et comme cela le yacht dérivera moins, mais il faudra nous habituer à nous en passer, surtout à marée descendante. Si l'on échoue avec la dérive descendue, on mérite d'être noyés.

Je vis alors combien notre promenade avait été utile. Nous avions les booms à droite, mais ce n'étaient que des perches brisées, ne donnant aucune idée de la largeur du chenal. Quelques-uns même étaient complètement couverts par l'eau montante. Quand nous arrivâmes à l'endroit où ils cessaient, endroit où la fausse lagune se trouvait précédemment, je me serais entièrement égaré. Nous avions traversé les sables élevés et relativement égaux qui forment la base de la Fourche, et nous entrions dans le labyrinthe de bancs disséminés qui obstruent la cavité en forme d'entonnoir placée entre la dent de dessus et celle du milieu.

Davies connaissait ses relèvements par cœur et gouverna les yeux fermés.

– Maintenant la sonde, dit-il, bientôt le compas ne nous servira pas à grand-chose. Il faut que nous tâtions le bord des sables, jusqu'à ce que nous retrouvions un autre chenal balisé.

– Où allons-nous passer la nuit? lui demandai-je.

– Sous le Hohenhorn, me répondit Davies, *for auld lang syne*[1].

En tâtonnant nous tournâmes l'allée extérieure de ce réseau embrouillé, maintenant recouvert, jusqu'à ce que nous rencontrions une nouvelle rangée de booms, qui, pour moi, n'avaient qu'un sens, mais que Davies divisa en deux groupes. Nous suivîmes un de ces groupes pendant quelque temps, puis nous nous en écartâmes complètement et tirâmes une bordée au vent.

Le soir tombait. La côte du Hanovre avait complètement disparu, une houle de mauvais augure se faisait sentir sous les lames courtes. Je commençais à être inquiet à l'idée de notre premier mouillage en pleine mer, et j'essayai d'oublier mon inquiétude en travaillant de mes mains.

– Sonde sans t'arrêter, me dit-il enfin.

Je relevai une brasse et demie.

– C'est le banc, reprit-il. Nous allons nous en éloigner un peu et jeter l'ancre.

Un instant après la *Dulcibella*, bien ancrée, faisait face à la mer du Nord et à la nuit.

– Ça y est, s'écria Davies, comme nous finissions d'arrimer la grand-voile, nous voilà en sûreté et confortables

1. Expression écossaise : *en souvenir du passé* (heureux généralement, emploi ironique dans le cas présent).

dans quatre brasses d'eau. Quel magnifique port de sable ! Personne pour nous embêter. Pas de droits, pas de mauvaises odeurs, pas de va-et-vient, pas une ombre au tableau. Nous sommes à sept milles de la côte la plus proche et à cinq de Neuerk. Regarde, ils allument le phare.

J'aperçus une petite étincelle à l'est.

– Je veux espérer que nous sommes en sûreté, lui dis-je, mais franchement j'aimerais mieux voir une bonne jetée quelque part. Cette houle ne promet rien de bon.

– Cette houle n'est rien, répliqua Davies ; quant aux jetées, il y en a tout autour de nous, seulement elles sont cachées. En avant et à droite il y a le Hohenhorn ouest, qui avance dans la direction du sud-ouest comme une jetée en pierre. On entend le ressac taper dessus à l'extérieur du côté nord. C'est là que j'ai été si près de ma fin, ce fameux jour, et le petit chenal par lequel je me suis sauvé doit être quelque part ici, tout près de nous. À un demi-mille d'ici, à gauche, le Hohenhorn est, sur lequel j'ai échoué après avoir traversé le lac dans lequel nous nous trouvons. À un mille en arrière le banc de sable le plus important, la dent supérieure de ta fourche. Pour ainsi dire, nous sommes à couvert. Tu te souviens bien de la carte ?...

Oh ! cette s... carte ! J'éclatai. Ma patience était à bout.

– Mais tâche donc d'être raisonnable ! Et s'il arrive quelque chose... qu'il fasse une tempête... Mais c'est inutile de discuter avec toi ; je descends.

Le quart d'heure qui suivit fut un mauvais quart d'heure. Je dois avouer à ma honte que j'avais perdu de vue notre objectif.

Davies, après quelques minutes d'un silence pénible, me demanda timidement :

– Quelle soupe veux-tu que je fasse ?

Cette simple question, plus éloquente que des centaines d'arguments techniques quant à notre sécurité, sauva la situation.

– Écoute, Davies, je ne suis qu'un poltron, pour ne pas dire pis, et je t'en prie, sers-toi de moi. Mais tu ressembles si peu aux yachtsmen que je connais, tu es si primesautier, si calme dans les choses extraordinaires que tu fais, que je m'y perds. Je crois que j'aimerais mieux t'entendre jurer comme un vieux loup de mer, ou menacer de me mettre aux fers.

Davies ouvrit de grands yeux, et dit que c'était sa faute, qu'il avait oublié que je n'avais pas l'habitude de ce genre d'ancrage.

– Et à propos, ajouta-t-il, je ne serais pas étonné si nous avions un fort grain, le baromètre descend rapidement ; mais cela ne nous touchera pas. Vois-tu, même à marée haute, le courant…

– Oh ! pour l'amour de Dieu, ne recommence pas. Bientôt tu vas me prouver que nous sommes plus en sûreté que dans un hôtel. Dînons, et dînons bien.

Notre dîner fut assez calme, mais, juste au moment de faire le café, la *Dulcibella* qui donnait de réguliers coups de tangage les changea en coups de roulis.

– Je savais que cela allait venir, dit Davies. J'allais te prévenir… seulement… La marée descendante est contre le vent, il n'y a aucun danger…

– Je croyais t'avoir entendu dire que le temps se calmerait avec la marée descendante ?

– C'est vrai, mais il peut avoir l'air plus démonté. Elles sont bizarres ces marées, ajouta-t-il, comme s'il défendait des parents de médiocre réputation.

Il se mit à griffonner dans son journal de bord, épousant facilement les mouvements du bateau, tandis que j'essayais de faire mon journal. Mais j'étais distrait. Tout ce qui n'était pas attaché dans le bateau s'ébranla. Les bidons s'entrechoquaient, les armoires craquaient, les buffets grinçaient. Un tas de choses semblaient s'élancer des coins sombres et titubaient sur le parquet comme des ivrognes.

Le mât gémissait douloureusement à chaque fois que le yacht donnait de la bande, et la dérive semblait avoir le hoquet et s'étrangler. Le pont paraissait envahi par une horde de démons. Le tapotage des cordages devenait des coups de marteau ; le claquement des drisses contre le mât, un bruit de mitraille. Ce tumulte toujours augmentant devint affolant.

– Nous pourrions nous coucher maintenant. Il est dix heures et demie, fit Davies.

– Quoi, m'écriai-je, dormir avec ce tintamarre ! je ne peux pas supporter cela, c'est trop. Il faut que j'agisse. Si nous partions pour une autre promenade ?

Je dis ceci moitié plaisant, moitié désespéré.

– Naturellement, nous le pouvons, dit Davies, si tu ne crains pas d'être légèrement secoué dans le youyou…

J'aurais dû penser avant de parler, mais il était trop tard pour reculer. Je me trouvai sur le pont, m'accrochant aux galhaubans, et regardant le youyou qui bondissait sur les vagues comme un bouchon, pendant que Davies arrangeait les avirons et les toletières. J'en avais le vertige.

– Saute ! cria Davies.

Et avant que je puisse savoir où j'en étais et m'accrocher aux côtés du youyou, nous étions lancés dans la nuit, dégringolant d'un creux dans l'autre, les lames grosses et moutonneuses. Davies savait parfaitement comment conduire sa coque de noix, et ne se donnait pas grand mal, comptant sur la marée pour le porter où il voulait. Soudain nous nous arrêtâmes. Une pente sombre se profila dans la nuit, et le youyou se reposa doucement dans un tourbillon peu profond.

– Le Hohenhorn ouest, me dit Davies.

Nous sautâmes sur une vase molle, nous halâmes le petit bateau un pied ou deux plus haut, puis montâmes sur le banc fait de sable dur et humide. Le vent tomba sur nous et nous étrangla.

– Retrouvons mon chenal, brailla Davies. De ce côté. Garde le feu de Neuerk toujours juste en arrière.

Nous partîmes en luttant contre le vent, et droit sur l'endroit d'où provenait le rugissement des brisants. C'était le cas ou jamais de vaincre toute faiblesse. Une sorte de gaieté folle me prit pendant que j'inhalais le vent et m'élançais en avant. Au bout d'une ou deux minutes, Davies, s'accrochant à moi, me dit :

– Attention ! C'est mon chenal.

Le sable descendait vers une rivière, au courant rapide, qui brillait devant nous. Nous prîmes une tangente et suivîmes son cours vers le nord, trébuchant sur des mottes vaseuses, glissant sur les algues, à moitié aveuglés par les embruns et assourdis par le rugissement des brisants. La rivière s'élargit, blanchit, sembla se ramasser sur elle-même pour sauter la barre, puis se brisa, se dissolvant dans une profondeur blanchâtre. Nous tournâmes à droite ; je tournai le dos au vent, m'essuyai les yeux, me retournai et vis que notre chemin était barré par des paquets de mer. Davies me criait dans l'oreille, le bras dans la direction de la haute mer :

– C'est… ici… à peu près… que je… touchai… pour la première fois… c'était pis alors… vent du nord-ouest… celui-ci… n'est rien… Continuons… faisons tout le tour.

Nous repartîmes au galop, le vent derrière nous, suivant la ligne de ressac. Je perdis complètement toute notion du temps et de la direction. Un autre coup de mer nous barra le chemin, devint une autre rivière. Nous nous trouvâmes encore en face d'un vent enivrant. Puis un feu intermittent apparut à notre gauche. À un moment je trébuchai contre quelque chose d'aigu… c'était le youyou. Ainsi nous avions bien fait le tour de notre domaine passager, de notre île de rêve – île de cauchemar, l'appelai-je à jamais.

– Il faut que tu rames aussi, me dit Davies. Ça vente dur maintenant.

Nous partîmes lentement, je n'étais pas un rameur

expérimenté. Davies, à l'avant, me disait : « Nage ! » ou « Doucement ! » J'entendais l'écume frapper sur le dos de son suroît. Puis un feu jaune, pâle, perça l'obscurité.

– Doucement, me cria Davies. Laisse courir !

Et le beaupré de la *Dulcibella*, ayant pris des proportions spectrales, se profilait au-dessus de moi.

– Arrière ! me cria encore Davies. Deux coups d'avirons ! Pose les avirons ! Saute maintenant.

Je m'agrippai à la coque bondissante et m'aplatis sur le pont. Davies me suivit avec la bosse, et le youyou vogua à l'arrière.

– Elle tient bien sur ses ancres, ma *Dulcibella*, me dit-il, quand il eut bien attaché la bosse. Nous n'aurons pas de roulis avec le flot, et nous sommes bientôt à marée basse.

Je crois que le yacht aurait pu rouler autant qu'il aurait voulu. Je m'en fichais totalement. J'étais à jamais guéri de ma poltronnerie.

C'était heureux, car le lendemain, à huit heures, je fus arraché de ma couchette et enfilai mon suroît humide. Le yacht donnait de violents coups de tangage et je fus obligé d'aller à quatre pattes dans le salon-cabine, où Davies mettait le couvert du petit déjeuner sur le plancher.

– Je t'ai laissé dormir, me dit Davies, car nous ne pouvons rien faire jusqu'à ce que l'eau baisse. Impossible de lever l'ancre avec une mer pareille. Viens voir ça. Tiens, le temps se lève, continua-t-il pendant que nous étions accroupis sur le pont, nous accrochant aux taquets pour ne pas être enlevés. Le vent a tourné au nord-ouest. La tempête a été furieuse et la mer est démontée. Nous touchons à l'heure du plein. Jamais tu ne verras pis que cela.

– Qu'allons-nous pouvoir faire aujourd'hui ? lui demandai-je.

– Rester à l'intérieur du banc de sable, et faire rudement attention partout où nous sentirons la houle. Mais plus tard nous pourrons faire beaucoup.

Notre petit déjeuner fut des plus difficiles à avaler, et nous nous mîmes à fumer et à bavarder jusqu'à ce que le rugissement des brisants s'apaisât. Aussitôt que nous aperçûmes un banc de sable découvert, nous appareillâmes avec très peu de voiles et j'appris comment on parvient à retirer une ancre qui se défend. Pivotant sur nous-mêmes, nous traversâmes, vent arrière, l'endroit que nous avions reconnu la nuit précédente, pendant qu'un archipel de nouveaux bancs s'élevait lentement au-dessus des vagues. Nous explorâmes soigneusement, jetant la sonde et observant, nous arrêtant quand l'espace le permettait, nous servant du youyou quelquefois. Je commençais à voir où était le risque dans ce genre de navigation. Partout où la houle de l'océan pénétrait, là où le vent soufflait le long d'un chenal profond, il fallait faire grande attention.

– C'est là, me répétait Davies, qu'il ne faut surtout pas échouer.

Enfin, nous retraversâmes le Steil Sand, mais par un autre chenal, et nous jetâmes l'ancre dans une ouverture à sa limite est, juste à l'abri de la houle qui montait du turbulent estuaire de l'Elbe. C'était une belle nuit. À marée descendante nous demeurâmes immobiles, une petite brise faisant clapoter l'eau sur les flancs de la *Dulcibella*.

CHAPITRE XIII

RELÈVEMENTS

Pendant les dix jours qui suivirent personne ne vint nous déranger dans nos recherches.

Quelquefois nous traversions de vastes solitudes de sable, quelquefois nous galopions à travers des petites mers intérieures peu profondes et éphémères. Puis nous retournions autour des artères plus profondes qui encerclent le Grand Knecht, examinant leurs circonvolutions, nous rendant compte de la circulation de la marée comme nous nous serions rendu compte de la circulation du sang. Remontant à bord, nous avions à lutter contre le clapotis des marées et les raz de courants qui infestent les grands chenaux du Weser, entre la Fourche et la Pique. Par un beau jour je vis la scène de l'aventure de Davies. C'était l'après-midi, les bancs de sable étaient à sec et les chenaux clairement visibles. Le lecteur a vu cela sur la carte marine et peut jusqu'à un certain point se former une opinion. Je ne puis donc qu'ajouter que je vis de mes propres yeux et compris qu'il était impossible d'avoir machiné un guet-apens plus fatal que celui conçu par Dollmann pour se débarrasser d'un innocent étranger.

À tout prendre, je crois que nous nous trompâmes peu. Davies avait une aptitude remarquable pour ce genre d'hydrographie. Chaque heure, parfois chaque minute, était un problème à résoudre, et jamais sa présence d'esprit n'était mise en défaut. Plus il y avait de danger, plus son sang-froid augmentait. Il avait aussi cette intuition naturelle qui est au cœur de tout génie. Je crois vraiment qu'il *sentait* le sable quand il ne pouvait le voir ou le toucher.

Quant à moi, la mer n'a jamais été et ne sera jamais mon élément ; cependant je m'endurcis, je devins pour ainsi dire saumuré et assez alerte.

En général nous étions tout à fait seuls, mais de temps à autre nous rencontrions des galiotes, semblables à la *Johannes*, louvoyant à travers les sables. Une ou deux fois, nous trouvâmes une flottille de bateaux du même genre, ancrée dans un goulet, attendant la marée. Le tirant d'eau des galiotes, leur cargaison comprise, était de six à sept pieds ; le nôtre de quatre seulement, sans notre dérive. Nous prîmes modèle sur leur tirant d'eau moyen dans toutes nos investigations. C'est-à-dire que nous nous astreignîmes à relever les endroits où un bateau de six pieds et demi de tirant d'eau pouvait naviguer.

Un mot de plus au sujet de notre objectif. Comme je l'ai déjà dit, la conviction de Davies était que toute la région, en cas de guerre, serait un champ d'action idéal pour de petits navires et je commençais à croire qu'il avait raison. Jetez un regard sur les trois routes maritimes qui traversent les sables vers Hambourg, Brême, Wilhelmshaven et le cœur de l'Allemagne commerciale. Ne ressemblent-elles pas à des défilés dans une région montagneuse, où une poignée d'hommes décidés peuvent arrêter une armée ? Suivons la comparaison d'une guerre sur terre : peuplez les montagnes d'une race résolue et hardie qui possède sur le bout du doigt la topographie de chaque sentier et de chaque chemin muletier, qui agit par petites bandes, qui voyage en tapinois et qui se déplace rapidement.

Voyez quel immense avantage de telles guérillas possèdent

sur un ennemi qui suit les chemins battus, se déplace par corps d'armée, lentement, et qui ne connaît pas le pays. Remarquez comment non seulement ils peuvent infliger de sanglantes défaites à un adversaire de force bien supérieure, mais aussi prolonger une sorte de semi-passive résistance longtemps après la perte ou le gain de batailles décisives. Remarquez aussi que l'envahisseur puissant ne peut conquérir ces antagonistes déconcertants qu'en apprenant leurs méthodes, qu'en étudiant leur contrée et qu'en les égalant en rapidité de mouvements et en ruse. Il ne faut pas pousser la comparaison trop loin, mais que cette façon de faire la guerre ait sa contrepartie sur mer est une vérité indiscutable.

Davies, dans son enthousiasme, centuplait son importance. Le petit bateau, passant par les bas-fonds, jouait le grand rôle dans sa conception de la guerre maritime.

– C'est très joli nos dreadnoughts, remarquait-il, mais s'il y en a autant chez l'ennemi ? Après quelques mois de guerre il se pourrait bien que pas un ne reste. Tous peuvent se détruire mutuellement, laissant nominalement comme vainqueur un amiral avec à peine un vaisseau en fait d'escadre. C'est alors que commencerait la vraie lutte, c'est alors que tout ce qui tient l'eau sera réquisitionné et que quiconque pouvant gouverner un bateau, connaissant ses eaux et se fichant de sa vie comme d'une guigne, aura de magnifiques occasions. Pour ne parler que de nous d'abord, il est facile de se rendre compte de tout ce que de petits bateaux pourraient faire dans ces parages-ci. Disons que nous sommes vaincus en haute mer par une coalition. Nous sommes à la merci de la famine ou de l'invasion. Tous les discours sur une capitulation immédiate sont des bêtises. Nous pouvons vivre à demi-ration, récupérer, reconstruire ; mais il nous faut gagner du temps. Pendant ce temps-là, notre côte et nos ports sont en danger, car les millions que nous mettons dans nos forts et dans les mines ne nous serviront pas à grand-chose. Ce sont des engins fixes, une défense purement passive. Ce qu'il faut, ce sont des bateaux actifs qui agissent, des flottes de petits bateaux éclaireurs, torpilleurs, montés par des hommes du pays, avec la liberté d'agir comme bon leur semblerait. Et quelle partie magnifique ! Là-bas, chez nous, il y a des endroits semblables à celui-ci, pas moitié aussi bons, mais semblables. Par exemple l'estuaire de la Mersey, la Dee, la Severn, le Wash ; et enfin, le meilleur de tous, la Tamise, avec tous les bancs de sable du Kent, de l'Essex et du Suffolk qui l'entourent. Mais pour défendre nos côtes de la façon à laquelle je fais allusion, nous n'avons rien de prêt, rien du tout. Nous ne construisons ni n'employons les petits torpilleurs. Ces rapides contre-torpilleurs ne servent à rien pour ce genre de navigation. Ils sont trop longs, trop encombrants, et la plupart d'entre eux ont un tirant d'eau trop fort. Ce dont on a besoin c'est quelque chose de simple, avec un faible tirant d'eau et peut-être une torpille portative. Des remorqueurs, des chaloupes, de petits yachts. En cas de besoin tout pourrait servir. Ce serait alors de l'intelligence personnelle que dépendrait le succès et non de la force brutale ou du mécanisme compliqué. Beaucoup mourraient sûrement, mais qu'importe ? Je suis sûr qu'on ne manquerait pas d'hommes, si la chose était organisée.

« Maintenant, supposons que nous ayons remporté une victoire en haute mer, et que nous voulions attaquer ou bloquer une côte comme celle-ci, faite de sable d'un bout à l'autre. Il est impossible de créer une flotte si les gens ne sont pas absolument chez eux dans de telles eaux. Cependant, nos marins ne les connaissent pas, bien que, pardieu ! ce soient les meilleurs du monde pour le courage, le sang-froid et tout le reste. Ils essaieront quand même, faisant souvent l'impossible, mais leurs bateaux seront trop lourds et ils ne sont pas entraînés à cette sorte de navigation.

Davies n'insinua jamais qu'il était l'homme pour une

telle organisation, mais je sais que son désir passionné était d'avoir n'importe comment et n'importe où l'occasion de rendre un service quelconque à son pays par sa connaissance approfondie de cette côte. Je ne puis faire davantage qu'esquisser sa théorie. L'entendre, comme je le fis, avec les éclaboussures d'eau de mer et le bouillonnement des marées dans mes oreilles, m'impressionna profondément et m'insuffla le zèle nécessaire pour notre exploration que lui possédait par tempérament. À mesure que les jours passaient, et que rien ni personne ne venait nous déranger, je sentis de plus en plus fortement que nous n'étions pas sur la bonne piste. Nous ne trouvâmes rien qui pût éveiller nos soupçons, rien suggérant un motif adéquat à la trahison de Dollmann. Je commençais à m'impatienter et je voulais que nous avancions plus rapidement vers l'ouest. Davies s'attachait à sa théorie, mais il commençait à éprouver la même sensation.

– Il y a quelque chose qui se rattache à ces chenaux dans les sables, persistait-il à dire, mais je crains bien, comme tu le dis, que nous n'ayons pas encore trouvé le bon endroit. Personne ne s'occupe de nous. Nous n'avons pas exploré les estuaires aussi bien que je l'aurais voulu, mais il vaut mieux continuer jusqu'aux îles. Ça va être le même genre de relèvement et tout aussi important, je pense. Mais bientôt nous percerons ce mystère.

Il y avait aussi la question de temps, pour moi en tout cas. À moins que je n'obtienne une prolongation, il fallait que je sois à Londres le 28. Consciencieusement je dois avouer que c'était le moindre de mes soucis. S'il y avait quelque chose dans notre entreprise, l'organisation de l'État ne souffrirait guère de mon absence, et tant pis si mes excuses n'étaient pas acceptées.

Nos provisions d'huile et d'eau diminuaient, et il était temps que nous relâchions pour renouveler notre approvisionnement.

CHAPITRE XIV

PREMIÈRE NUIT PARMI LES ÎLES

Nous arrivâmes en vue de Wangeroog, la dernière des îles allemandes de la Frise, à l'est (près de l'estuaire de la Jade), dans la soirée du 15 octobre. L'île m'apparut comme un banc de sable brunâtre, rosé par les derniers rayons du soleil. À l'une de ses extrémités un petit village blanc se presse autour d'un phare massif et carré. Nous avions décidé que Wangeroog serait notre premier lieu de débarquement. L'île étant entourée d'un mille de sable à marée basse, nous y arrivâmes avec la marée montante et nous échouâmes volontairement (il n'y a pas de port) afin de nous épargner le plus de voyages possible avec nos chargements. Au sud, à trois milles, se trouve la terre basse de la Frise où quelques arbres, un ou deux moulins à vent et la flèche d'une église animent le paysage. Entre la côte et nous la mer peu profonde commençait déjà à se séparer en plusieurs lagunes, dont la principale était l'étroit chenal par lequel nous étions venus de l'est. Ce passage continuait son cours vers l'ouest, parallèlement à l'île, et à l'intérieur, à un demi-mille de nous environ, trois galiotes étaient ancrées.

Le yacht était à sec avant même que nous eussions fini de dîner. Davies se chargea des barillons et des bidons. Je voulus l'aider, mais il m'incita à rester à bord, car j'étais très fatigué après une journée commencée à deux heures du matin et un passage plus difficile que d'habitude.

– Jette l'ancre quand tu auras fini ton cigare, me dit Davies, et surtout que le fanal ne s'éteigne pas. C'est mon seul guide pour revenir.

II se laissa glisser le long du bateau, et j'entendis le craquement de ses bottes pendant qu'il disparaissait dans l'obscurité. C'était une belle nuit étoilée avec un rien de gelée dans l'air. J'allumai mon cigare et m'étendis sur un des sofas, tout près du poêle rouge. Je sommeillai, mais d'un seul œil, car je pensais tout le temps au fanal. Je m'éveillais de temps en temps en sursaut et louchais vers la lanterne à travers la claire-voie entrouverte; je voyais qu'elle éclairait bien et me recouchais. La lampe de la cabine, manquant d'huile, s'éteignit bientôt, mais j'étais trop engourdi pour la rallumer. Je rallumai mon cigare qui, lui aussi, s'était éteint, et essayai de me maintenir éveillé en tirant des plans. C'était la première fois que Davies et moi étions séparés aussi longtemps. Nous étions devenus si indépendants l'un de l'autre que je n'y aurais même pas fait attention, si ce n'est que j'avais le pressentiment que quelque chose allait arriver pendant mon premier «quart». Tout à coup, je distinguai des bruits de pas, le clapotement d'un homme marchant dans une flaque d'eau, tout près du yacht. Ceci me réveilla complètement, mais je ne pensai même pas à crier : «Est-ce toi, Davies? » car j'eus un éclair de compréhension qui me dit que ce n'était pas lui. On eût dit un homme se faufilant comme un voleur. Bientôt le bruit de pas se rapprocha; cette fois-ci, c'était une botte frappant le sable, tout près de l'avant de notre coque. Puis les pas s'éloignèrent dans la direction de l'arrière.

Je me soulevai sans bruit et lançai un regard à l'arrière, à travers la claire-voie. Une faible lumière venant d'en bas se réfléchissait sur le mât d'artimon et le bout-dehors de tapecul. Ce ne pouvait pas être la lumière du fanal, suspendu sur la trinquette. Je compris que mon rôdeur avait gratté une allumette et lisait le nom du bateau sur la poupe. Jusqu'où sa curiosité allait-elle le mener? L'allumette s'éteignit. De nouveau j'entendis des pas. Puis une voix forte et gutturale héla en allemand : « Ohé, du yacht ! » Je fis le mort. « Ohé, du yacht ! » Cette fois-ci un peu plus fort. Un silence. Puis la coque vibra pendant que de grosses bottes égratignaient ses flancs et que des mains s'accrochaient à son plat-bord. Notre visiteur nocturne était sur le pont. Je baissai rapidement la tête, me rassis sur le sofa et je l'entendis remuer rapidement et sûrement au-dessus. Il alla d'abord à l'avant, où il s'arrêta, puis il retourna vers l'écoutille. À l'intérieur de la cabine, il faisait noir comme dans un four. J'entendis qu'on frôlait l'échelle du pied. Il essayait de trouver les échelons. Une seconde de plus il serait dans l'ouverture, allumant sa seconde allumette. Jusque-là la lumière du fanal avait projeté une vague lueur sur la claire-voie. La lueur avait disparu. À ce moment je perdis la tête. Un instant de plus et j'aurais vu mon visiteur face à face. Peut-être aurions-nous eu une explication. Mais, comme je l'ai déjà dit, je perdis la tête, n'ayant pas encore acquis le sang-froid professionnel du détective. Je ne pensai qu'à deux choses, à Davies, lourdement chargé, égaré sur les sables, sans lumière pour le guider, et à la marée qui montait. Involontairement je sautai en l'air et me cognai contre la table. Le poêle se mit à remuer avec un affreux cliquetis. D'un bond je fus sur l'échelle, mais il était trop tard. Je saisis quelque chose d'humide et de visqueux. Quelqu'un se débattit désespérément en retenant sa respiration, et je restai étreignant une grosse botte, dont j'entendis le propriétaire sauter sur le sable et s'enfuir. Je m'élançai sur le pont, fis un rétablissement par-dessus bord et me mis à sa poursuite, guidé par le son. Il avait contourné l'avant du yacht. Je fis de même, courbai la tête pour éviter le beaupré, mais, oubliant la sous-barbe, tombai violemment, m'étant cogné la tête à un câble de fer et une poulie dont la résistance était une des gloires de la *Dulcibella*. Je me remis sur pied aussitôt que je retrouvai mes sens, mais mon invisible rôdeur avait pris de l'avance. J'arrachai mes bottes et me mis à courir, me coupant bien vite les pieds sur les coquillages. Je dus abandonner la poursuite. Trébuchant sur une épave de bois, je m'étalai, les orteils me faisant horriblement souffrir.

Clopinant, je retournai, me disant qu'en fait de détective en activité, il y avait mieux. Tout ce que j'avais gagné avait été de me cogner la tête, de m'écorcher les pieds, et je ne savais même pas où je me trouvais. Le fanal du yacht était éteint, et, même avec le phare de Wangeroog pour me guider, ce n'était pas facile de retrouver la *Dulcibella*. Et l'ancre qui n'était pas jetée ! Comment Davies allait-il retrouver son chemin ? Et si la marée montait ? Après quelques vagues zigzags, je me mis à plat ventre dans l'espoir de voir la silhouette du yacht se détacher sur le ciel étoilé. Enfin, grâce à ce stratagème, je pus remonter à bord, et, soulagé d'un grand poids tout en étant très humilié, je rallumai le fanal et jetai l'ancre. La botte était restée au pied de l'échelle, mais ne m'apprit rien après que je l'eus examinée attentivement. Il était onze heures, le changement de marée était passé. Davies aurait de la chance s'il s'en tirait sans le youyou. Juste à ce moment il apparut, pliant sous son fardeau mais très communicatif sur sa visite à terre. Il commença pendant que nous étions encore sur le pont.

– Écoute, me dit-il, nous devrions avoir décidé à l'avance quoi répondre quand on nous questionnera. J'ai choisi une boutique d'aspect très tranquille, mais quand j'y suis entré j'ai vu que c'était une espèce d'auberge où les habitants buvaient une sorte de schnaps rose. Tous très gentils, comme d'habitude, mais j'ai eu à répondre à une foule de questions. J'ai raconté que nous retournions en

Angleterre. Immédiatement toutes les objections à propos de la petitesse du bateau ont recommencé. L'idée m'est venue qu'il va falloir que nous trouvions une autre excuse pour voyager si lentement et nous arrêter afin d'explorer. Alors j'ai pensé aux canards sauvages. Dieu sait cependant que nous n'avons pas l'intention de perdre notre temps à les chasser ! Le sujet n'est pas très bien trouvé. Ils m'ont dit qu'il était beaucoup trop tôt – jalousie, je suppose –, mais tout de même deux hommes se sont proposés pour venir nous aider à chasser. Sans leur aide, m'ont-ils dit, nous n'en trouverions pas. Ils voulaient amener leur plate. Tout cela est vrai, probablement, mais quel embêtement ! Je m'en suis tiré…

– Tu as rudement bien fait de t'en tirer, l'interrompis-je. Il nous est impossible de laisser le yacht seul. Je crois que nous sommes surveillés.

Et je lui racontai mon aventure.

– Hum ! Quel malheur que tu n'aies pas vu qui c'était. Cette satanée sous-barbe ! De quel côté s'est-il enfui ? (J'indiquai vaguement l'ouest.) Pas du côté des îles ? Je me demande si c'est quelqu'un de l'équipage de ces galiotes. Il y en a trois, là, dans le chenal. On peut voir leurs feux. Tu n'as pas entendu un bateau s'en aller ?

Je lui expliquai que j'étais le pire des détectives.

– Il me semble, au contraire, que tu t'en es joliment bien tiré, répliqua Davies. Si tu t'étais mis à crier quand tu l'as entendu approcher, nous en saurions encore moins. Et nous avons une botte qui pourra nous être utile dans nos recherches. Tu as jeté l'ancre ? Descendons.

Nous nous mîmes à fumer et à bavarder, jusqu'à ce que la marée montante soulevât la *Dulcibella* et la mît à flot sans effort.

Naturellement, je fis semblant de prétendre que cette visite nocturne n'avait pas d'importance ; que mon visiteur nocturne pouvait très bien n'être qu'un simple voleur tenté par un yacht abandonné. Davies refusa d'admettre cette possibilité dès le début.

– Non, ils ne sont pas comme ça en Allemagne. En Hollande, je ne dis pas, mais pas ici. Et cette façon d'éteindre le fanal, pour gagner du temps, n'indique rien de bon.

Là-dessus nous fûmes d'accord et, malgré la façon idiote dont j'avais agi, j'accueillis cet incident comme la première preuve certaine que nous ne faisions pas buisson creux. Nous discutâmes ensuite le pourquoi de cette visite. Qu'aurait-il trouvé s'il avait fouillé le bateau ?

– Les cartes marines, naturellement, avec nos corrections et nos annotations, et le journal de bord, répondit immédiatement Davies. C'est cela qui nous trahira.

N'ayant pas sa foi dans la théorie des chenaux, je ne m'intéressais que médiocrement à ces fameuses cartes.

– Après tout, lui dis-je, nous ne faisons rien de mal, comme tu le répètes souvent.

Cependant les cartes seules pouvaient donner un indice de notre genre de vie et pouvaient indiquer que nous étions quelque chose de plus que deux jeunes Anglais excentriques faisant une croisière pour leur plaisir et pour tuer quelques canards sauvages. Nous avions des cartes allemandes et des cartes anglaises. Nous décidâmes de nous servir des cartes allemandes et de les cacher avec le journal de bord en cas de nécessité. Je résolus que jamais mon journal ne me quitterait. Il restait les livres sur la marine. Davies leur lança un coup d'œil que je connaissais bien.

– Il y en a trop, dit-il, du ton que l'on prend quand on décide du sort de chatons superflus. Jetons-les à la mer. Ils sont très vieux, et je les sais par cœur.

– Pas ici, m'écriai-je en lui saisissant le bras (il s'était déjà emparé de quelques livres), on les trouverait à marée basse. Non, vraiment, je n'y toucherais pas. Tu les avais quand tu es déjà venu ici et Dollmann sait que tu les avais. Si tu retournes sans eux, ça paraîtra très bizarre.

Les livres eurent la vie sauve.

Quant aux cartes anglaises, comme elles ne pouvaient servir à grand-chose et qu'elles s'accordaient mieux avec notre rôle de yachtsmen anglais, il fut entendu que nous les mettrions en évidence, preuve de notre innocence. Je ne pus m'empêcher de penser que tout cela était d'une fantaisie délicieuse. Un yacht de sept tonneaux n'a pas énormément d'endroits secs où l'on puisse cacher des papiers, et qu'aurions-nous pu faire contre une perquisition ? S'il y avait des secrets à garder sur cette côte et si nous étions suspects d'être des espions, rien ne pouvait empêcher une visite officielle. Puis nous nous perdîmes en conjectures. Qui pouvait bien avoir envoyé le maraudeur ? Si c'était Dollmann, savait-il donc maintenant que la *Dulcibella* était saine et sauve et de retour dans le pays d'où il l'avait pour ainsi dire chassée ? S'il en était ainsi, allait-il reprendre les moyens violents ? Davies et moi nous nous prîmes sur le fait de regarder nos fusils en même temps, et nous éclatâmes de rire tant c'était bête.

– Ce n'est pas une lutte armée, lui dis-je, répondant à son regard, mais une question de finesse. Regardons donc la carte.

Je rappellerai simplement au lecteur que la terre ferme, dans ce district de la Prusse, s'appelle la Frise-Orientale[1]. C'est une sorte de péninsule bordée à l'ouest par l'estuaire de l'Ems et en delà par la Hollande ; à l'est, par la Jade. C'est une basse terre marécageuse sans aucune grande ville. Sept îles se trouvent à peu de distance de la côte nord. Toutes, excepté Borkum, qui est ronde, sont longues et plates, légèrement creusées en forme de croissant, ayant rarement plus d'un mille de large et s'amincissant aux deux bouts. Elles ont à peu près une longueur moyenne de six milles, excepté Norderney et Juist (sept et neuf

1. Voir carte B.

milles respectivement) et la petite Baltrum (deux milles et demi).

Les deux tiers des bas-fonds qui se trouvent entre les îles et la terre ferme sèchent à marée basse. Le tiers qui reste devient un système de lagunes dont la distribution est contrôlée par le mouvement naturel de la mer du Nord pendant qu'elle pénètre par les intervalles entre les îles. Chacun de ces intervalles ressemble à la barre d'un fleuve et est obstrué par des bancs de sable dangereux sur lesquels la mer se jette à chaque marée, y creusant des eaux profondes. Ceci s'étend et se ramifie à l'est et à l'ouest quand le courant déferle, encercle les îles et couvre les sables plats qui se trouvent sur son passage. Mais plus il pénètre, plus il perd de sa force, ce qui fait qu'aucune des îles n'est complètement ceinturée par un chenal à marée basse. À peu près à mi-chemin entre chacune d'elles et la terre ferme se trouve un «versant» couvert seulement cinq ou six heures sur douze. Un bateau naviguant entre les îles et la terre, même du tirant d'eau le plus faible, doit donc choisir le moment pour passer ces versants. Quant à la navigation, le *North Sea Pilot*[1] la résume brièvement ainsi : «Les chenaux divisant ces îles entre elles, et de la côte, offrent aux petites embarcations du pays le moyen de communiquer entre l'Ems et la Jade.» Il ne parle des îles elles-mêmes que pour donner un ou deux renseignements sur leur balisage et leurs feux.

Plus je regardais la carte, plus j'étais intrigué. Les îles n'étaient évidemment guère plus que des bancs de sable avec un groupe de maisons et une église sur chacune d'elles. Le seul indice de vie dans leur ensemble désolé était l'expression *Bade-strand*[2] suggérant que pendant les mois d'été une poignée de personnes venaient s'y baigner. Norderney était

1. *Le Pilote de la mer du Nord* : guide nautique.
2. Bains de mer.

la plage la plus importante. J'avais entendu parler de la ville comme d'un bord de mer à la mode. Mais elle ne pouvait avoir aucune importance commerciale. Sur la terre ferme il n'y avait aucune occupation possible pour un homme. Ce n'était qu'une ligne monotone de digues ponctuées de place en place par un village infime. Regardant les noms de ces villages, je remarquai que leur terminaison était presque toujours en « siel ». Il y avait Carolinensiel, Bensersiel, etc. *Siel* veut dire ou canal souterrain, ou une sorte de vanne. Dans ce cas c'était probablement « vanne », car je remarquai alors que chaque village se trouvait à l'embouchure d'un petit cours d'eau qui servait sans doute à drainer les basses terres par-derrière. Une écluse ou une vanne était donc nécessaire à l'embouchure, car à marée haute la terre se trouve en dessous du niveau de la mer. Regardant ensuite les sables, je remarquai que dans la direction de chaque petite embouchure se trouvait une ligne de booms.

– Est-ce que nous allons explorer ces chenaux-là ? demandai-je à Davies.

– Je ne vois pas à quoi ça servirait, me répondit-il. Ils ne mènent qu'à ces petits trous ; probablement que ce sont les galiotes du pays qui s'en servent.

– Et tes petits torpilleurs, qu'est-ce que tu en fais ?

– Oh ! peut-être qu'à certaines marées ils y pourraient passer. Mais je ne vois pas à quoi ils pourraient servir là. Ils ne mènent à aucun port. Ah ! attends. Voilà une petite ouverture dans la digue à Neuharlingersiel, une autre à Dornumersiel, qui doit vouloir dire qu'il y a là une sorte de jetée ou de quai. Mais à quoi bon ?

– Je suppose que nous ferions aussi bien d'en visiter un ou deux ?

– Je pense aussi, mais nous avons autre chose à faire que de nous amuser à ces villages-là. Nous avons des recherches bien autrement importantes à faire plus au large.

– Eh bien ! voyons, comment expliques-tu cette côte ?

Davies en restait toujours à sa vieille théorie, mais il me l'expliqua avec une force et un enthousiasme qui m'impressionnèrent plus que jamais.

– Regarde-moi ces îles! C'est clairement l'ancien littoral arraché à la terre ferme par la mer. L'espace entre elles et la terre ressemble à un immense port sujet aux marées, trente milles de long, cinq de large. Ces îles le protègent de façon à le rendre impénétrable. Il semble fait exprès pour des vaisseaux de guerre à faible tirant d'eau et gouvernés par d'habiles pilotes. Ils peuvent entrer et sortir par les intervalles entre les îles et, pour ainsi dire, jouer à cache-cache d'un bout à l'autre. D'un côté l'Ems, de l'autre les trois grands estuaires : c'est une base parfaite pour des torpilleurs.

J'étais d'accord – je le suis encore – mais cependant je haussai les épaules.

– Alors nous continuons les explorations de la même façon?

– Oui, mais soyons sur nos gardes. Souviens-toi que nous n'allons jamais perdre la terre de vue maintenant.

– Et le baromètre, que dit-il?

– Il est plus haut qu'il n'a jamais été depuis longtemps. Pourvu que cela n'indique pas le brouillard. Ce pays est renommé pour ses brouillards, et à cette époque-ci le beau temps les amène n'importe où. J'aimerais mieux une bonne brise. Six heures et demie demain, pas plus tard. Je crois qu'à l'avenir je dormirai dans le salon, car après ce qui est arrivé ce soir…

CHAPITRE XV

BENSERSIEL[1]

Le moment critique de notre croisière approchait. Quelques extraits de mon journal prépareront le lecteur aux événements qui vont suivre.

16 octobre. – Réveil six heures et demie, yacht à sec. Des trois galiotes ancrées dans le chenal hier, il n'en reste qu'une… C'est moi qui suis allé remplir les barillons ce matin. Je trouvai le village de Wangeroog à moitié ensablé. Un épicier jovial me mit au fait des habitudes du pays. Les îles sont ce que je les croyais être… dénudées pour la plupart, habitées toute l'année par quelques pêcheurs et l'été par de peu nombreux baigneurs. L'été étant fini, mon aimable épicier trouve que les affaires ne vont pas. Il y a cependant encore un petit commerce avec la terre ferme par voie de galiotes et de chalands, dont quelques-uns viennent des « siels ».

– Est-ce que ce sont des ports ? lui demandai-je.

– Des cloaques, des trous vaseux ! répliqua-t-il avec un rire de mépris.

Il n'est pas du pays. Il ajouta qu'il avait entendu parler d'un projet pour les agrandir afin de développer les îles

1. Voir carte B.

comme sanatoriums, mais qu'il considérait le tout comme un projet en l'air.

Je retournai à bord écrasé par ma charge. Pendant que Davies repartait à son tour je tirai quelques oiseaux; je n'abattis que la plus petite des bécassines, mais je fis beaucoup de bruit, ce qui était l'important, afin de convaincre la population de la pureté de nos intentions.

Nous levâmes l'ancre à une heure. En passant près de la galiote encore à l'ancre nous la regardâmes attentivement. Elle s'appelait *Kormoran*. Elle était exactement pareille à toutes les autres. Personne sur le pont.

Nous passâmes l'après-midi à explorer la Harle, ouverture entre Wangeroog et Spiekeroog. Ces deux îles, vues de la mer, sont d'un aspect désolant, et, sur le côté nord de Wangeroog, détail bizarre, un grand clocher est actuellement dans l'eau, ce qui prouve combien la mer gagne de ce côté-là. Sur la terre ferme, qui était à peine visible, la flèche d'un clocher servait de point de repère. Ce clocher, très proéminent, devait être, d'après la carte, celui d'Esens, ville à quatre milles à l'intérieur.

Les jours raccourcissent rapidement. Les marées aussi nous gênent en ce moment[1]. La marée bat son plein le matin et le soir entre 5 et 6, au crépuscule.

Pour passer la nuit, nous prîmes le Muschel Balje, chenal tributaire qui lèche l'intérieur de Spiekeroog. Nous jetâmes l'ancre dans deux brasses d'eau, à l'abri de la houle du large. Une galiote nous dépassa, allant à l'ouest, juste pendant que nous serrions les voiles. Il faisait trop sombre, nous n'avons pu lire son nom. Plus tard nous avons vu son feu plus haut dans notre chenal.

The great event du jour a été l'apparition d'une petite canonnière allemande naviguant lentement, ouest, le long

1. J'emploie aussi peu que possible des termes techniques, mais le lecteur voudra bien remarquer que les marées ont une haute importance.

de la côte. Il était à peu près quatre heures et demie; nous faisions alors le sondage de la Harle.

Davies la reconnut tout de suite pour la *Blitz*, canonnière commandée par von Brüning. Nous nous sommes demandés s'il avait reconnu la *Dulcibella*, mais il n'eut pas l'air de nous apercevoir et continua son chemin. Nous croyions vraiment rencontrer la *Blitz* en arrivant près des îles et nous étions tout agités rien que de l'avoir vue. C'est un vilain petit vaisseau, peint en gris, avec une seule cheminée. Davies, qui connaît par cœur son armement, a le plus grand mépris pour ce type de navire démodé.

17 octobre. – Le baromètre descend rapidement. Ça nous embête beaucoup. Le vent a tourné sud-ouest et est beaucoup plus chaud. Nous sommes partis à cinq heures trente. Nous avons louvoyé avec le flot par-dessus le «versant» derrière Spiekeroog. La galiote que nous avions vue hier fit la même chose, mais nous n'avons pas encore pu l'identifier. Elle a levé l'ancre avant que nous arrivions près d'elle. Davies, cependant, jure que c'est le *Kormoran*. Nous avons passé la plus grande partie du jour à explorer l'Otzumer Ee (l'ouverture entre Langeoog et Spiekeroog), tirant de temps en temps des loutres et des oiseaux de mer. Nous ne revîmes pas la galiote ce jour-là… Le soir, en nous dépêchant pour retourner à un mouillage abrité, nous avons fait une grosse erreur. Nous avons échoué juste au moment du changement de marée et nous voici ensablés au bord du Rute Flat, pendant tout le temps que la marée descendra. C'est un boom mal placé qui nous a mis dedans. Nous essayâmes de nous touer sans succès. Il est huit heures du soir et nous espérons flotter demain matin à six heures et quart…

18 octobre. – Un petit grain venant du sud-ouest nous a aidés à nous mettre à flot à six heures. Il était neuf heures que nous n'avions pas fini de remettre dans la cale les gueuses que nous avions dû poser dans le youyou pour alléger le bateau. C'est une opération délicate, car ces gueuses sont comme les morceaux d'un jeu de patience. Si l'une d'elles n'est pas à sa place, les lattes du plancher ne se referment plus. En montant sur le pont nous avons été très surpris de voir la *Blitz* ancrée dans le Schill Balje. Elle avait dû entrer par Otzumer Ee à marée haute pour s'abriter du grain. Plusieurs bateaux de pêche s'étaient réfugiés là aussi, et plus haut que nous se trouvaient deux galiotes. Impossible de voir si l'une d'elles était le *Kormoran*. Quand les bancs furent découverts nous courûmes à travers le Rute, le compas et les calepins à la main. En remontant à bord, à deux heures, nous vîmes que le baromètre descendait presque à vue d'œil.

Je proposai d'aller jusqu'à Bensersiel, un des villages sur la terre ferme, au sud-ouest du point où nous étions. Davies n'y tenait guère, mais il y fut forcé par les événements. À trois heures trente une saute de vent nous obligea à changer notre ancrage.

– Sud-ouest-nord-est, dit Davies.

Rien ne pouvait être pire !

Cette saute de vent fit que les bancs plats du Rute devinrent une terre sous le vent, pendant qu'au vent se trouvaient les profondes lagunes d'Otzumer Ee, bordées, il est vrai, par Spiekeroog, mais offrant quand même un grand espace à la brise et à la mer. Il fallait nous dépêcher de nous tirer de là. Nous établîmes donc les voilures d'artimon. Impossible de penser à louvoyer au vent, car un véritable typhon s'élevait. L'avis de Davies était de bien nous enfoncer derrière le banc de sable de Jans et de ne pas risquer Bensersiel. Une bêtise de ma part mit fin à toute discussion. Quand j'allai au treuil pour relever l'ancre, j'oubliai que trente des quarante brasses de notre chaîne étaient déroulées. Le mouvement du bateau et une averse de grêle me firent retirer la chaîne des bittes et je la laissai flottante. Il n'y avait plus qu'un tour de chaîne autour du tambour, et, en temps ordinaire, c'était assez pour l'empêcher de se dérouler complètement. Mais aussitôt que je touchai au levier du treuil elle se mit à glisser, en un instant s'échappa de l'écubier et tomba dans l'eau. Le yacht se mit immédiatement à dériver à l'arrière, et j'eus heureusement l'idée de hisser la misaine tout en criant à Davies ce qu'il en était. En un instant il remit le yacht en position, et allant à l'arrière je le trouvai calme comme d'habitude.

– Ça ne fait rien, dit-il. L'ancre est balisée. Nous viendrons la rechercher demain. Nous ne pouvons pas maintenant, le vent et la mer sont trop mauvais. Il aurait fallu nous défiler n'importe comment. Nous allons essayer Bensersiel. Ce n'est pas assez d'une ancre de rechange et d'un câble ici.

Notre course sur Bensersiel fut des plus dangereuses et des plus mouvementées. À cinq heures quinze nous trouvâmes une sorte de digue à droite presque couverte par des paquets de mer. La terre nous apparut à travers les embruns et nous entendîmes des cris sur un quai. Davies brandit le bras gauche furieusement, je donnai un violent coup de barre à gauche, et nous passâmes d'une mer démontée dans des eaux plus tranquilles. Une seconde après nous nous trouvions glissant à forte allure dans une ouverture entre deux jetées de bois. Nous aperçûmes un petit port carré où nous n'avions pas la place de virer ni le temps d'amener les voiles. Davies jeta l'ancre de rechange et elle s'accrocha au fond, juste à temps pour sauver l'écrasement de notre beaupré contre le quai. Un homme nous lança un cordage et nous hala le long du quai. Nous étions plutôt stupéfaits, mais pas plus que les gens du pays, certainement, qui croyaient que nous étions tombés de la lune. Ils furent très aimables, bien qu'au fond je les crusse un peu désappointés. Ils avaient compté, je pense, sur un beau sauvetage. Ils vinrent tous nous embarrasser en nous aidant à serrer les voiles, etc., etc. Enfin, une sorte de mouche du coche, en uniforme et portant lunettes, nous débarrassa des autres et se présenta comme officier de douane. (Un officier de douane dans cet absurde trou !) Il descendit dans la cabine, exhiba de l'encre, une plume, et une grande feuille imprimée. Il nous demanda quelle était notre cargaison, notre équipage, notre dernier port de relâche, notre destination, etc., etc. Pas de cargaison ? plaisir ; capitaine ? Davies ; équipage ? moi ; dernier port ? Brunsbüttel ; destination ? Angleterre ; alcool ? nous produisîmes le whisky ; sel ? une boîte de Cérébos et le fond humide d'une soucoupe ; café ? etc., etc. Il inventoria les buffets, toucha nos fusils, chercha sous nos matelas. Pendant ce temps-là, les cartes allemandes et le journal de bord sautaient aux yeux, mais il ne les vit pas. (Nous avions oublié nos précautions dans notre fuite précipitée du Rute.) Quand la feuille fut remplie, le bonhomme s'humanisa et se mit à bavarder. Quand nous lui eûmes offert à boire, il devint protecteur. Il commençait à soupçonner que peut-être notre suroît cachait deux aristocrates toqués, mais riches, valant la peine d'être protégés par un dignitaire. Il insista pour que nous emportions nos coussins à sécher dans sa maison et nous y consentîmes pour nous débarrasser de lui. Nous ne pensions qu'à une chose, enfiler des vêtements secs et manger. Il finit par s'en aller tout en causant, et quand enfin il fut parti nous cachâmes le journal de bord et les cartes. Mais il revint bientôt, en uniforme de directeur des postes, cette fois-ci, avant que nous ayons fini de souper, et il nous entraîna, nous et nos coussins, jusqu'à sa petite maison près du quai. Avant d'y arriver nous traversâmes une petite rivière et je vis, comme je l'avais pensé, des vannes.

Il nous exhiba à sa femme, tout agitée à l'idée de recevoir des étrangers si distingués et qui prit nos coussins avec respect. Ensuite, seconde exhibition à la *Gasthaus*[1], où nous causâmes canards sauvages et température avec les

1. Auberge.

villageois assemblés. (Personne ne nous prend au sérieux; jamais je ne me suis moins senti conspirateur.) Notre ami, qui est un moulin à paroles et qui n'a pas deux idées dans la tête, attache une importance ridicule à ce petit port, dans lequel seul le bateau-poste de Langeoog semble entrer. C'est une galiote faisant le service postal selon la marée. Quelques chalands viennent de l'intérieur chargés de briques et sont remorqués jusqu'aux îles. Le port a cinq à sept pieds d'eau pendant deux heures sur douze! Herr Schenkel nous ramena jusqu'au yacht que nous trouvâmes posé sur la vase.

Davies prétend déjà que l'odeur du port le gêne, qu'il ne pourra pas dormir, et voudrait déjà repartir. À terre on nous a dit que c'était impossible à cause de ces vents du nord-est, le chenal étant trop étroit pour permettre de louvoyer. Pour ma part, je suis rudement content d'être dans un port, quel qu'il soit, après ma quinzaine au large. Pas de marées, pas d'ancre, pas de roulis, pas de tangage, et, quelle veine, du lait frais demain!

CHAPITRE XVI

COMMANDANT VON BRÜNING

Je reprends ma narration.

Le 19 octobre, à dix heures du matin, je fus réveillé d'un long sommeil délicieux par la voix de Davies qui causait en son allemand inoubliable. Je montai l'échelle en pyjama, et je le vis sur le quai, conversant avec un homme vêtu d'un long imperméable et coiffé de la casquette galonnée d'or des officiers de marine. Il portait une petite barbe châtain clair, avait un beau visage pétillant d'intelligence et les mouvements vifs. Une petite pluie froide et pénétrante tombait.

Ils m'aperçurent et Davies cria :

– Hé ! Carruthers, c'est le commandant von Brüning, de la *Blitz*. Mon ami, Carruthers.

Le commandant me regarda avec un bon sourire et j'inclinai une tête non peignée, oubliant notre conspiration et me sentant simplement sale et ridicule. Je replongeai dans la cabine. Je les entendis se dire adieu et Davies revint à bord.

– Nous avons rendez-vous avec lui, à midi, à l'auberge, me dit-il.

Il avait appris que la chaloupe à vapeur de la *Blitz* était arrivée avec la marée du matin, et avait rencontré von Brüning en faisant son marché à l'auberge. Seconde nouvelle, le

Kormoran était entré dans le port et était ancré près de nous. Il était donc bien évident que la galiote nous avait surveillés et était en rapport avec la canonnière, et que toutes deux avaient saisi l'occasion de notre arrêt forcé à Bensersiel pour mieux se rendre compte de qui nous étions.

Von Brüning, surpris mais très cordial, avait serré la main à Davies et lui avait demandé si c'était bien la *Dulcibella* qu'il avait vue ancrée derrière Langeoog. Davies lui avait répondu que nous avions quitté la Baltique, que nous étions sur le chemin du retour, nous abritant dans les îles.

– Et s'il vient à bord et demande à voir notre journal ? fis-je.

– Mettons-le en évidence, me dit Davies. C'est idiot ce système de cachette, après tout. Dis donc, Carruthers, cette entrevue m'embête et m'inquiète. Qu'est-ce que nous allons dire ? Ce n'est pas mon genre, ces histoires-là.

Nous changeâmes immédiatement notre plan. Tout d'abord nous remîmes le journal de bord et les cartes sur le rayon-bibliothèque. Ils ne contenaient rien que des relèvements, directions, dates de navigation, etc. Pour Davies c'étaient des secrets difficilement devinés et d'une importance capitale, qui valaient la peine qu'on mente pour eux, aussi difficile et aussi répugnant que fût le mensonge. Moi, j'étais beaucoup plus froid quant à leur valeur, mais en tout cas nous avions la même idée, lui et moi. Dans la conversation qui nous attendait, nous ne nous en tirerions pas si nous essayions d'être trop habiles et supprimions les faits saillants de nos explorations. Von Brüning, que savait-il au juste ? Quand le *Kormoran* avait-il commencé à nous surveiller ? Peut-être à Wangeroog ? Mais peut-être aussi dans les estuaires, où nous n'avions pas tiré un coup de fusil ? Peut-être le commandant en savait-il davantage : la trahison de Dollmann, le sauvetage de Davies et notre va-et-vient subséquent ? Mais nous n'en savions rien. De l'autre côté, il savait que l'exploration était une des manies de Davies, et en septembre ce dernier ne s'en était nullement caché. Il valait mieux ne pas nous vendre.

Après notre petit déjeuner nous sortîmes afin de nous renseigner sur le *Kormoran*, qui reposait sur la vase de l'autre côté du port. Nous nous adressâmes à cet effet à deux immenses marins qui avaient le mot «Poste» inscrit sur leurs jerseys et dominaient de beaucoup les Frisiens trapus, rangés sur le quai, qui tous nous regardaient gravement comme si nous eussions été quelque curieux bric-à-brac maritime. Nos jumeaux (nous découvrîmes leur parenté) se montrèrent de bons géants et nous offrirent de monter sur leur galiote bateau-poste pour bavarder un peu. Il nous fut facile d'amener la conversation sur le *Kormoran*. Nos jumeaux l'appelaient un bateau de Memmert, ou bateau de sauvetage.

Il semblait que près de la pointe ouest de Juist (l'île qui se trouve à l'ouest de Norderney) se trouvait une épave, un vaisseau de guerre français qui avait sombré il y a de cela des années. Il transportait des lingots qui, malgré tous les efforts, n'avaient jamais été retrouvés. Une compagnie de sauvetage s'y essayait en ce moment et s'était établie à Memmert, un banc de sable adjacent.

– Voilà le contremaître lui-même, ajoutèrent-ils, désignant du doigt un homme sur le pont au-dessus de l'écluse. C'est Herr Grimm.

Je l'appelle Grimm[1] parce que le mot le décrit exactement. Grimm était vêtu d'une vareuse de pilote et d'une casquette.

– Qu'est-ce qu'il fait ici? demandai-je.

Ils répondirent qu'il était souvent soit à un endroit soit à un autre de la côte. Par mauvais temps il est impossible d'essayer de retrouver l'or. Ils supposaient qu'il rapportait une cargaison de Wilhelmshaven, toutes les machines

1. *Grimm* en allemand, *grim* en anglais, veut dire renfrogné.

nécessaires à l'installation de la compagnie provenant de ce port. C'était un homme du pays d'Aurich, précédemment patron d'un remorqueur.

Nous causâmes de tout ceci, Davies et moi, tout en nous promenant sur les sables pour voir le chenal à marée basse.

– As-tu entendu parler de cela en septembre? demandai-je à Davies.

– Pas un mot. Je ne suis pas allé à Juist. J'y serais allé probablement, si je n'avais pas rencontré Dollmann.

Qu'est-ce qu'il pouvait bien vouloir dire? En quoi cela se rapportait-il à nos plans?

Et tout ce que Davies put ajouter ou suggérer fut ceci :

– Regarde les pieds de Grimm si nous le rencontrons.

Le chenal n'était plus qu'un fossé avec un mince filet d'eau au milieu, coulant nord quart nord-est, bordé par une petite digue protégée elle-même par des osiers coupés, sur une longueur d'un quart de mille. Il ventait toujours fortement du nord-est, et nous vîmes bien qu'il était impossible de reprendre la mer dans ces conditions-là.

En retournant au village (un horrible petit trou), nous rencontrâmes notre ami Grimm sur le pont. C'était un homme aux cheveux foncés, glabre, sombre d'apparence et portant des *souliers*. Nous approchions de l'auberge.

– Nous n'avons pas encore décidé exactement ce que nous allons dire, remarqua Davies. Quoi à propos de nos plans immédiats?

– Dieu sait que nous n'en avons pas, lui répondis-je. Mais comment pourrions-nous en avoir? Nous verrons comment iront les choses. Il est midi passé. Il ne faut pas être en retard.

– Très bien, tire-t'en comme tu pourras, je t'en charge.

– All right! Je ferai de mon mieux. Toi, sois toi-même, et ne dis qu'un mensonge, si c'est nécessaire, à propos du sale tour que Dollmann t'a joué.

Suit cette scène de comédie :

PERSONNAGES : Von Brüning, Davies et moi.

La scène se passe dans une petite salle d'auberge donnant sur le port. Le café et le kummel sont sur la table. Le commandant von Brüning est très sympathique, mais ses beaux yeux honnêtes sont abominablement intelligents. Je ne suis pas tranquille.

VON BRÜNING. – Herr Dollmann n'est pas encore rentré, je crois. *(Davies avait donc eu raison à Brunsbüttel.)* Avez-vous l'intention d'aller le voir ?

DAVIES *(brièvement)*. – Oui.

VON BRÜNING. – Ah ! Je suis sûr qu'il n'est pas là, mais la *Médusa* est de retour, et Fräulein Dollmann aussi, je pense.

DAVIES. – Hum ! quel joli bateau. *(Von Brüning sourit, lance un regard scrutateur à Davies qui ne sait où se fourrer. Je vois une occasion et la prends aux cheveux.)*

MOI. – Nous pouvons au moins aller offrir nos respects à Fräulein Dollmann. *(Cela dit avec un sourire complice à von Brüning.)*

DAVIES. – Hum ! croyez-vous qu'il revienne bientôt ?

VON BRÜNING *(allumant son cigare et pesant ses paroles)*. – Probablement, il n'est jamais très longtemps absent. Mais vous l'avez vu le dernier. Ne deviez-vous pas faire route ensemble vers l'Elbe, le lendemain de notre dernière rencontre ?

DAVIES *(négligemment)*. – Oh ! une partie du chemin. Je ne l'ai pas revu depuis. Il est arrivé le premier, il m'a battu.

VON BRÜNING. – Il s'est tiré des pieds, vous voulez dire ?

DAVIES. – Il ne pouvait faire autrement, j'étais au bas ris…

VON BRÜNING. – Ah oui ! je m'en souviens, il ventait dur,

à dire vrai une sacrée tempête. J'ai pensé à vous ce jour-là. Comment vous en êtes-vous tiré ?

DAVIES. – Oh ! c'était une bonne brise, et puis c'était si près !

VON BRÜNING. – *Grosse Gott!* Dans *ça. (Il indique de la tête la* Dulcibella *qu'on aperçoit par la fenêtre.)*

DAVIES *(indigné)*. – Elle tient la mer admirablement.

VON BRÜNING *(éclatant de rire)*. – Ah ! mille pardons !

MOI. – Ne m'enlevez pas ma foi dans notre *Dulce*, il faut que je retourne en Angleterre avec elle.

VON BRÜNING. – À Dieu ne plaise ! Je pensais seulement que ce jour-là il a dû y avoir de rudes paquets de mer autour du Scharhorn. Un rien pour vous, Herr Davies ?

DAVIES. – Scharhorn ? Oh ! nous ne sommes pas allés par là. Nous avons pris un raccourci à travers les sables, le Telte.

VON BRÜNING. – Le Telte ! Dans un grain du nord-ouest ! *(Le commandant ne rit plus et regarde Davies fixement. Le regard indique qu'il est réellement surpris. Il n'est donc pour rien dans l'essai de meurtre de Dollmann.)*

DAVIES *(avec entêtement)*. – Herr Dollmann connaissait très bien le chemin. Très aimablement il m'a offert de me piloter à travers les sables, sans cela je n'aurais pas risqué le coup. *(Silence embarrassant.)*

VON BRÜNING. – C'est un bon pilote, alors ?

DAVIES. – Oui, bien qu'il y ait là des brisants dangereux, n'est-ce pas ? Mais cela raccourcit de six milles et on évite le Scharhorn. Non pas que cela m'ait raccourci le chemin, j'ai été assez bête pour m'échouer.

VON BRÜNING *(intéressé)*. – Ah !...

DAVIES. – Ça n'a pas eu grande importance, car j'étais bien à l'intérieur. Ces sables sont difficiles à naviguer à marée haute. Nous sommes revenus par là, vous savez.

MOI *(avec résignation)*. – Et nous avons échoué tous les jours.

VON BRÜNING *(gardant toujours Davies sous son regard,*

regard inexplicable pour moi). – Est-ce là que la *Médusa* vous a quitté ?

DAVIES. – Herr Dollmann ne pouvait plus me voir ; il faisait très sombre, et une tempête épouvantable faisait rage. Depuis quelque temps il avait pris beaucoup d'avance ; d'ailleurs, pourquoi m'aurait-il attendu ? Je m'en suis très bien tiré, la marée montait toujours, mais, naturellement, j'ai dû mouiller là pour passer la nuit.

VON BRÜNING. – Où ?

DAVIES *(simplement)*. – Là, à l'intérieur, sous le Hohenhorn.

VON BRÜNING. – Sous le quoi ?

DAVIES. – Le Hohenhorn.

VON BRÜNING. – Continuez... Et ne vous ont-ils pas attendu à Cuxhaven ?

DAVIES. – Je ne sais pas, je ne suis pas allé par là. *(Le commandant a l'air de plus en plus intrigué.)* Je veux dire que je ne suis pas allé par le canal de Kiel. J'ai changé d'avis parce qu'il y avait une saute de vent. J'aurais eu beaucoup de mal à traverser les sables jusqu'à Cuxhaven, tandis qu'avec une bonne brise est, je pouvais facilement aller jusqu'à l'Eider. C'est pourquoi j'y allai, et arrivai à la Baltique de cette façon. Pour moi, cela n'avait aucune importance. *(Second silence.)*

MOI *(in petto)*. – Très bien, Davies ! Tu as raconté ta petite histoire exactement comme tu l'aurais racontée à qui que ce soit, si tu n'avais pas eu les preuves irrécusables d'un coup monté.

VON BRÜNING *(riant à gorge déployée)*. – Un autre petit verre ? *(Se tournant vers moi.)* Sur mon honneur, votre ami m'amuse. Impossible de lui faire filer une touée, comme nous disons. Je suppose que, réellement, il a eu un mal de chien à s'en tirer.

MOI. – Je crois qu'il aime mieux ça. L'autre jour il m'a fait passer la nuit derrière le Hohenhorn dans une bourrasque, disant que nous étions plus en sûreté que dans un port et que c'est plus sain.

VON BRÜNING. – Je me demande pourquoi il vous a amené ici hier ? C'était une bonne brise pour l'Angleterre, et pas très loin.

DAVIES. – Oui, mais pas de pilote à suivre.

MOI. – Ni de charmante fille non plus. *(Davies fronce le sourcil en me regardant. Je change la conversation.)* En plus nous avons perdu notre ancre et notre chaîne là-bas. *(Je m'accuse de mon péché.)*

VON BRÜNING *(indifférent)*. – Oh ! du moment qu'elle est balisée je vous engage à aller la ramasser le plus vite possible, ou d'autres le feront pour vous.

DAVIES *(déjà en mouvement)*. – C'est vrai, Carruthers. Il faut que nous partions avec cette marée.

MOI *(moitié par diplomatie, moitié parce que le luxe d'être à terre m'y retient)*. – Oh ! nous avons le temps. Ils sont honnêtes par ici, n'est-ce pas ? *(Je me vendais ; j'aurais voulu me couper la langue, mais ça y était. J'avais encore les mots sur les lèvres quand mon maraudeur de Wangeroog me revint à l'esprit et que je devinai que von Brüning voulait me tirer les vers du nez. Si le maraudeur était Grimm, il lui avait certainement raconté comment il m'avait échappé ; si nous n'en parlions pas franchement, notre interlocuteur nous suspecterait.)*

MOI *(prenant le taureau par les cornes et parlant rapidement avant que le commandant ne puisse répondre)*. – À propos, Davies, j'oubliais ce type, à Wangeroog. Comme dit le commandant, notre ancre a pu être volée.

(Davies me présenta un visage de bois.)

MOI *(m'adressant à von Brüning)*. – Je n'aurais jamais cru qu'il y avait des voleurs dans ces îles, mais l'autre nuit j'en ai presque pris un sur le fait. Il croyait le yacht vide. *(Description longue, minutieuse, spirituelle, de cette affaire.)*

VON BRÜNING *(amusé et excusant les habitants des îles)*. – Ce sont d'excellentes gens, mais ils sont nés voleurs.

Leurs ancêtres étaient des écumeurs de mer, et les enfants ont gardé une passion pour le pillage. Quand on a construit le phare de Wangeroog, ils ont envoyé au gouvernement une pétition pour avoir une compensation, et ceci parfaitement de bonne foi. La côte est bien éclairée maintenant et les naufrages sont rares, mais la vue d'un yacht échoué, dont les propriétaires sont à terre, rallume la vieille passion. Et dites-vous que quelqu'un a vu la balise de votre ancre.

(Cette allusion aux naufrages, était-ce encore pour me tâter? Impossible de deviner.)

MOI *(audacieusement, me souvenant que « de l'audace, toujours de l'audace » était le meilleur moyen).* – Est-ce qu'il n'y a pas un bateau avec un trésor, quelque part, plus loin, à l'ouest ? Nous en avons entendu parler à Wangeroog *(mon premier mensonge).* On m'a dit qu'une compagnie de sauvetage s'en occupait.

VON BRÜNING *(nullement embarrassé).* – Mais oui, c'est vrai. Ça ne m'étonne pas que vous en ayez entendu parler. C'est une des rares choses dont les gens d'ici aient à parler. C'est dans Juister Riff, un bas-fond près de Juist[1]. La *Corinne*, une frégate française à destination du Havre, venant de Hambourg, au temps où Napoléon était maître de Hambourg comme de Paris, sombra là, dans quatre brasses d'eau. La coque éclata et le trésor, un million et demi d'or en barres, assuré à Hambourg, est resté ensablé.

MOI. – Ne l'a-t-on jamais retrouvé ?

VON BRÜNING. – Les assureurs firent faillite, et ce fut votre compagnie d'assurances Lloyd's qui s'en empara. Elle en fut propriétaire jusqu'en 1875, mais les lingots n'ont jamais été retrouvés. Depuis, ces droits ont passé par plusieurs mains et, en 1886, une compagnie suédoise renfloua un tas d'épaves en se servant de tous les systèmes modernes, scaphandriers, dragues, etc., puis fit faillite. Ensuite deux

1. Voir carte B.

compagnies de Hambourg ont essayé et y ont perdu leur capital. Bien des vies y ont été sacrifiées et cela a coûté déjà probablement un million. Cependant les lingots d'or sont quelque part.

MOI. – Et qu'est-ce qu'on y fait maintenant ?

VON BRÜNING. – Dernièrement, il s'est formé une petite compagnie locale. Elle a un dépôt à Memmert et est très persévérante. Un ingénieur de Brême en a été le premier instigateur, et quelques personnes de Norderney et d'Emden ont pris des actions. À propos, notre ami Dollmann s'y intéresse vivement. *(La physionomie expressive de Davies devenait dangereuse.)*

MOI *(en riant)*. – Ne parlons pas de Dollmann. Il ne faut pas taquiner Davies. Mais tout ceci est très intéressant. Croyez-vous qu'on ne retrouvera jamais ces lingots ?

VON BRÜNING *(clignant de l'œil mystérieusement)*. – *That is the question.* C'est une entreprise très difficile, car le bateau étant absolument disloqué et l'or en étant la partie la plus pesante, il s'est naturellement le plus enfoncé dans le sable. On ne peut draguer avec succès que jusqu'à un certain point ; et quand les scaphandriers ont creusé des excavations dans les sables, il leur faut les étayer aussi bien qu'ils peuvent. Chaque coup de mer annule la moitié de leur travail, et un temps comme celui que nous avons depuis quinze jours démolit presque tout. Ce matin j'ai justement rencontré le contremaître qui se trouve ici. Il est complètement découragé.

MOI. – En tout cas, c'est une spéculation qui n'est pas terre à terre. Les actionnaires méritent l'intérêt de leur argent.

VON BRÜNING. – Oh ! j'espère bien qu'ils l'auront, car moi-même j'ai quelques actions.

MOI. – N'ai-je pas été indiscret, alors ?

VON BRÜNING. – Pas du tout, tout le monde sait ce que je viens de vous raconter. Mais vous comprendrez facilement qu'il faut y aller discrètement quant au résultat d'une telle spéculation. Nous risquons beaucoup. Il y a eu procès sur procès à ce propos. Ce n'est pas que je m'inquiète de mon argent ; même si je le perds, ce ne sera pas grand-chose, mais cela donne un intérêt à cette abominable côte. Quand je suis de ce côté-là, je vais quelquefois voir ce qu'il en est.

MOI *(avec conviction)*. – C'est en effet une abominable côte, mais vous ne le feriez jamais dire à Davies.

DAVIES. – C'est un endroit magnifique pour aller à la voile. *(Nous le taquinâmes encore un peu et je racontai notre croisière dans la Baltique et dans les estuaires. Von Brüning nous interrogea contradictoirement avec l'urbanité et l'habileté les plus parfaites. Rien de ce qu'il nous demanda ne pouvait nous offenser et nous ne pouvions que répondre franchement et ouvertement. Ainsi, jour par jour, incident par incident, se trouvèrent expliqués de la façon la plus naturelle du monde. À mesure que nous causions je m'étonnais vraiment du peu qu'il y avait à cacher, et j'étais extrêmement content d'avoir pris le parti d'être franc. Parlant facilement allemand, je dirigeais la conversation et Davies me suivait, mais sa personnalité était vraiment notre force. Je le compris parfaitement tout en surveillant les mille reflets passant sur ses traits expressifs et en le voyant lutter pour s'exprimer clairement, dans son abominable allemand, sur son dada favori. Étant lui-même, il imposait ses convictions.)*

VON BRÜNING. – Est-ce qu'il y en a beaucoup comme vous en Angleterre ?

DAVIES. – Comme moi ? Naturellement, des tas.

VON BRÜNING. – Je voudrais bien qu'il y en eût davantage en Allemagne. Ils jouent au yachting, ici, mais ce sont des yachtsmen de fantaisie.

(J'eus un léger accès de remords.)

DAVIES *(poliment)*. – Nous n'avons pas vu beaucoup de yachts.

(Pour ma part, je ne prétendis point ressembler à mon compagnon, et je ne pus m'empêcher de taquiner Davies sur ses goûts

simples et sur son genre de yachting. Davies supporta mes railleries, mais à son air je savais parfaitement qu'il ne m'avait pas pardonné mon allusion à « la charmante fille ».)

VON BRÜNING *(s'adressant à moi)*. – Vous parlez bien l'allemand.

MOI. – J'ai vécu en Allemagne.

VON BRÜNING. – Quelle est votre carrière, si je puis vous le demander ? *(Je fus sur le point de prendre n'importe quelle profession excepté la mienne, mais heureusement je me souvins de la lettre qui m'attendait à Norderney, que mon nom était connu, et que nous étions surveillés. La lettre pouvait avoir été ouverte.)*

MOI. – Je suis au ministère des Affaires étrangères.

VON BRÜNING. – Vraiment ! Au service du gouvernement ! Et quand faut-il que vous retourniez ?

MOI *(Deux théories contraires s'emparaient de mon cerveau, mais le contenu de la lettre qui m'attendait m'obligeait encore une fois à recourir à la vérité comme la voie la plus sûre.)* – Bientôt, je crois, dans huit jours à peu près. Mais j'attends une lettre à Norderney qui peut prolonger mes vacances. *(Souriant.)* Davies m'a dit que c'était une bonne adresse.

VON BRÜNING *(sèchement ; la plaisanterie avait cessé de l'amuser)*. – Naturellement. Mais vous n'avez pas beaucoup de temps alors, à moins que vous n'abandonniez votre capitaine. L'Angleterre est loin et la saison est bien avancée pour qu'un yacht entreprenne une telle traversée.

MOI *(me sentant poussé dans mes derniers retranchements)*. – Oh ! vous ne comprenez pas, lui n'est pas pressé, il a bien le temps. N'est-ce pas, Davies ?

DAVIES *(très simplement)*. – Oui.

MOI. – S'il faut que je le quitte, je ne lui manquerai guère – comme matelot du moins. Il continuera son petit bonhomme de chemin parmi les îles, échouant, se touant, et arrivera en Angleterre vers Noël.

VON BRÜNING *(gaiement)*. – Ou se servant du premier grain pour aller à Douvres.

MOI. – Peut-être. Comme vous voyez, nous ne sommes pas pressés, nous vivons au jour le jour, sans nous soucier du lendemain. Quant à traverser d'un seul coup jusqu'en Angleterre ? Je ne suis plus aussi poltron qu'au commencement, mais à cela je mets le holà.

VON BRÜNING. – Vous êtes de drôles de camarades ! Et vous, Herr Davies, qu'en pensez-vous ?

DAVIES *(nerveusement et perdant un peu la tête)*. – J'aime cette côte, et… nous désirons tuer quelques canards sauvages.

VON BRÜNING. – Quant aux canards sauvages, permettez-moi, messieurs, de vous donner un avis. On peut en trouver beaucoup, maintenant que le temps d'automne semble être établi – vous n'auriez pas eu l'occasion de tirer un coup de fusil en septembre, Herr Davies –, car je me souviens de vous en avoir déjà entendu parler la dernière fois que je vous ai vu. Mais, maintenant, il est encore tôt pour des amateurs. En plein hiver un enfant peut les prendre à la main, mais actuellement ils sont très farouches et il faut les traquer habilement. Il vous faut une plate du pays, et surtout un homme du pays (vous pourriez le fourrer dans votre gaillard). En plus, si réellement vous désirez chasser, je pourrais vous aider. Je pourrais vous trouver…

DAVIES *(bégayant)*. – Oh ! vous êtes trop aimable. Nous en trouverons facilement un nous-mêmes. Un homme s'est offert à Wangeroog…

VON BRÜNING *(l'interrompant avec un bon rire)*. – Ah, vraiment ! Ça ne m'étonne pas ! Vous ne connaissez pas les Frisiens. De braves gens, comme je vous l'ai dit, mais ils tiennent à leurs petits profits. On leur a retiré les sauvetages, ils s'accrochent de plus en plus à leurs canards qui leur rapportent plus que le poisson. Pour eux un étranger est un braconnier. Votre homme se serait probablement souvent trempé d'heure et d'endroit.

MOI. – Tu me l'avais déjà dit, Davies, qu'ils étaient

bizarres ! Écoute, c'est très aimable de la part du commandant, mais ne crois-tu pas qu'il vaudrait mieux, avant d'arranger quoi que ce soit pour la chasse, que j'aie reçu ma lettre ? Allons directement à Norderney, je verrai si j'ai une prolongation de vacances, et alors nous déciderons. Mais, vous reverrons-nous, commandant ?

VON BRÜNING. – Pourquoi pas ? Je vais vers l'ouest et vais probablement m'arrêter à Norderney. Vous viendrez à bord, n'est-ce pas, si vous êtes là ? J'aimerais vous faire visiter la *Blitz*.

DAVIES *(gêné)*. – Oh ! merci beaucoup.

MOI *(le plus chaleureusement possible)*. – Merci beaucoup.

VON BRÜNING. – Eh bien messieurs, il faut que je vous quitte. Je vais à Esens en voiture. Je retournerai à bord, avec la marée du soir, mais vous serez vous-mêmes occupés avec votre yacht. *(Cette entrevue était énigmatique, mais quel ne fut pas mon étonnement quand, en se dirigeant vers la porte, von Brüning me fit un signe. Nous laissâmes Davies sortir.)*

VON BRÜNING *(à voix basse)*. – Un mot, Herr Carruthers, et gardez-moi le secret. J'espère que vous n'allez pas croire que je me mêle de ce qui ne me regarde pas. C'est l'admiration que j'ai pour votre ami qui me fait parler. C'est à propos des Dollmann… Vous voyez ce qu'il en est ? Je ne le pousserais pas, si j'étais de vous, à les revoir.

MOI. – Merci bien, mais, réellement…

VON BRÜNING. – Vous comprenez à demi-mot. Herr Davies est un jeune homme hors ligne, mais… vous me comprenez bien… trop honnête et trop simple. Je vois que vous avez de l'influence sur lui ; encore une fois, si j'étais de vous j'en userais.

MOI. – Oh ! moi, j'y vais sans enthousiasme, je ne connais pas les Dollmann, mais *(ici le regardant droit dans les yeux)* je croyais qu'ils étaient vos amis.

VON BRÜNING *(haussant les épaules)*. – Je les connais… mais est-ce que je ne connais pas tout le monde ?

MOI *(à brûle-pourpoint)*. – Qu'est-ce qu'ils ont fait de mal ?

VON BRÜNING. – Doucement, doucement, Herr Carruthers. Souvenez-vous que si je parle c'est par simple amitié pour vous et votre ami, qui êtes jeunes et étrangers. Vous êtes un homme discret, sans cela je n'aurais pas parlé. Cependant j'ajoute que nous connaissons peu les origines et les antécédents de Dollmann. Il est à moitié suédois, je crois, certainement pas prussien. Il est arrivé à Norderney il y a trois ans ; il a l'air d'être riche et fait partie de plusieurs entreprises commerciales. Pas grand-chose à faire par ici, me direz-vous ? Si, il y a plus à faire que vous ne croyez : spéculations sur des terrains, etc., etc. Moyens déloyaux ? Oh ! non, il est parfaitement honnête... d'une certaine façon. C'est un drôle de type, un excentrique... et enfin... comme je vous l'ai dit, nous ne savons pas grand-chose de lui. C'est tout juste assez pour vous mettre sur vos gardes. Allons, venez.

MOI *(voyant qu'il était inutile d'insister)*. – Merci, j'en ferai mon profit.

VON BRÜNING *(me regardant bien en face et avec un grave sourire)*. – Et, si vous m'en croyez, ne mettez pas les pieds sur la *Médusa*.

MOI *(in petto et ne m'étant jamais senti si inexpérimenté)*. – Qu'est-ce qu'il sait et qu'est-ce qu'il veut dire ?

DAVIES *(que nous venions de rejoindre dehors)*. – Voilà ce que c'est que de venir dans un port comme celui-ci, nous pouvons y rester des semaines. Trop de vent pour que nous puissions remorquer le yacht avec le youyou, et un chenal trop étroit pour pouvoir louvoyer.

VON BRÜNING *(toujours obligeant)*. – Pourquoi n'y ai-je pas pensé plus tôt ? Je vous remorquerai avec ma chaloupe. Soyez prêts à six heures et demie. Il y aura assez d'eau alors, et mes hommes vous apporteront un câble.

(Les remerciements de Davies ne furent pas chauds, mais il était impossible de refuser.)

MOI. – Vous savez que c'est un principe chez lui de n'être jamais remorqué.

VON BRÜNING *(riant)*. – C'est bien comme lui. C'est entendu. À ce soir. *(Un dog-cart à la porte de l'auberge attendait von Brüning. Je le questionnai sur Esens et sur ce qu'il allait y faire. Esens paraissait être la ville principale du district, à quatre milles à l'intérieur des terres.)*

VON BRÜNING. – Il faut que j'y aille à propos d'un cas de braconnage... un chalutier hollandais pêchant dans nos eaux. C'est mon rôle, ici, vous savez... garder les côtes, surveiller les douanes et faire la police. *(Ces mots avaient-ils un double sens ?)*

MOI *(étourdiment)*.– Ne pincez-vous jamais d'Anglais ?

VON BRÜNING *(avec un petit salut à chacun de nous)*. – Oh ! très rarement ; vos compatriotes ne viennent pas jusqu'ici, excepté pour leur plaisir.

MOI *(riant)*. – Bensersiel, comme port de mer, il y a mieux !

VON BRÜNING. – Je crains que vous n'ayez un triste après-midi. Écoutez, je sais que vous ne pouvez pas laisser votre bateau seul et il est inutile d'inviter Herr Davies, mais vous, voulez-vous venir avec moi jusqu'à Esens, et voir une ville de la Frise, pour tâcher d'effacer la triste impression que ce pays vous a faite ? *(Je refusai, disant que je resterais avec Davies et que nous avions mille choses à préparer avant notre départ.)*

VON BRÜNING. – Alors, au revoir, à ce soir. Six heures trente, heure militaire.

(Le commandant sauta dans la voiture et disparut bientôt dans le lointain.)

CHAPITRE XVII

EXPLICATIONS SENTIMENTALES

– Crois-tu qu'il soit allé chercher la police ? me demanda Davies en bougonnant.

– Non, je ne crois pas, lui répondis-je. Mais dépêchons-nous de rentrer à bord avant que ce type, l'officier des douanes, ne nous rencontre.

Une rangée de Frisiens, un peu moins longue, était toujours à contempler la *Dulcibella*. On voyait l'ami Grimm fumant sur son gaillard d'avant.

Ma première parole, quand nous arrivâmes dans la cabine, fut :

– Où est Memmert, exactement ?

Davies me jeta la carte en me disant : « Là[1] », puis s'étendit de tout son long sur un sofa.

Un grand banc de sable appelé Nordland se trouve au sud de Juist. Il se termine dans le delta de l'Ems. Son bord extrême, à l'ouest, reste toujours découvert, même pendant les plus hautes marées. Il en résulte qu'une petite île en forme de C, longue de presque deux milles mais large seulement de cent cinquante mètres, d'aspect curieusement symétrique, excepté à un endroit où elle s'élargit jusqu'à

1. Voir carte B.

un quart de mille, se trouve là. La carte marine anglaise n'indique qu'une balise au sud de l'île, tandis que la carte allemande indique un bâtiment à l'endroit où l'île s'élargit. C'était évidemment le dépôt de la compagnie. Les avantages que présentait ce site désolé se comprennent facilement. C'était plus isolé encore que l'isolation habituelle de ces régions ; mais en même temps c'était à distance facile du bateau sombré, qui, comme on nous l'avait dit, avait coulé à deux milles en mer dans le Juister Riff. Enfin on peut y accéder quel que soit le moment de la marée.

Après avoir étudié la carte, je pris mon calepin et essayai de transcrire la conversation que nous avions eue à l'auberge. Malgré tous mes efforts pour faire parler Davies, je n'y parvins pas. Il restait étendu sur son sofa, les sourcils froncés. Ce silence devenant absurde, je me décidai à faire le premier pas.

– Davies, je suis désolé de t'avoir taquiné à propos de Fräulein Dollmann. (Pas de réponse.) Tu as bien vu que je n'ai pu faire autrement ?

– Si au moins nous n'étions jamais venus ici, me répondit-il d'une voix dure. Voilà ce que c'est que de descendre à terre, on ne devrait jamais le faire. Nous voilà maintenant surveillés, déplacés, conduits comme des touristes de Cook ! Je n'ai pas pu suivre toutes tes subtilités, trop fortes pour moi… mais *ça*, ça m'a blessé…

– Voyons, lui dis-je, j'ai fait de mon mieux. C'est toi qui as tout embrouillé. Pourquoi t'es-tu lancé dans les canards ?

– Nous aurions pu nous débrouiller de cela. Et toi, pourquoi t'es-tu lancé dans toutes ces imbécillités : ta lettre… les Affaires étrangères, le *Kormoran*, le naufrage, les D… ?

– Vraiment, Davies, tu es fou ! Tu n'as pas vu que toutes les questions de von Brüning étaient posées avec l'intention de me faire me trahir ? J'ai bien été obligé de suivre la conversation, et il me semble que, somme toute, nous nous en sommes fort bien tirés.

Davies ne voulait rien entendre. Il reprit :

– C'était déjà bien assez d'avoir parlé des chenaux et de nos explorations…

– Mais toi-même, tu étais d'accord là-dessus.

– J'ai cédé, nous ne pourrons plus rien explorer maintenant.

– Mais il y a cette épave, à Memmert.

– Oh ! que cette épave aille au diable. C'est pour nous dépister. Sans ça il n'en aurait pas parlé. Et tous ces chenaux…

– Oh ! que tes chenaux aillent au diable. Je sais bien que tu voulais que nous soyons libres, mais il faut bien que nous allions à Norderney un jour ou l'autre, et si Dollmann est parti…

– Et pourquoi as-tu parlé de Mlle Dollmann ? fit Davies.

Enfin, malgré toutes ses récriminations, il était revenu à son point de départ. Je savais que Davies ne redeviendrait lui-même que quand il se serait expliqué sur ce point.

– Écoute, lui dis-je. Tu m'as fait venir ici pour t'aider, parce que – c'est toi qui l'as dit – je suis habile, que je parle bien allemand et… que j'aime le yachting… Mais aussitôt que tu as réellement besoin de moi, tu me tournes le dos.

– Oh ! ce n'est pas cela que je voulais dire vraiment, fit Davies ; excuse-moi. Je suis embêté.

– Je le sais bien ; mais c'est ta faute. Tu n'as pas joué franc jeu avec moi. Il y a dans toute cette histoire une complication que nous n'avons jamais éclaircie. Je n'ai pas voulu te forcer parce que je croyais que tu parlerais de toi-même.

– C'est vrai, fit Davies, j'aurais dû parler.

– Eh bien ! tu vois le résultat. On nous a forcé la main. C'était de la folie de ne pas parler de Dollmann, c'était de la folie de dire qu'il avait essayé de te noyer. L'histoire que nous étions convenus de raconter était la meilleure et la plus sûre, et tu l'as dite admirablement. Mais j'ai eu à parler de la jeune fille pour deux raisons : *primo*, parce que quand on a parlé des Dollmann tu as eu l'air si embarrassé qu'il fallait sauver la situation ; *secondo*, parce que ton histoire, bien qu'elle soit la moins dangereuse, ne pouvait manquer d'éveiller les soupçons de von Brüning. D'après tes propres mots, Dollmann ne t'a pas bien traité, disons qu'il a agi peu courtoisement, bien que tu prétendes ne pas t'en être aperçu. Il fallait trouver un motif pour empêcher von Brüning de tirer des conclusions et pour t'inviter à retourner chez les Dollmann de façon amicale. Je trouvai un expédient, ou plutôt je ne fis qu'insister sur la raison à laquelle le commandant pensait.

– Et pourquoi les rencontrer, après tout ? s'écria Davies.

– Oh ! voyons.

– Mais ne comprends-tu pas dans quelle impasse je me trouve ? Quel *cad*[1] je suis, quand j'y pense !

Je le voyais parfaitement et je me sentais un cad moi-même. Mais en même temps je sentais aussi tout le ridicule de cette impasse. Nous ressemblions aux personnages d'une de ces pièces ennuyeuses où l'imbroglio est si soigneusement fabriqué que le public s'ennuie trop pour attendre le dénouement.

– Je suis désolé, lui dis-je, mais pourquoi ne m'as-tu pas dit toute la vérité ? Voyons, dis-la-moi maintenant. Juste les faits, je déteste la sentimentalité autant que toi.

– J'ai beaucoup de mal à parler, répondit Davies, surtout sur ces choses-là.

J'attendis un instant. Davies reprit :

– Elle m'a plu… énormément.

Nos yeux se rencontrèrent, et ce regard remplaça tous les discours, comme il convient à deux hommes de notre race flegmatique.

1. Mot anglais signifiant à peu près « goujat ».

– Et elle... est complètement en dehors de lui. C'était la raison de mon indécision, continua-t-il rapidement. Je ne t'en ai dit que la moitié à Schlei. Je sais que j'aurais dû te parler à cœur ouvert et te demander ton avis. Mais j'ai laissé fuir l'occasion. J'avais espéré tout le temps que nous aurions trouvé ce que nous cherchons et gagné la partie sans être obligés de les rencontrer à nouveau.

– Et cependant, lui répondis-je, tu savais tout le temps ce qui pouvait arriver. Et à Schlei, n'as-tu pas parlé de régler son compte à Dollmann ?

– C'est vrai. Quand je pense à lui, je perds la tête, au point d'oublier sa fille.

– À laquelle tu as pensé plus que jamais à Brunsbüttel ? (Je me souvins des nouvelles que nous y avions reçues.)

– Oui.

– Écoute, Davies, il faut tout me dire. Je vais te parler franchement, mon vieux. Es-tu sûr que tu ne te trompes pas sur elle ? Tu m'as dit, et j'en suis convaincu comme toi, que Dollmann est un traître et un assassin.

– Oh ! fit Davies avec impatience, au diable l'assassinat ! Qu'est-ce que ça peut bien faire ?

– Très bien, mettons traître. Mais alors, en ce cas, je soupçonne sa fille. Oh ! laisse-moi finir. Au moins elle t'a encouragé – tu me l'as dit toi-même – à faire cette traversée avec eux.

– Tais-toi, Carruthers, me dit Davies avec fermeté. Je sais que ton intention est bonne, mais c'est inutile. J'ai confiance en elle.

Je réfléchis un instant.

– Alors, dis-je lentement, j'ai une proposition à te faire. Quand nous allons pouvoir sortir d'ici, mettons immédiatement la voile sur l'Angleterre. (Ah ! commandant von Brüning, vous ne pourrez pas dire que je n'ai pas suivi votre conseil.)

– Non, s'écria Davies, sautant en l'air et me regardant en

face. Non, j'aimerais mieux mourir que de partir comme ça. Pense, pense à ce traître... qui complote avec les Allemands. Seigneur!

– Très bien! répliquai-je. Je suis de ton avis, il faut continuer notre recherche. Mais regardons alors les choses en face. Si nous démasquons Dollmann, nous ne pouvons le faire qu'en lui faisant du mal, à elle.

– N'y a-t-il pas moyen de faire autrement?

– Mais non, impossible; réfléchis, Davies, aie du courage. Il est absurde d'espérer que nous ne les reverrons pas. Il y a neuf chances sur dix que nous y soyons obligés pour réussir. La raison de nos soupçons est l'essai qu'il a fait de te noyer. Et nous ne savons même pas absolument *qui* il est. Je sais que maintenant nous ne pouvons faire autrement que d'aller directement à Norderney, mais même si nous n'y allions pas, quel avantage aurions-nous à continuer nos explorations? Il est vrai que nous sommes surveillés, pour ne pas dire filés, et cela nous enlève les neuf dixièmes de notre force. Les chenaux? Ils existent, mais crois-tu qu'ils nous les laisseront apprendre par cœur, s'ils ont une importance capitale, même si on ne nous croit que de simples yachtsmen? Et sérieusement, à part leur valeur en temps de guerre, que je reconnais, sont-ils la raison d'être de cette affaire? Nous en causerons tout à l'heure. Le point à élucider est : que ferons-nous si nous rencontrons les Dollmann?

Je pouvais voir la sueur d'angoisse sur le front de Davies. Je me sentais vraiment un tortionnaire, mais il me fallait continuer.

– Si tu l'accuses d'avoir voulu te tuer, notre enquête n'a plus de raison d'être. Il faut que nous le revoyions comme un ami, il faut que tu racontes l'histoire que tu nous as racontée tantôt et courir le risque qu'il l'accepte. S'il la croit, tout va bien; s'il ne la croit pas, il n'osera pas le dire et nous avons des atouts dans notre jeu. Nous gagnons du temps, et nous le tenons – si nos relations sont amicales.

Davies tressaillit, mais je continuai implacablement :

– Amicales avec *eux deux*, naturellement. Avant tu as été très aimable, elle te plaisait beaucoup… il faut que rien ne soit changé.

– Oh ! tais-toi. Cesse ta logique infernale.

– Abandonnons tout alors et retournons en Angleterre.

Pas de réponse. Je repris :

– Pour dire vrai, elle te plaît toujours, énormément.

Enfin, j'avais touché juste.

– Sapristi, Carruthers, qu'est-ce que tu dis ? Tu veux que je me serve d'elle, que parce qu'*elle me plaît* j'en tire quelque chose… Grand Dieu !… qu'est-ce que tu veux dire ?

– Non, non, je ne suis pas un tel cad, ou si ignorant de toi. Si elle ne sait rien du passé de son père et qu'elle t'aime, et que tu l'aimes… toi étant qui tu es, mais mon ami, rends-toi compte des choses, réalise-les ! Non, ce que je veux dire est ceci : est-elle, peut-elle être ce que tu la crois ? Représente-toi la situation de Dollmann si nous avons deviné juste. La créature la plus vile sur terre, avec un passé déshonorant pour en être arrivé à entrer au service de l'Allemagne. Je ne veux pas te faire souffrir davantage.

Il était cruel de le voir aux prises avec ces deux passions contraires : l'amour et le patriotisme. Souvenez-vous cependant que le patriotisme était sa raison de vivre et que l'occasion de servir son pays allait pouvoir se présenter. Sa résolution était déjà prise.

– Il faut que nous continuions, dit-il lentement. Nous n'y pouvons rien. C'est tout.

– Et tu crois en elle ?

– Je me souviendrai de tout ce que tu as dit. Nous pourrons peut-être nous en tirer autrement, et si tu veux bien, parlons d'autre chose. Que dis-tu à propos du trésor enfoui dans les sables ?

Davies, par un violent effort, essayait de penser à un autre sujet; je fis de même.

En tout cas nous savions où nous en étions, nous étions amis. Il ne nous restait plus qu'à lutter avec le principal problème vu sous le jour indiqué par notre conversation du matin.

Nous pesâmes, Davies et moi, mot par mot, cette interview critique. Davies n'avait compris qu'imparfaitement ce qui ne l'avait pas touché personnellement. En me remémorant toutes les paroles de von Brüning, je compris avec quelle intelligence il avait dirigé la conversation afin que ses paroles puissent s'appliquer à deux éventualités. Si nous n'étions que des voyageurs inoffensifs, il était l'hôte affable, bavard et hospitalier; si nous étions des espions, sa tactique était tout aussi applicable. Il nous avait peut-être dépistés, avec une candeur apparente, ne nous cachant rien de ce qu'il savait que nous pouvions découvrir tout seuls et s'arrangeant de façon à contrôler nos mouvements. S'il ne nous prenait que pour des amateurs jouant un jeu périlleux, il nous avait mis sur nos gardes afin que nous puissions le délaisser. D'un autre côté, c'est nous qui l'avions déçu, dans la version que Davies avait donnée de son échouage au Hohenhorn. Malgré son inscrutabilité, notre questionneur nous avait laissés voir non seulement que c'était la première fois qu'il entendait parler de cet incident, mais qu'aussi il se doutait de sa signification sinistre. Un petit contre-interrogatoire poussé aurait fatalement ruiné l'histoire de Davies; mais c'est là qu'était notre force, il n'osait pas nous y soumettre, craignant de suggérer à Davies des soupçons qu'il pouvait parfaitement ne jamais avoir eus. Vraiment je crus avoir discerné cette crainte dans toute son attitude envers nous. Pour ma part, elle renforça la conviction que j'avais toujours eue depuis la visite furtive de Grimm dans la nuit, c'est-à-dire que le secret de cette côte était d'une nature si importante et si délicate que, plutôt que d'attirer dessus l'attention, une action ouverte contre des curieux ne serait prise qu'en dernier ressort et que sur des preuves irréfutables d'intentions criminelles.

Je retourne maintenant à mes deux théories, toutes deux assez ambiguës. Je donnais libre cours à mon imagination en étudiant la carte marine, et l'une d'elles, que j'appellerai l'idée de Memmert, grandit et se précisa d'instant en instant. Il est vrai que tous les renseignements sur l'épave française étaient à notre disposition. Von Brüning n'avait été que trop prêt à nous les communiquer, mais je me dis que cette information était calculée pour étouffer nos soupçons puisqu'il s'était rendu compte que nous l'avions déjà associé, en pensée, avec Dollmann, peut-être avec Grimm, et qu'il était plus que probable que dans la suite nous apprendrions que le trio avait des intérêts communs à Memmert. Voilà pour l'effet produit. Quant à la construction qu'il désirait que nous échafaudions dessus, j'avais la certitude qu'elle était fausse. Il voulait nous donner l'impression que le trésor enfoui était la raison du mystère que nous avions peut-être flairé. Je ne sais pas si le lecteur apprécie l'astuce de cette suggestion : le secret au point de vue pécuniaire à cause de la somme d'argent mise en jeu, et de l'irrégularité dans les polices d'assurance qui, il avait bien eu soin de nous le dire, étaient passées par des mains anglaises. Ce qu'il voulait nous faire comprendre était ceci : « Ne vous étonnez pas si on s'introduit chez vous la nuit ; les Anglais qui traînent sur cette côte peuvent être pris pour des agents de la Lloyd's. » Une insinuation ingénieuse qui, au moment où elle fut lancée, m'avait fait contempler une solution beaucoup plus prosaïque mais que je répudiais entièrement maintenant. En réalité le trésor enfoui expliquait tout ou rien, tant que nous nous en tenions à notre conviction fondamentale, celle que Davies avait été attiré dans un piège dangereux en septembre. En ce cas Memmert n'expliquait rien.

Qu'était-ce alors ? Au début, la situation de Memmert attira mon attention sur l'estuaire de l'Ems[1]. Nous avions plutôt négligé l'Ems dans tous nos calculs, car, comparé aux trois autres grands estuaires qui sont le chemin de Hambourg, Bremerhaven et Wilhelmshaven, l'Ems ne dessert que des villes de seconde classe. Cependant l'Ems, pris seul, a une grande importance. Emden est un port florissant et toujours croissant. Le fleuve est navigable pour des bateaux de faible tirant d'eau assez loin dans l'intérieur, où, aidé par des tributaires et des canaux (spécialement le canal de l'Ems au Rhin à Dortmund), il dessert un grand district. Stratégiquement il y avait encore beaucoup moins de raisons pour le laisser de côté. L'Ems est une des barrières maritimes de l'Allemagne ; c'est sa barrière la plus occidentale, la plus proche de la Grande-Bretagne et de la France, contiguë à la Hollande. Son grand delta, en forme de fourche, offre deux grandes brèches dans ce rempart singulier d'îlots et de bas-fonds qui masquent le littoral allemand, un littoral si petit en proportion de l'étendue de l'empire, que, comme Davies avait l'habitude de le dire, chaque pouce de cette côte est important. Des vaisseaux de guerre pourraient forcer ces brèches et ainsi menacer la terre ferme à un de ses rares points vulnérables. Les vaisseaux de guerre, même les plus lourds, pourraient approcher suffisamment de la terre ferme pour la bombarder ; des croiseurs et des transports militaires pourraient pénétrer jusqu'à la hauteur d'Emden même. Emden, comme Davies me l'avait souvent fait remarquer, est relié à Wilhelmshaven, sur la Jade, par un canal stratégique capable de transporter des canonnières aussi bien que des vaisseaux marchands.

Memmert fait partie du rempart extérieur. La pointe ouest de l'îlot commande directement la brèche est du

1. Voir carte B.

fleuve. Elle est sûrement en rapport avec la défense de cette brèche. Aucune base n'aurait pu être mieux imaginée ; isolée tout en étant abritée, accessible, bien meilleure que Juist et Borkum. Et, supposant qu'il était nécessaire de voiler la nature des transactions qui se faisaient là, quel prétexte excellent que celui offert par la *Corinne* naufragée et ses millions d'or ensablés !

Sur Memmert se trouvait le dépôt. Des travaux de sauvetage, avec les dragues et les scaphandriers, offraient précisément le déguisement nécessaire. C'était sous-marin et c'est ainsi que sont quelques-unes des défenses les plus importantes des ports, mines, torpilles automotrices. Tous les détails de l'histoire étaient suggestifs : la petite « compagnie locale » ; « l'ingénieur de Brême » – qui pouvait-il bien être ? Les quelques actions de von Brüning suffisaient à expliquer ses visites. Quant aux provisions et au matériel, tout venait de Wilhemshaven, un arsenal.

J'essayai d'exciter l'imagination de Davies ; impossible.

– Pourquoi l'Ems et pas l'Elbe ? me demanda-t-il.

– Peut-être, répliquai-je, que l'Elbe cache des mystères analogues. L'île de Neuerk pourrait bien être un autre Memmert. Quand nous avons croisé dans cette région nous n'avons rien remarqué, étant absorbés dans notre théorie préconçue. Et puis, il ne faut pas que nous nous donnions trop d'importance. Nous sommes des amateurs, non des experts en travaux militaires. Serons-nous capables, comme amateurs, de nous servir des quelques renseignements que nous avons pour reconnaître les travaux de défense en question ?

Davies, je le sais, en doutait très fortement, et c'est pourquoi, je crois, il manquait d'enthousiasme pour la théorie de Memmert. Il s'attachait plus obstinément que jamais à sa théorie des chenaux, se rendant compte que c'était la seule occasion pour lui de rendre un service quelconque, avec les dons spéciaux qu'il avait pour la navigation sur des bas-fonds et à travers des bancs de sable. Il dit cependant que sa théorie lui semblait moins clairement définie pour l'instant, car si la connaissance de la côte était un crime il y aurait eu bien des chances pour que nous ayons été arrêtés immédiatement.

– Et cependant, persistait-il, je suis sûr qu'ils servent à quelque chose dans la défense.

CHAPITRE XVIII

SOUS L'AILE DE L'AIGLE

Le conseil réitéré de von Brüning, celui d'aller rechercher notre ancre le plus vite possible, avait fini par me donner l'idée qu'il désirait nous voir partir de Bensersiel et de la terre ferme. Cette idée me revint avec plus de force quand le commandant nous offrit de nous remorquer le soir, et elle prit complètement possession de mon cerveau quand je lui posai des questions sur l'affaire qui l'amenait à terre. À cet instant je me dis que sa visite à Bensersiel n'avait peut-être pas seulement pour but d'inspecter l'équipage de la *Dulcibella*. Puis vint son explication parfaitement franche (avec sa double entente sinistre pour nous), doublée de son offre pour la promenade en voiture à Esens. Mais je flairai immédiatement la ruse, non pas que je le crusse capable de me faire arrêter à Esens, mais s'il y avait là quelque chose que nous deux pouvions découvrir pendant les quelques heures qui nous restaient, c'était un moyen ingénieux d'enlever le plus observateur des deux jusqu'à notre départ.

Davies se moqua de moi, mais je crus imprudent de négliger la moindre occasion. Il était déjà trois heures et j'émis l'opinion que nous devrions terminer notre conseil de guerre au grand air. Nous enfilâmes nos suroîts et sortîmes.

Le ciel s'était obscurci, ce n'était plus qu'une coupole de plomb. Le vent nous envoyait à la face une pluie fine et froide. On entendait le murmure de la marée montante sur les sables extérieurs, mais le petit port était encore bien au-dessus du flot. La *Dulcibella* et les autres bateaux paraissaient accroupis sur une couche de vase noire. Pas une âme sur le quai; mais sur le panneau d'avant du *Kormoran* on apercevait le sommet d'un suroît noir et la fumée sortant d'une pipe.

Je me dis en moi-même : « Je voudrais bien voir ta cargaison, mon bonhomme. »

Nous regardâmes Bensersiel en silence.

– Il ne peut rien y avoir là, dis-je.

– Que peut-il y avoir ici? fit Davies.

– Cette digue! m'écriai-je, comme inspiré.

Du quai nous pouvions voir tout le long de la côte, qui est endiguée, comme je l'ai déjà dit. La digue était là, exactement semblable, bien que plus petite, à celles qui bordent l'Elbe à Cuxhaven et par-dessus lesquelles nous avions aperçu les gueules des canons.

– Dis donc, Davies, crois-tu que cette côte pourrait être envahie? Je veux dire ici même, derrière ces îles?

Davies secoua la tête.

– J'y ai bien pensé, répondit-il, mais c'est impossible. C'est peut-être le seul endroit où un débarquement est impossible. Aucun transport ne pourrait venir plus près qu'à l'endroit où la *Blitz* est ancrée, à quatre milles au large.

– Tu dis cependant que chaque pouce de cette côte est important?

– Oui, mais c'est de l'eau que je veux parler.

– Eh bien! allons inspecter cette digue.

L'inspection me prouva qu'elle n'était qu'une simple digue comme celles d'Essex et de Hollande.

Personne ne sembla accorder la moindre attention à nos allées et venues.

Tout en marchant nous discutâmes la dernière question : « Qu'allons-nous faire ? » La réponse était difficile. Nous quittions Bensersiel le soir même – à moins que la police d'Esens ne fasse son entrée en scène – et nous étions obligés d'aller droit à Norderney.

À Norderney j'étais lié par ma lettre. Si elle avait été ouverte et m'ordonnait de repartir pour l'Angleterre, je n'avais plus qu'une semaine devant moi, car si je restais, j'exciterais les soupçons. Dollmann, selon von Brüning, était en voyage, mais « allait probablement bientôt revenir ». Oui, mais quand ? Après Norderney il y avait Memmert. Comment deviner son secret ? La vue du *Kormoran*, dont l'équipage se préparait à prendre la mer, éteignit beaucoup mon ardeur. J'étais mortifié et me sentais presque impotent, car enfin nous n'étions, après tout, que des protégés de von Brüning filés par Grimm. Il était peu probable qu'à eux deux ils nous laissent agir. La marée pénétrait dans le port et de nouveau tout Bensersiel, dominé par Herr Schenkel, descendit sur le quai. La chaloupe du commandant était déjà à flot, et ses marins à leur poste. Quand on sut que nous aussi nous repartions, et avec une escorte si distinguée, l'intérêt fut à son comble.

De nouveau l'officier des douanes nous fit signer des papiers, pendant qu'une poignée de Frisiens, dirigés par les jumeaux géants, encombraient notre pont, hissant les voiles à leur façon. De nouveau nous fûmes entraînés à l'auberge et accablés d'avis, de conseils et de toasts d'adieux. Enfin nous retournâmes et trouvâmes la *Dulcibella* à flot et von Brüning descendant d'une voiture, jurant contre le temps et la boue, taquinant Davies, plus aimable et plus débonnaire que jamais.

– Serrez-moi cette grand-voile, vous n'en aurez pas besoin, dit-il. Je vais vous remorquer jusqu'à Spiekeroog. Avec ce vent c'est votre seul ancrage possible pour la nuit, sous l'île, près de la *Blitz*.

C'était si vrai que les timides protestations de Davies furent balayées par un torrent de plaisanteries.

– Maintenant que j'y pense, ajouta le commandant, je vais faire la traversée avec vous si vous me le permettez. Ce sera beaucoup plus agréable et beaucoup moins humide.

Nous montâmes tous trois à bord de la *Dulcibella*, notre remorque fut attachée, et à six heures et demie nous partîmes au milieu d'une démonstration qui n'aurait pu être plus cordiale si nous avions été des ambassadeurs visitant une puissance amie. Nous mîmes plus d'une heure à couvrir les cinq milles jusqu'à Spiekeroog. La *Dulcibella* était une lourde charge à remorquer, avec un fort vent debout, et bien que Davies ne dît rien il montrait ingénument son peu de confiance dans la capacité de notre remorqueur. Une fois même il me confia la barre et se mit à parer le yacht comme si nous allions être obligés de jeter l'ancre à tout moment. Notre hôte s'amusait beaucoup. J'essayai en vain de le faire descendre dans la cabine. Il refusa, sous prétexte que Davies ne pourrait résister à la tentation de couper la remorque et de nous faire passer la nuit sur un banc de sable – tout à fait sans danger. Davies ne sourcilla pas. Quand il eut mis chaque cordage à sa place, il reprit la barre, les yeux fixés sur la chaloupe. J'apportai des cigares et, von Brüning et moi, nous nous assîmes le regardant, tournant le dos au vent et à l'écume. C'est ainsi que nous fîmes le reste de la traversée, von Brüning alternativement criant une plaisanterie à Davies et me causant de façon charmante et spirituelle, avec juste cette pointe de protection que la disparité de nos âges permettait, sur mon séjour en Allemagne, sur les endroits, les gens, les livres que je connaissais ; sur la vie en général, et en particulier sur la vie des jeunes gens en Angleterre, pays qu'il ne connaissait pas mais où il espérait aller. J'essayais, avec difficulté, de répondre sur le même ton. Plus nous nous éloignions de la terre, plus je me sentais incapable de rien faire, et le peu de jugement et d'adresse que je possédais paraissait s'évanouir. Davies, comme je le savais si bien, éprouvait exactement l'impression contraire. Son visage reflétait cette expression de contentement résolu que je lui avais vue pendant la nuit de notre traversée de Kiel à Schlei Fjord. Dieu sait cependant qu'il avait d'autres raisons que moi d'être inquiet, lui qui était l'âme de cette aventure et pour qui elle était tout sur terre. Mais le vent salé balayait toutes ses perplexités. Il semblait tirer confiance et conseil de cette source d'inspiration infaillible pour lui : la mer.

– Comme il a l'air heureux, remarqua le commandant.

Je répondis par un grognement, car cette remarque m'irrita.

– Et vous vous souviendrez de ce que je vous ai dit, ajouta-t-il, me parlant à l'oreille.

– Oui, répondis-je. Mais je voudrais bien la voir. Comment est-elle ?

– Dangereuse.

Je le crus facilement.

Une minute après, l'ancre éclaboussait l'eau en tombant et notre passager nous faisait ses adieux.

–Vous êtes assez en sûreté ici. Demain matin, en dix minutes vous pourrez retrouver votre ancre, si elle est encore là. Puis il y a une bonne brise ouest… pour l'Angleterre si vous voulez. Si vous décidez de rester un peu plus longtemps, et que je sois près de vous, comptez sur moi pour vous aider en quoi que ce soit.

Nous le remerciâmes et échangeâmes une poignée de main, puis il sauta dans sa chaloupe.

– En tout cas, c'est un type épatant, dit Davies.

J'étais absolument du même avis.

Notre petite vie vigilante recommença immédiatement. Nous tirâmes des plans et restâmes sur le pont jusqu'à minuit. Le temps se remit au beau et les étoiles apparurent.

Le baromètre remontait et nous descendîmes dormir, pour ainsi dire, sous l'aile de l'aigle impériale.

– Davies, criai-je de ma couchette, Norderney n'est qu'à un jour d'ici, n'est-ce pas ?

– Moins que cela, avec une bonne brise et si nous allons directement par l'extérieur des îles.

– Très bien, alors c'est entendu, nous y allons demain.

– Je crois que c'est ce que nous avons de mieux à faire. Mais il faut d'abord retrouver notre ancre. Bonne nuit.

CHAPITRE XIX

LE RUBICON

Le lendemain, à l'aube, le baromètre montait toujours et le vent n'était plus qu'une petite brise venant du nord-est. Nos voiles mouillées et rétrécies nous aidèrent peu pendant la traversée jusqu'à Langeoog. « Des brouillards et des calmes », pronostiqua Davies. En passant près de la *Blitz* nous vîmes qu'elle appareillait pour la haute mer. Nous l'aperçûmes bientôt traversant la barre, puis elle tourna vers l'ouest et se perdit dans la brume vaporeuse du matin. Je ne dirai pas comment nous trouvâmes la minuscule balise de notre ancre, mais simplement que le monstre rouillé remonta à bord plus répugnant que jamais après son long séjour dans la vase.

– Maintenant, fit Davies, nous pourrons aller où nous voulons.

– Alors, c'est Norderney, n'est-ce pas ? C'est entendu depuis hier.

– Oui, il faut y aller probablement. Mais je me demandais si, après tout, ce ne serait pas plus court de passer par les chenaux entre les îles et la terre.

– Sûrement non, lui répliquai-je. Nous avons maintenant la marée descendante et on n'y voit pas trop.

– All right, allons par le large. Pare à virer !

Nous mîmes le cap sur la mer du Nord et Davies soupira :

– Quel malheur de ne pouvoir explorer ces chenaux, justement pendant que le *Kormoran* ne peut nous surveiller !

La galiote n'avait pas donné signe de vie ce jour-là. Je m'occupai avec la sonde, trouvant inutile de rouvrir la discussion, mais j'étais certain que Grimm, sa mission à terre étant terminée, avait repris le chemin le plus court vers Norderney et Memmert.

Comme Davies l'avait sagement prévu, la brise ne devint plus qu'un faible courant d'air ; nous mîmes un temps infini à couvrir la longueur de Langeoog et à arriver derrière Baltrum. Nous y arrivâmes à la nuit tombante et jetâmes l'ancre. Pendant l'après-midi le brouillard s'était levé, mais il n'y avait pas dix minutes que nous avions jeté l'ancre qu'un brouillard blanc et épais à couper au couteau, venant du large, nous enveloppa. Davies était déjà dans le youyou et j'eus à sonner la trompe de brume pour le ramener à bord.

Le brouillard ne se leva que le 20 au matin, et fut presque entièrement balayé par une risée ventant du sud, à huit heures, juste à temps pour que nous puissions traverser le chenal balisé derrière Baltrum et avant que la marée ne découvre le versant.

– Nous n'irons pas vite aujourd'hui, dit Davies philosophiquement. Et ce temps peut durer indéfiniment.

Ce jour-là, nous prîmes la route intérieure, c'est-à-dire les chenaux entre les îles et la terre. Ces passages sont les plus compliqués de tous. Je ne fis que sonder tout le temps et lancer l'ancre à touer une fois, car naturellement nous échouâmes. Cependant vers quatorze heures le brouillard se leva suffisamment pour que je puisse apercevoir quelques collines sablonneuses, exactement pareilles à des centaines d'autres vues précédemment. Mais celles-ci avaient pour moi un intérêt spécial et unique.

– Voilà Norderney, fit Davies.

Puis je répondis à un ordre en mettant la barre dessous. Nous tirâmes une ou deux bordées, car maintenant nous avions le vent debout. Davies me demanda tout à coup :

– Y a-t-il un bateau, droit devant nous ?

– Tu veux dire cette galiote ? Crois-tu que ce soit le *Kormoran* ? ajoutai-je, car à un demi-mille environ j'aperçus une de ces embarcations familières.

Davies ne répondit rien, mais ne fit guère attention à ce qu'il faisait. Il n'entendit point la hauteur d'eau que je lui criai et nous touchâmes. Le courant nous emporta heureusement, nous empêchant d'échouer. Puis de nouveau, à brûle-pourpoint, Davies cria : « Pare à mouiller ! » Nous jetâmes l'ancre à mi-courant de la crique étroite dans laquelle nous étions entrés. Je soulageai le point d'amure de grand-voile, et serrai les focs tout seul. Quand j'eus fini, je vis Davies toujours à regarder fixement du côté du vent avec sa jumelle. À mon grand étonnement, je remarquai que ses mains tremblaient violemment. Je ne l'avais jamais vu trembler, même quand un faux mouvement du poignet pouvait signifier la mort sur un banc de sable battu par les brisants.

– Davies, appelai-je, qu'est-ce que tu as ? As-tu froid ?

– Ce petit bateau…, me répondit-il.

Je regardai dans la même direction et je vis un point blanc au loin.

– Un petit bourcet fixe et une flèche : c'est bien elle ; oui, c'est bien elle, fit Davies en une sorte de bégaiement nerveux, se parlant à lui-même.

– Qui ? Quoi ?

– La yole de la *Médusa*.

Il me lança la jumelle, les yeux toujours fixés sur le point blanc.

– Dollmann ? m'écriai-je.

– Non, sa yole à *elle*, celle dont elle se sert toujours. Elle vient me… nous voir.

À travers la jumelle le point blanc devint une gracieuse

petite voile. Un angle de la crique cachait la coque, mais bientôt je pus la voir. Quelqu'un à l'arrière gouvernait. Homme ou femme? Impossible à dire, car la voile cachait presque toute la personne. Pendant deux minutes qui me parurent des siècles nous la regardâmes approcher, sans dire un mot. L'air humide obscurcissait les verres de la lorgnette, mais je continuai à regarder, ne voulant pas gêner Davies. Enfin je l'entendis pousser un profond soupir, se redresser, et avec un de ses «Hum» caractéristiques il courut vivement à l'arrière, détacha la bosse du youyou et l'amena le long du yacht.

– Viens aussi, me dit-il, sautant dans le petit canot et arrangeant les toletières.

Ses mains ne tremblaient plus maintenant. Je me mis à rire et à pousser le youyou.

– Je voudrais que tu viennes, me dit-il, comme se défendant d'y aller.

– J'aime bien mieux rester. Je vais ranger en bas et mettre la bouillotte sur le poêle.

Davies levait déjà les avirons, puis il s'arrêta.

– Elle ne devrait pas monter à bord, dit-il.

– Mais peut-être que cela lui fera plaisir, lui répondis-je. Il fait froid, elle est loin de chez elle…

– Écoute, Carruthers, reprit Davies, si elle monte à bord, souviens-toi qu'elle n'a rien à faire avec toute cette histoire. Il ne faut tirer aucun renseignement d'elle.

Ce petit sermon m'aurait embarrassé si je ne m'étais pas dit tout le temps, et avec quel plaisir, qu'une fois pour toutes le Rubicon était passé.

– Cette fois-ci c'est ton affaire, fais exactement comme tu voudras.

Il partit, ramant vigoureusement. «Il n'a pas même pensé à son costume, me dis-je; il a l'air d'un pêcheur de ces parages, mais ça lui est égal.» Quant à son visage, je pouvais simplement en juger par l'expression qu'il révélait, et je m'émerveillai qu'il empoignât la situation par les cornes aussi fermement qu'il empoignait ses avirons.

Je surveillai la rencontre des deux bateaux. Ils auraient dû se rejoindre à trois cents mètres, à peu près, mais un incident survint. D'abord la petite yole s'arrêta et frissonna. Échouée, pensai-je. Le youyou bondissait toujours, puis s'arrêta à son tour. Alors l'un et l'autre se mirent à ramer furieusement. Le sommet du versant (un Rubicon topographique, prosaïque et vaseux) avait encore à être traversé, semblait-il. Mais on pouvait aussi tourner la difficulté. Les deux bateaux mirent le cap du côté nord de la crique. Deux personnes furent bientôt sur le bord, tirant deux bosses. Puis je pus voir Davies traversant les sables et une jeune fille allant à sa rencontre. Il était temps de descendre et de mettre la cabine en ordre.

J'avais essayé vainement pendant vingt minutes de rendre notre salon présentable, quand j'entendis un bruit d'avirons et de voix qui me fit me laver les mains en hâte et grimper l'échelle. Notre youyou touchait juste notre flanc quand j'arrivai, Davies ramant à l'avant, et en face de lui, assise à l'arrière, une jeune fille avec un béret gris, une grande jaquette en caoutchouc et une jupe de serge foncée, qui, pour être absolument exact, découvrait une paire de bottes, *mutatis mutandis*, très semblables à celles que Davies portait lui-même. Ses cheveux, comme ceux de son compagnon, étaient perlés de gouttes d'eau, et son teint d'un brun rosé mettait une délicieuse note de couleur sur ce fond d'un gris si monotone.

– Le voilà, fit Davies.

Jamais *mein Freund* Carruthers ne me résonna si agréablement à l'oreille ; jamais le *Fräulein Dollmann* qui suivit ne me sembla si discordant. Chaque syllabe était un mensonge. Deux honnêtes yeux anglais me regardaient bien en face ; une honnête main anglaise (ceci est-il un préjugé insulaire ? Peut-être, mais j'y tiens), une main brune, ferme (non, lecteur sentimental, pas si petite que cela), serrait la mienne. Naturellement, en plus de l'instinct de race, j'avais de fortes raisons pour la croire anglaise; mais malgré ces raisons j'aurais en tout cas fait mes compliments à l'Allemagne pour nous avoir si bien imités. Quand je l'entendis parler, je compris qu'elle avait dû parler allemand depuis son enfance. Pour moi, sa diction et son accent étaient impeccables, mais il me sembla que ses tournures de phrases n'avaient pas tout à fait la cadence nationale.

Elle monta à bord. Nous eûmes une discussion futile à propos de l'heure et du temps. Aucun de nous ne montra ses réels scrupules.

– Pendant quelques minutes seulement, dit Mlle Dollmann.

Sur le pont elle regarda tout autour d'elle avec le plus profond intérêt, un intérêt touchant à voir.

– Mais vous avez déjà vu le yacht? lui demandai-je.

– Non, jamais, me répondit-elle.

Cela, en passant, me frappa comme étant bizarre; mais je n'avais alors que de vagues détails sur le séjour de Davies à Norderney en septembre.

– Ah! s'écria-t-elle soudain, montrant du doigt le mât d'artimon, c'est cela que je ne pouvais reconnaître; je savais bien qu'il y avait quelque chose de changé.

Davies eut alors à expliquer l'origine du nouveau mât. C'était difficile, et au bout d'un instant tous deux étaient si intéressés, non pas par le mât, mais l'un par l'autre, que j'eus une excellente occasion de voir où en étaient les choses. Ce fut très bref et je me dis que j'avais été un idiot cynique de ne pas avoir prévu ce résultat. J'envisageai cette nouvelle situation, perdant tout espoir de réussite quant à l'objet de nos recherches. Je n'ai pas honte d'avouer ce sentiment, car si j'avais une grande affection pour Davies je n'en avais pas moins le plus vif désir de trouver le mot de l'énigme.

Elle n'avait jamais été un agent coupable dans l'essai de

meurtre dirigé contre Davies. Avait-elle été un instrument inconscient ou même involontaire ? Dans le dernier cas, savait-elle le secret que nous cherchions à deviner ? Non, plus que probablement. Aussi, je rejetai bien loin toute ma diplomatie, refusant de gagner des informations directes ou indirectes d'une source si pure. Mais ce ne serait pas notre faute si par sa conversation et sa façon d'être elle nous donnait quelque idée de l'état des choses. Davies en savait déjà beaucoup plus que moi. Nous restâmes quelques instants sur le pont, pendant qu'elle demandait, très intéressée, des renseignements sur la construction de la *Dulcibella* et sur sa navigabilité, avec un mélange amusant d'intelligence professionnelle et de curiosité personnelle.

– Comment vous en êtes-vous tiré ce fameux jour ? demanda-t-elle à Davies.

– Oh ! il n'y avait aucun danger, répliqua-t-il. Mais ça vaut beaucoup mieux d'avoir un ami.

Elle me lança un regard et... Eh bien ! j'aurais donné ma vie pour Davies.

– Papa m'a dit la même chose, qu'il n'y avait aucun danger, remarqua-t-elle avec décision, avec un soupçon de décision de trop, pensai-je.

Puis elle continua ses questions à propos des cordages, des poulies. Elle trouva le compas impressionnant et cette satanée dérive même la charmait. Toujours elle revenait à la même question :

– Est-ce comme cela qu'on fait en Angleterre ?

Malgré notre aisance extérieure, nous étions tous trois gênés et intimidés. La descente dans la cabine fit une heureuse diversion, car nous aurions été presque inhumains si l'aspect du salon ne nous avait pas fait rire. Elle l'explora dans tous les sens, et à tout instant éclatait de rire. Elle nous posa quelques questions sur notre séjour à Bensersiel, que la « yachtiness » (il n'y a pas d'autre expression) du pain enfermé depuis ce temps nous remit en mémoire. Bensersiel, si plein de sous-entendus pour nous, ne paraissait avoir aucune signification spéciale pour elle. Quand nous fîmes mention de von Brüning, elle ne montra aucune émotion ; au contraire, elle se mit à parler de lui avec beaucoup de détachement, pour prouver qu'il lui était absolument indifférent.

– Il est venu nous voir quand vous êtes venu ici la dernière fois, n'est-ce pas ? fit-elle, s'adressant à Davies. Il vient souvent. Il va quelquefois avec papa à Memmert ; avez-vous entendu parler de Memmert ? On essaie de retrouver de l'or dans une vieille épave.

Oui, nous en avions entendu parler.

– Naturellement, continua-t-elle, papa est le directeur de la compagnie, et le commandant von Brüning s'y intéresse vivement. Croyez-vous, ils m'ont emmenée une fois dans une cloche de plongeur !

Je murmurai : « Vraiment ! » et Davies continua à scier le pain laborieusement. Elle dut se tromper sur le sens de notre silence, car elle se tut et se redressa avec un rien de hauteur, complètement perdu pour Davies. J'eus du mal à ne pas éclater de rire devant ce malentendu passager.

– Avez-vous vu de l'or ? dit enfin Davies, enroué et solennel.

Il fallait absolument dire quelque chose, mais je le laissai parler. Il n'avait pas ma foi dans la théorie de Memmert.

– Non, seulement de la vase et des épaves… Oh ! j'oubliais…

– Ne trahissez pas les secrets de la compagnie, m'écriai-je en riant ; le commandant von Brüning n'a pas voulu nous dire un mot de l'or.

– Oh ! je crois que ça n'a pas beaucoup d'importance, répondit-elle, riant aussi. Vous n'êtes que des voyageurs.

– Oui, répondis-je tranquillement ; nous ne sommes rien que des voyageurs de passage.

– Mais vous vous arrêterez à Norderney ? fit-elle, naïvement anxieuse. Herr Davies a dit…

Je regardai Davies; c'était son affaire. Sa réponse fut nette et précise, malgré son abominable allemand.

– Naturellement, nous nous y arrêterons. Je désire revoir votre père.

Jusqu'à cet instant, je m'étais demandé quelle serait la décision finale de Davies. Ces paroles décisives me firent voir qu'il avait été bien plus loin que moi, et qu'un double but auquel je n'avais jamais pensé avait été prévu et s'était formé dans sa pensée.

– Mon père! fit Fräulein Dollmann, sans conviction, et elle ajouta, les yeux vagues et troublés : Oui, je suis sûre qu'il sera enchanté de vous revoir.

– Il n'est pas encore rentré, n'est-ce pas? demandai-je à mon tour.

– Comment le savez-vous? fit-elle. Ah! le commandant von Brüning...

J'aurais pu ajouter qu'il était clair comme le jour que cette visite était certainement une escapade que son père pourrait ne pas trouver de son goût. J'essayai de lui faire comprendre par signes que «je ne rapporterais pas», et je crois que j'y réussis.

– Je l'attends bientôt, continua-t-elle, demain, vraiment. Il m'a écrit d'Amsterdam. Il m'a quittée à Hambourg, et a toujours été en voyage depuis. Naturellement, il ne sait pas que votre yacht est de retour ici. Je pense qu'il croyait que M. Davies resterait dans la Baltique à cause de la saison si avancée... Mais... je suis certaine qu'il sera très content de vous voir.

– La *Médusa* est-elle dans le port? demanda Davies.

– Oui, mais nous n'y vivons plus. Nous sommes dans notre villa, dans la Schwannallee – c'est-à-dire ma belle-mère et moi.

Elle ajouta quelques détails et Davies inscrivit gravement l'adresse sur une feuille du journal de bord.

– Nous serons demain à Norderney, dit-il.

Pendant ce temps, la bouillotte chantait gaiement et je fis le cacao, car le menu fut changé au dernier moment à la demande de Mlle Dollmann. « Que c'est amusant ! » s'écria-t-elle, et nous nous laissâmes aller tous les trois à la plus franche gaieté, avec l'intention bien arrêtée de jouir de ce pique-nique comme trois jeunes marins affamés que nous étions. C'était peut-être la seule occasion ; il fallait la saisir aux cheveux – *carpamus diem*.

Mais notre fête ne fut pas célébrée. Comme au festin de Balthazar, pour nous aussi il y eut des mots écrits sur le mur, sous la forme d'un nom anglais avec son titre et ses initiales imprimés sur un pauvre vieux livre bon marché. La catastrophe arriva et passa si rapidement qu'au moment même je n'eus pas l'idée de ce qui avait pu la causer. Maintenant je me la remémore de la façon suivante. Notre invitée était assise au bout du sofa de droite, tout près de la cloison ; Davies et moi, sur l'autre sofa. À travers la cloison, à hauteur de nos têtes, se trouvait le rayon-bibliothèque que j'avais soigneusement mis en ordre une demi-heure auparavant en rangeant la cabine. Quelque chose, peut-être le journal de bord que Davies avait pris sur le rayon pour inscrire l'adresse, attira l'attention de la jeune fille sur le reste de nos livres. Pendant que je m'occupais du cacao, je l'entendis épeler quelques titres, tourner quelques pages et taquiner Davies sur le peu de soin qu'il prenait de ses livres. Soudain un long silence me fit tourner la tête, et je vis un tel changement dans l'expression de Mlle Dollmann que j'en fus ému. Elle avait le regard fixé sur Davies, les lèvres entrouvertes, et rougissait jusqu'au blanc des yeux. Elle avait l'air d'une somnambule qui s'éveille en sursaut, ne sachant où elle est.

La moitié de son esprit était au loin, essayant de forger quelque cauchemar hideux du passé ; l'autre était là, dans le présent, reculant devant la réalité révoltante. Elle resta ainsi peut-être dix secondes, et alors – comme la brave fille qu'elle était – elle se domina, regarda délibérément autour d'elle, lançant un regard circulaire à la manière de Davies, et disant :

– Comme il est tard, il faut que je m'en aille ; mon bateau n'est pas en sûreté.

En même temps elle se leva pour s'en aller, ou plutôt elle se glissa le long du sofa, car se lever était impossible. Nous restâmes assis, comme des lourdauds, pétrifiés. Davies s'écria en anglais : «*What is the matter*[1] *?*» puis retomba stupéfait. Je fus le premier à retrouver mon sang-froid et j'essayai maladroitement de protester, parlant du cacao, de l'heure, de l'absence de brouillard. En essayant de me répondre, la pauvre enfant perdit tout empire sur elle-même et sa retraite devint une fuite éperdue, comme celle d'un animal blessé. Les circonstances semblèrent prendre un malin plaisir à accentuer sa panique.

En se levant du sofa, elle s'accrocha au coin de la table et renversa le cacao sur sa jupe ; elle se cogna la tête sur le chambranle de la porte et trébucha sur l'échelle. Je la suivis de près, mais quand j'arrivai sur le pont elle était déjà en train de haler le youyou ; elle avait déjà sauté dedans et s'emparait des avirons quand elle s'aperçut que le youyou était le nôtre et qu'il faudrait quelqu'un pour le ramener.

– Davies va vous mener jusqu'à votre yole, lui dis-je.

– Oh ! non, merci bien, bégaya-t-elle. Vous, s'il vous plaît, Herr Carruthers, c'est votre tour. Non, je veux dire... Je voulais...

– Va, me dit Davies en anglais.

Je sautai dans le youyou et voulus lui prendre les avirons des mains. Elle n'eut pas l'air de me voir, et s'éloignait déjà du yacht quand Davies lui tendit sa jaquette qu'elle avait laissée dans la cabine. Ni lui ni moi n'essayâmes d'améliorer

1. «Qu'est-ce qu'il y a ?»

la situation par des excuses. Elle seule, au dernier moment, essaya de s'excuser.

L'essai était si brave et si misérablement malheureux que j'en frémis de honte. Davies mit fin à cette situation intolérable en disant simplement :

– *Auf Wiedersehen*[1] !

Elle secoua la tête, ne lui tendit pas la main, et lâcha le plat-bord.

Davies tourna brusquement sur ses talons et descendit l'échelle.

La marée avait beaucoup monté et les sables étaient presque tous recouverts. Encore une fois je voulus prendre les avirons, mais elle n'y fit pas attention et rama jusqu'à ce que nous eussions regagné sa jolie petite yole. Elle était déjà à flot, et tout à fait en sûreté, avec son câble et son petit grappin que Mlle Dollmann se mit immédiatement à haler.

– Vous voyez bien que votre bateau n'était pas en danger, lui dis-je.

– Oui, mais je ne pouvais pas rester. Herr Carruthers, j'ai quelque chose à vous dire. (Je savais ce qui allait venir : une répétition du conseil de von Brüning.) Je me suis trompée tout à l'heure, il est inutile que vous veniez nous voir demain.

– Pourquoi ?

– Vous ne verrez pas mon père.

– Mais n'avez-vous pas dit vous-même qu'il revenait demain ?

– Oui, dans la matinée, mais il sera très occupé.

– Nous attendrons, nous avons plusieurs jours devant nous, et de toute façon il faut que nous allions à Norderney pour prendre nos lettres.

– Il ne faut pas que vous attendiez à cause de nous.

1. Au revoir.

Il fait très beau temps, enfin, et ce serait malheureux de perdre une si belle occasion pour retourner en Angleterre. La saison…

– Nous n'avons fixé aucune date pour notre retour. Davies désire tirer encore quelques canards sauvages.

– Mon père n'aura pas une minute de libre.

– Mais nous pouvons *vous* voir.

Je fis semblant de ne rien entendre, car bien que ce débat avec une jeune fille très émotionnée me fût odieux, l'objet de notre recherche était en jeu. Nous allions à Norderney et nous y allions pour voir Dollmann tôt ou tard, il était donc inutile de promettre de ne pas y aller. Je ne m'étais pas engagé avec von Brüning, je ne m'engageai pas davantage avec elle. La seule alternative était : violer le serment fait à Davies ou parler franchement et essayer de me faire une alliée de Mlle Dollmann. Contre son propre père ? Je n'osais en prendre la responsabilité. Tout en arrangeant la voile de son petit bateau, elle me dit à voix basse :

– Père n'aimerait probablement pas le voir.

Ses lèvres tremblaient tellement que j'eus peine à saisir les mots suivants :

– Je crois qu'il n'aime pas beaucoup les étrangers. Il me semble que… il ne désirait pas revoir Herr Davies.

– Mais je croyais…

– J'ai eu tort d'aller sur la *Dulcibella*… je m'en suis souvenue tout à coup, mais je ne pouvais pas le dire à Herr Davies.

– Je comprends, répondis-je. Je le lui dirai.

– Oui, dites-lui qu'il ne faut pas qu'il nous revoie.

– Il comprendra. Je sais qu'il en aura beaucoup de chagrin ; mais, ajoutai-je avec fermeté, vous pouvez avoir confiance en lui, il ne fera jamais que ce qu'il y a de mieux à faire.

Et, grâce au ciel, cette affirmation lui suffit.

– Oui, dit-elle, j'ai peur de ne pas lui avoir dit adieu. Dites-le-lui pour moi ?

Et elle me tendit la main.

J'ajoutai, retenant un instant la petite main ferme :

– Il vaut mieux ne jamais parler de cette visite au yacht, n'est-ce pas ?

– Non, non. Il faut que jamais on ne le sache.

Je lâchai le bord de la petite yole et la regardai s'éloigner. Puis, ramant de toutes mes forces, je regagnai la *Dulcibella*.

CHAPITRE XX

LE LIVRE RÉVÉLATEUR

Je trouvai Davies dans la cabine avec tous nos livres jetés pêle-mêle sur la table et sur le plancher. Nous nous écriâmes en même temps :

– Eh bien ! qu'est-ce que c'était ?

– Eh bien ! qu'est-ce qu'elle t'a dit ?

Je lui racontai brièvement ce qui s'était passé. Il m'écouta sans m'interrompre, tambourinant sur la table avec un livre qu'il tenait à la main.

– Ce n'est pas adieu, dit-il, quand j'eus fini. Regarde, je ne m'étonne plus maintenant !

Et il me tendit un petit volume que j'avais souvent regardé mais jamais lu. L'opuscule paraissait assez vieux et son titre prouvait que c'était une sorte de guide pour les yachtsmen dans un certain estuaire britannique.

– Quoi ? demandai-je tout en feuilletant quelques pages.

– Dollmann ! me cria Davies, Dollmann en est l'auteur !

Je regardai la page de titre et lus : « Lieutenant de vaisseau X… » Le nom ne me dit rien, mais je commençai à comprendre. Davies continua :

– Le nom est aussi sur le dos, et je suis certain que c'est le dernier livre qu'elle a regardé.

– Mais comment le sais-tu ?

– Voilà Dollmann lui-même. Imbécile que j'ai été de ne pas le voir plus tôt ! Regarde le frontispice.

C'était évidemment la reproduction d'une photographie, représentant un petit yacht à l'ancre, son propriétaire debout sur le pont, en manches de chemise. L'homme était jeune, bien fait, de taille moyenne, complètement rasé. Le visage n'avait rien de remarquable ; le portrait, d'ailleurs, était de trop petite dimension et l'expression trop fixe pour qu'on puisse en juger.

– À quoi le reconnais-tu ? Tu m'as dit qu'il avait cinquante ans et portait une barbiche grisonnante.

– À la forme de sa tête, cela n'a pas changé. Regarde comme elle s'élargit en haut, puis s'aplatit comme une sorte de coing, avec un front très haut. C'est assez difficile à remarquer sur cette photographie (mais je compris ce que Davies voulait dire), et sa taille correspond aussi, ainsi que les dates. Vois au bas de la page.

Sous la photographie il y avait le nom du yacht et une date. La date de publication sur la page de titre était la même.

– Il y a seize ans de cela, fit Davies. Il avait à peu près trente ans alors ; il en a l'air, là-dessus, n'est-ce pas ? Il en a cinquante maintenant.

– Voyons, cherchons bien. Il y a seize ans il était encore anglais et officier de marine. Maintenant il est allemand. À un moment donné, je suppose qu'il a eu une affaire déshonorante. Fuite, exil. Quand cela est-il arrivé ?

– Ils ne sont ici que depuis trois ans, c'est von Brüning qui nous l'a dit.

– Il y a bien plus longtemps que cela que c'est arrivé. Elle parle allemand depuis son enfance. Quel âge a-t-elle ? Dix-neuf, vingt ans ?

– À peu près.

– Mettons qu'elle ait eu quatre ans quand ce livre a été publié. La catastrophe a dû arriver presque tout de suite après.

– Et ils se sont cachés en Allemagne depuis.

– Est-ce que ce livre est connu ?

– Je n'ai jamais vu que celui-là. Je l'ai acheté pour six sous à l'étalage d'un revendeur.

– Tu dis qu'elle l'a vu ?

– Oui, j'en suis certain.

– Elle n'est jamais venue à bord, ici, en septembre ?

– Non, je les avais invités tous deux, mais Dollmann me fit des excuses de l'absence de sa fille.

– Mais *lui*, lui est venu ici ? Tu me l'as dit toi-même.

– Oui, une fois, il s'est irrité à déjeuner le premier jour. Mais, oui ! sapristi… tu veux dire qu'il a vu ce livre ?

– Ça explique pas mal de choses.

– Ça explique tout.

Nous réfléchîmes pendant quelques instants.

– Veux-tu vraiment dire *tout* ? dis-je enfin. En ce cas, partons immédiatement et oublions toute cette affaire. C'est un pauvre diable avec un passé dont tu as découvert le secret, qui, affolé de peur, a essayé de te faire taire. Mais comme tu ne tiens pas à te venger, ne nous en mêlons pas. Nous pouvons le perdre si nous le voulons ; mais est-ce que ça en vaut la peine ?

– Tu ne crois pas un mot de tout ce que tu dis, répondit Davies, bien que je sache parfaitement pourquoi tu le dis, et je t'en remercie, mon vieux. Je n'ai pas voulu dire *tout*. Il conspire avec les Allemands, sinon pourquoi alors Grimm nous filerait-il ? Pourquoi von Brüning nous aurait-il questionnés si finement ? Il faut que nous trouvions ce qu'il manigance et ce qu'il est. Quant à elle… Qu'est-ce que tu en penses, maintenant… ?

Je fis amende honorable de bon cœur. « Innocente et ignorante », tel fut le verdict que je prononçai. Ignorante, c'est-à-dire des machinations et des trahisons de son père, mais clairement au fait qu'ils étaient des exilés anglais avec un passé à cacher. J'ajoutai beaucoup d'autres choses sans importance. « Seulement, lui dis-je en finissant, cela rend le dilemme encore plus compliqué. »

– Il n'y a aucun dilemme, dit Davies. Tu as admis toi-même à Bensersiel que nous ne pouvions faire du mal à Dollmann qu'en lui faisant du mal, à elle aussi. Alors, tout ce que je peux dire est que nous sommes obligés de leur en faire ! Le moment de fuir est passé. Si nous devions nous en aller, c'était quand nous avons aperçu sa yole. J'ai passé un mauvais quart d'heure quand je l'ai aperçue.

– Malgré tout, elle nous a donné quelques renseignements utiles.

– Ça n'était pas sa faute. Refuser de la faire monter à bord nous aurait trahis, et le fait même qu'elle nous a donné des renseignements règle la question. Elle ne doit pas en souffrir.

– Que va-t-elle faire ?

– Prendre parti pour son père, je suppose.

– Et qu'allons-nous faire ?

– Je ne sais pas encore, comment veux-tu que je sache ? Cela dépend...

Puis Davies ajouta lentement :

– Mais il y a une chose certaine, c'est que nous avons deux buts également importants – oui, également, pardieu ! – le fourrer dedans et la sauver.

Un silence suivit.

– C'est plutôt difficile, observai-je. Comprends-tu, en ce moment même nous avons probablement atteint notre premier but ? Si nous rentrions en Angleterre, allions droit à l'amirauté et lui exposions les faits, quel serait le résultat ?

– L'amirauté ! s'écria Davies avec un mépris inexprimable.

– Scotland Yard[1], alors, si tu aimes mieux. L'une et l'autre recherchent notre homme, je crois bien. Il serait

1. La préfecture de police de Londres.

étrange qu'à elles deux on ne puisse pas découvrir qui il est et aussi découvrir ce qui se passe ici ; tout au moins attirer tellement l'attention sur ce coin de côte qu'il soit impossible pour Dollmann et toute sa clique de continuer leurs agissements secrets.

– Impossible de nous enfuir après qu'elle a trahi le secret de son père. De plus, nous n'en savons pas assez ; on pourrait très bien ne pas nous croire, à Londres. En tout cas c'est un moyen lâche.

– Oh ! alors, repris-je vivement, n'en parlons plus.

« Maintenant reprenons les faits un à un. Quand l'as-tu vue pour la première fois ?

– Le matin où Dollmann est venu déjeuner ici.

– Elle n'était pas dans le salon de la *Médusa* le soir précédent ?

– Non, et il ne m'a pas parlé de sa fille.

– Tu serais parti dès le lendemain matin s'il ne s'était pas invité ici ?

– Oui, je te l'ai déjà dit.

– Il s'est donc arrangé de façon à ce qu'elle te persuade assez pour que tu fasses ce voyage avec eux ?

– Je suppose que oui.

– Mais il a eu soin de la faire descendre dans la cabine de son yacht pendant qu'il te pilotait ?

– Naturellement.

– Et elle a dit en arrivant, tout à l'heure : « Papa m'a dit qu'il n'y avait pas de danger. » Qu'est-ce que tu lui avais donc dit ?

– Voilà, c'est quand je l'ai rencontrée sur le sable. (À propos, ce n'était pas une rencontre de hasard, elle avait demandé de nos nouvelles, avait entendu parler de nous par un capitaine qui nous a vus près de Wangeroog et elle était déjà venue par ici avant, sans nous trouver.) Elle m'a demandé immédiatement ce qui m'était arrivé le jour de mon naufrage, et s'est mise à me faire des excuses. Elle était très gênée de ne pas m'avoir attendu à Cuxhaven. Son père avait prétendu être obligé de partir pour Hambourg, sur-le-champ.

– Mais tu n'es pas allé à Cuxhaven ; lui as-tu dit cela ? Qu'est-ce que tu lui as dit exactement ? C'est important, tu sais.

– Je ne savais vraiment que dire, ne sachant pas ce que son père lui avait raconté. Faute de mieux, j'ai bafouillé quelque chose de vague, et elle m'a posé exactement la même question que von Brüning : « Est-ce que la mer n'était pas épouvantable près du Scharhorn ? »

– Elle ne savait donc pas, alors, que tu avais pris le raccourci ?

– Non, son père n'a pas osé le lui dire.

– Mais elle savait qu'*eux* l'avaient pris.

– Oui, il ne pouvait lui cacher cela. Elle s'en serait rendu compte immédiatement, rien qu'à regarder la mer par les sabords.

– Mais quand il t'a attendu et t'a crié de le suivre, n'a-t-elle pas deviné ce qui se passait ?

– Non. Rappelle-toi qu'elle était en bas, et qu'avec le bruit de la tempête il était impossible d'entendre ce que nous disions. Je n'ai pas pu trop la presser de questions, mais voici clairement ce qu'elle a pensé : premièrement, que son père m'attendait pour la raison opposée, c'est-à-dire que c'était *lui* qui me criait qu'il allait prendre le raccourci ; deuxièmement, qu'*il ne fallait pas* que j'essaie de le suivre.

– C'est pourquoi elle insistait tellement pour t'attendre à Cuxhaven.

– Oui, ma traversée aurait été la plus longue.

– Elle n'a pas vu qu'il essayait de te faire sombrer ?

– Non, je ne crois pas. Après tout, elle me retrouvait sain et sauf.

– Oui, mais elle avait des remords de t'avoir demandé de

les suivre ce jour-là, et de ne pas avoir attendu à Cuxhaven.

– C'est à peu près cela.

– Maintenant, qu'est-ce que tu lui as raconté à propos de Cuxhaven ?

– Rien. Je lui ai laissé croire que j'y étais allé et que, ne les trouvant pas, j'avais continué jusqu'à la Baltique, par l'Eider, ayant changé d'avis et n'ayant pas pris le canal de Kiel.

– Bien. Et dans son voyage de retour de Hambourg, était-elle seule ?

– Non, sa belle-mère l'avait rejointe.

– T'a-t-elle dit qu'elle avait demandé des nouvelles du yacht à Brunsbüttel ?

– Non, je suppose qu'elle n'a pas voulu l'avouer. Et ce n'était pas la peine, vu que j'étais passé par l'Eider.

Je réfléchis un instant.

– Tu es sûr qu'elle ne sait pas que tu as pris le raccourci ?

– Parfaitement sûr, mais elle doit s'en douter maintenant. Elle a compris que son père voulait se débarrasser de moi, en voyant le livre.

– Naturellement, mais je pense à autre chose. Il y a deux histoires sur le tapis à présent. La tienne, qui est la vraie : tu as suivi la *Médusa* et pris le raccourci. Celle de Dollmann et de sa fille : que tu as contourné le Scharhorn. C'est évidemment la version de Dollmann, la version qu'il aurait donnée si tu avais été noyé et qu'on lui eût demandé de tes nouvelles ; la version qu'il aurait obligé son équipage à dire sous la foi du serment, si l'équipage avait découvert la vérité.

– Mais, maintenant qu'il sait que je suis de retour et vivant, il faut bien qu'il trouve autre chose.

– C'est vrai, mais en attendant, supposons que von Brüning voit Dollmann avant que Dollmann sache que tu es ici, et qu'il, von Brüning, désire savoir la vérité sur cet incident ? Si j'étais von Brüning, je demanderais à

Dollmann : « À propos, qu'est devenu ce jeune Anglais ? » L'autre raconterait sa petite histoire, et von Brüning ayant entendu la nôtre verrait que Dollmann ment et qu'il a essayé de te noyer.

– Est-ce que ça a de l'importance ? Il doit déjà savoir que Dollmann est un scélérat.

– C'est ce que nous supposons, mais nous pouvons nous tromper. Nous ne savons pas du tout quelle est la position de Dollmann par rapport à ces Allemands. Ils ne savent peut-être pas même qu'il est anglais, et, s'ils connaissent sa nationalité, ils ignorent peut-être son vrai nom et son passé. Nous ne pouvons pas prévoir l'effet qu'aura ton histoire sur leurs relations avec lui. Mais notre plus grand intérêt est de rester dans le *statu quo* aussi longtemps que possible, afin d'amoindrir au minimum le danger que tu as couru ce jour-là en défendant la version de Dollmann. Nous ne pouvons pas le faire si ton histoire et la sienne ne s'accordent pas. Non seulement la différence peut le perdre, mais aussi nous faire soupçonner.

– Comment ?

– Parce que si le raccourci était si dangereux qu'il n'ose pas admettre t'y avoir mené, il est assez dangereux pour que toi tu te sois rendu compte du mauvais tour que Dollmann voulait te jouer – supposition que tu désires éviter à tout prix. Nous désirons n'être pris que pour de simples yachtsmen.

– Alors, que proposes-tu ?

– Jusqu'ici je pense que nous avons l'avantage. Nous supposons que nous avons dépisté von Brüning à Bensersiel. Cela est la base de notre diplomatie. Il en résulte que Dollmann doit savoir aussitôt que possible que tu es revenu, afin qu'il ait le temps de changer son histoire avant qu'il ne se vende. Alors…

– Mais elle lui dira que nous sommes de retour, interrompit Davies.

– Non, je ne crois pas. Nous sommes tombés d'accord, elle et moi, qu'il valait mieux passer sous silence l'épisode de cet après-midi. Elle pense même ne jamais nous revoir. Elle m'a dit aussi que son père revenait demain matin.

– Comment ?

– Par le bateau qui vient de Norddeich, sur la terre ferme. Le chemin de fer y aboutit, venant de Norden, et un bac à vapeur fait passer jusqu'à l'île.

– À quelle heure ?

– Regarde sur l'indicateur… Ah ! voilà : service d'hiver, huit heures trente du matin, arrive à neuf heures cinq.

– Partons immédiatement.

Il était à peu près neuf heures du soir quand nous jetâmes l'ancre dans le port de Norderney. La ville et le port étaient entourés d'un brouillard épais. Nous entendîmes un hélement étouffé venant de la direction de la jetée. Un bateau se dirigea vers nous. C'était le maître du port, poli mais endormi, qui nous demandait nos papiers et qui bientôt se souvint de la visite précédente de la *Dulcibella*.

– Quelle est votre destination ? demanda-t-il.

– L'Angleterre, tôt ou tard, répondit Davies.

L'homme se mit à rire, se moquant de nous.

– Pas cette année toujours, dit-il en s'en allant.

Il disparut bien vite, comme une ombre.

– À quelle heure le bureau de poste ouvre-t-il ? lui criai-je.

– À huit heures du matin, me répondit une voix déjà lointaine.

Nous étions trop surexcités pour pouvoir manger ou dormir. Nous ne fîmes donc que causer et nous le fîmes à cœur ouvert. Davies me laissa lire au fond de son âme. Il aimait cette jeune fille, il aimait son pays, deux simples passions qui absorbaient toute sa capacité intellectuelle pour l'instant. Il ne s'arrêta pas pour savoir laquelle céderait le pas à l'autre. Toutes deux étaient saines, donc il ne pouvait sacrifier l'une à l'autre. Si les faits prouvaient qu'elles étaient incompatibles, tant pis pour les faits. Tout ou rien.

Mais adapter un idéal romantique à un plan d'action n'est pas chose facile.

– Quel dénouement proposes-tu ? demandai-je à Davies. Parce que ceci gouvernera nos actions.

– Enlever d'Allemagne Dollmann, ses secrets et sa fille, me répondit Davies.

Pour arriver à notre double but, la première leçon que nous devions apprendre était que, quels que fussent le nombre et la force de nos ennemis, nous devions n'en avoir qu'un à découvert : Dollmann. L'issue de la lutte ne devrait être connue que de lui et de nous. Si nous gagnions la partie et trouvions « ce qu'il manigançait », il fallait à tout prix que ses amis allemands n'en sachent rien, et le séparer d'eux avant qu'il ne soit compromis. La seconde question se posait : « Comment trouver ce qu'il manigançait ? » La découverte de son identité nous aidait beaucoup. Deux méthodes pourraient être employées pour arriver à nos fins. L'une : compter sur une enquête indépendante ; l'autre : extorquer son secret à Dollmann, par la force ou par la ruse. La morale de la petite fable du jour était d'abandonner la première pour la seconde.

Cette seconde méthode nous apparut très clairement ; Davies ne craignait plus l'imbroglio dans lequel il se trouvait mêlé à Norderney et nous avions maintenant une arme puissante contre Dollmann, sachant vaguement quel était son passé. De ses relations exactes avec le gouvernement allemand nous ne savions rien. Mais sachant qui il était, ne pourrions-nous pas nous servir de cette arme avec adresse et le forcer à nous dire le reste ? Ce soir-là notre résolution fut prise : tâter le terrain, sa propre conduite nous guidant ; mais, à la fin, frapper un grand coup dont dépendrait le succès.

Plus tard, ne pouvant dormir, j'allai chercher le livre révélateur. Dans la préface l'auteur expliquait qu'il l'avait écrit pendant un congé de deux mois passés à terre. Le style était simple, mais on avait évidemment affaire à un homme distingué connaissant à fond son sujet. La personnalité de l'écrivain n'était indiquée que par une sorte d'enthousiasme dans la description des bancs de sable et des bas-fonds qui me rappela Davies. Je trouvai le reste du livre ennuyeux et m'endormis dessus.

CHAPITRE XXI

UNE TRAVERSÉE À L'AVEUGLETTE

Le lendemain, 22 octobre, à neuf heures du matin, nous étions sur le pont, guettant l'arrivée du vapeur venant de Norddeich. Le temps n'avait pas changé, toujours le même froid clair et sec. Le port s'étendait devant nous, spacieux et paraissant très bien accommodé, mais Davies savait que seul un quart de ce port n'était pas artificiel, et que le reste était envasé. Deux remorqueurs, une dragueuse, et un bac à vapeur prêt à partir, étaient ancrés de notre côté ; de l'autre, une flottille de galiotes, parmi lesquelles la *Médusa* resplendissait telle une reine parmi ses esclaves, étaient amarrées. Deux marins faubertaient les ponts de la *Médusa* et, comme le remarqua Davies, eux au moins pouvaient nous voir. Il est vrai que tout le monde pouvait nous voir et que les passagers du vapeur que nous attendions ne pourraient faire autrement, car nous étions aussi près que possible de l'endroit où ils allaient s'arrêter, comme l'indiquaient un rassemblement de marins et une passerelle.

– Le voilà ! me dit Davies.

Un petit vapeur à peine plus grand qu'un remorqueur approchait, venant du sud.

– Écoute, lui dis-je, descendons. Il ne faut pas laisser supposer que nous savons l'heure de son arrivée.

En plus de la claire-voie la voûte de la cabine avait de petites fenêtres oblongues sur les côtés. Nous essuyâmes celle de bâbord et nous surveillâmes les mouvements du port, agenouillés sur le sofa.

Il n'y avait que peu de passagers à bord du vapeur, mais tous avaient les yeux fixés sur la *Dulcibella* pendant les préparatifs de descente. Le pont d'avant était occupé par quelques femmes portant des paniers, un facteur et un garçon de café. Sur le gaillard d'arrière, debout à côté l'un de l'autre, deux hommes revêtus d'imperméables et coiffés de chapeaux mous causaient.

– C'est lui, le grand, me chuchota Davies, très excité.

Mais le grand se détourna juste au moment où Davies parlait et je ne pus apercevoir qu'une barbiche grise et un haut front bronzé, embrumé par la fumée d'un cigare. C'est bien mal de ma part, mais je dois avouer que je faillis presque ne pas le voir, tant j'étais occupé à dévisager l'autre, le petit, qui demeura accoudé au bastingage, contemplant attentivement la *Dulcibella*, un pince-nez d'or sur le nez. C'était un vieux bonhomme jaunâtre et ridé, aux sourcils épais, avec une moustache grisonnante et une petite touffe de barbe sur le menton. Le trait le plus remarquable de son visage était son nez épaté se perdant graduellement dans ses joues ridées ; légèrement recourbé à l'extrémité, il retombait sur un énorme cigare, qui semblait nous viser. L'homme avait l'air malin comme un diable, et se souriait à lui-même.

– Qui est-ce ? demandai-je à voix basse à Davies.

Instinctivement nous parlions bas.

– Sais pas, répondit Davies. Eh bien ! voilà le bateau qui repart et ils ne sont pas descendus.

En effet, quelques paquets et les sacs de la poste avaient été jetés sur le quai, le garçon de café et deux femmes avaient débarqué et on remontait déjà la passerelle. Je crois qu'une ou deux personnes étaient montées sur le vapeur sans que nous y eussions fait attention, quand, au dernier moment, un homme que nous n'avions pas vu précédemment sauta de la jetée sur le gaillard d'avant.

– Grimm ! nous écriâmes-nous en même temps.

Le vapeur siffla, fit demi-tour et s'engagea dans la passe. La jetée nous le cacha, mais d'après la direction de sa fumée nous vîmes qu'il se dirigeait vers la mer du Nord.

– Qu'est-ce que ça veut dire ? demandai-je.

– Il doit y avoir un autre débarcadère plus près de la ville, me répondit Davies. Débarquons, et allons chercher tes lettres.

Ce matin-là nous avions fait une toilette longue et minutieuse, et dans nos complets de serge bleue, avec nos cols empesés et nos souliers jaunes, nous ne nous reconnaissions plus. Mais une plage à la mode, même pendant la morte-saison, exige un certain respect ; de plus, nous avions des amis à qui nous devions rendre visite.

Nous attachâmes le youyou à une échelle en fer, et sur la jetée nous rencontrâmes, fumant sur le pas de la porte d'une bicoque, avec l'inscription « maître du port », l'homme qui était venu la veille nous demander nos papiers. Après quelques civilités nous le questionnâmes à propos du vapeur. Il nous répondit que, comme c'était samedi, le vapeur continuait sa route vers Juist. Désirions-nous un bon hôtel ? Les « Quatre Saisons » étaient toujours ouvertes, etc., etc.

– Juist ! me dit Davies, pendant que nous nous dirigions vers la ville. Pourquoi ces trois-là vont-ils à Juist ?

– Il me semble que c'est assez clair ; ils vont à Memmert.

Davies fut de mon avis, et nous regardâmes vers l'est une ligne jaune se détachant sur la mer.

– Crois-tu qu'on tienne quelque conseil ? me demanda Davies.

– Cela m'en a tout l'air. Et nous allons probablement trouver ici le *Kormoran*.

En effet nous trouvâmes la galiote à l'autre extrémité du port. Deux marins, que nous eûmes soin de bien dévisager, étaient assis sur l'écoutille, raccommodant une voile. Après cela nous entrâmes dans le bureau de poste. On me délivra un paquet de lettres et j'achetai un indicateur local qui m'apprit que le bac à vapeur allait tous les jours à Borkum via Norderney, s'arrêtant trois fois par semaine à Juist (selon les marées). Il devait être de retour à Norderney, ce jour-là, à sept heures trente du soir. Puis je m'enquis du chemin menant aux « Quatre Saisons », « car, dis-je à Davies, quels que soient tes principes, nous allons avoir le meilleur petit déjeuner qu'on puisse se procurer avec de l'argent. Nous avons toute la journée devant nous. »

Arrivés aux « Quatre Saisons » nous nous installâmes dans un grand restaurant en verre, l'océan devant nous. Nous y déjeunâmes princièrement.

Après avoir renvoyé le garçon et avoir allumé d'excellents havanes, j'examinai mes lettres.

Aucune d'elles n'avait été ouverte, et, à ma grande surprise, j'en trouvai deux marquées du timbre officiel.

La première, datée du 6 octobre, me disait : « Cher Carruthers, mais certainement, prenez une autre semaine. »

La seconde, datée du 15 octobre, et marquée « urgent », m'avait été réexpédiée par mes parents. Elle annulait la précédente : « Je suis désolé d'être obligé de raccourcir vos vacances, mais nous avons beaucoup à faire, la plupart de vos confrères manquent. À vous, etc. » Un petit post-scriptum assez sec m'informait qu'une autre fois je ferais bien de laisser une adresse plus exacte quand je m'en irais.

– Je crois que cette lettre ne me sera jamais parvenue, dis-je, la tendant à Davies.

– Tu ne pars pas, alors, s'écria-t-il, regardant tout de même avec une certaine terreur l'écriture du grand homme en dessous de l'écusson officiel si hautain.

Pendant ce temps je découvris sur un coin de l'enveloppe

ce qui suit : « Ne te frappe pas, ce n'est que le chichi habituel du chef. » Je déchirai rapidement l'enveloppe. Il est des choses qu'il est indécent et déloyal de révéler, même à son meilleur ami. Le reste de mon courrier n'avait aucune importance. Davies, pendant tout ce temps, déchiffrait ligne par ligne les nouvelles de l'étranger, dans un journal allemand, me demandant impatiemment, de temps à autre, la signification d'un mot.

– Écoute, fit-il à brûle-pourpoint, voilà que ça recommence. Entends-tu cette sirène ?

Un épais brouillard s'avançait sur nous, venant du nord.

– Ça fait-il quelque chose ? lui demandai-je.

– Oui, il faut que nous retournions sur le yacht. Nous ne pouvons pas le laisser seul dans un brouillard.

Nous fîmes quelques courses en revenant, passâmes la Schwannallee et prîmes note de sa position. Le brouillard, très épais, envahissait déjà les rues avant que nous ne fussions arrivés au port. Heureusement que les rails d'un tramway allant jusqu'au bout de la jetée nous servirent de guide. Nous atteignîmes le bureau du maître du port, près duquel se trouvait l'échelle de fer où nous avions attaché notre youyou. Le maître du port apparut de nouveau et tint la bosse du canot pendant que nous rangions nos paquets. Il nous dit que nous n'aurions pas dû quitter l'hôtel et que lui se serait chargé de surveiller le yacht ; que si le temps se levait nous pourrions retourner à terre sans crainte. Nous le remerciâmes, lui disant que nous voulions remonter à bord.

– Vous allez avoir du mal à le trouver maintenant, nous dit-il.

En effet, nous eûmes du mal. La *Dulcibella* n'était qu'à quatre-vingts mètres de la jetée, mais ce fut en allant à tâtons et en sondant perpétuellement avec un des avirons, exactement comme des aveugles suivant le bord d'un trottoir, que nous parvînmes à l'apercevoir.

– Nous avons de la chance, remarqua Davies ; nous ne devrions jamais partir sans compas.

Nous échangeâmes quelques cris avec notre homme sur la jetée pour lui prouver que nous étions sains et saufs.

– Excellent exercice, ce genre de chose, reprit Davies pendant que nous abordions.

– Tu as un sixième sens, remarquai-je. Jusqu'où pourrais-tu aller comme cela à tâtons ?

– Je ne sais pas ; essayons encore, veux-tu ? Je ne peux pas rester comme cela toute une journée tranquille. Explorons ce chenal.

– Pourquoi ne pas aller à Memmert ? m'écriai-je en plaisantant.

– À Memmert ? reprit Davies lentement. Mais oui ! Quelle bonne idée !

– Grand Dieu, c'était une plaisanterie. Mais il y a au moins dix milles.

– Plus, répondit Davies, déjà dans le vague. Ce n'est pas tant la distance… Voyons, quelle heure est-il ?… dix heures et quart ; la marée… Mais je suis fou, n'avons-nous pas décidé hier au soir de ce que nous devions faire ?

Le voyant sérieux, à mon grand étonnement, je fus frappé par l'excellence de l'idée que je venais d'évoquer. J'avais dans son adresse une confiance entière qui était devenue pour moi une seconde nature. Immédiatement j'envisageai la logique, la grandeur, la plénitude de cette occasion, si par miracle nous pouvions la saisir et nous en servir. Quelque chose se passait à Memmert aujourd'hui : nos hommes y étaient partis ; et nous, nous étions ici, à dix milles de leur conclave, aveuglés, étouffés par le brouillard. On savait que nous étions ici. Dollmann et Grimm le savaient ; l'équipage de la *Médusa* le savait ; l'équipage du *Kormoran* le savait ; le bonhomme sur la jetée, qu'il le voulût ou non, le savait. Mais aucun d'eux ne connaissait Davies comme je le connaissais. Quelqu'un oserait-il penser ?…

– Stop, me cria Davies, donne-moi deux minutes de réflexion. (Il arracha la carte marine allemande et la compulsa.) Où, exactement, devons-nous aller ?

– Au dépôt, naturellement, c'est une occasion unique.

– Écoute alors, il y a deux routes[1] : la route extérieure, par la haute mer, contournant Juist et redescendant au sud, la plus simple mais la plus longue. Le dépôt est à la pointe sud de Memmert, et l'île a deux milles de longueur environ.

– Par ce chemin, combien de milles ?

– Seize au moins. Et il nous faudra ramer contre une houle épouvantable, la plupart du temps près de la terre.

– Alors, impossible. De plus, nous serions trop en vue, si le temps se levait. Le vapeur a pris cette route et reviendra par la même. Il nous faut y aller par les sables. (Je crois que je rêvais aussi.) Pourrais-tu trouver le chemin par là ?

– Ça ne m'étonnerait pas. Mais je ne sais pas si tu vois la vraie difficulté. C'est l'heure et la marée descendante. Le plein était à huit heures et quart : il est maintenant dix heures et quart, tous ces sables vont être découverts. Il faut que nous traversions le See Gat, et que nous trouvions le chenal balisé, le Memmert Balje, que nous le prenions sans nous en écarter d'une ligne, que nous traversions le versant, et que tu sois là avant qu'il ne soit trop tard. Ce versant est infernal. Pas même notre youyou ne pourrait le traverser, passé un certain point, à marée basse.

– Très bien. À combien de milles est ce versant ?

– Ah ! Dieu ! En voilà des discours ! Déshabille-toi, Carruthers, vite. Causons tout en changeant de costume. (Il se mit à se déshabiller rapidement, je fis de même, jetant nos vêtements au hasard autour de nous.) Il y a au moins cinq milles jusqu'au bout de ce versant, six en comptant les sinuosités. Ça fait une heure et demie

1. Voir carte marine B.

en ramant de toutes nos forces ; deux heures en comptant les difficultés qui peuvent toujours survenir. Te sens-tu à la hauteur ? C'est toi qui auras le plus à ramer. Puis, après, il y a six ou sept milles de plus… moins difficiles. Alors… Et qu'est-ce que nous ferons quand nous serons arrivés là-bas ?

– Mène-moi là-bas, et je me charge du reste, lui dis-je.

– Et supposons que le brouillard se dissipe ?

– Après notre arrivée à Memmert ? Ce serait embêtant, mais qui ne risque rien n'a rien. Si, au contraire, le temps se lève pendant que nous irons par ce chemin, ça ne fait rien ; nous serons à des milles de la terre et personne ne pourra nous voir.

– Et pour revenir ?

– Nous aurons la marée montante en tout cas. Si le brouillard continue… Peux-tu t'en tirer dans le brouillard et dans l'obscurité ?

– L'obscurité ne fait rien, si nous avons une lanterne pour voir le compas et la carte marine. Vite, allume la lampe de l'habitacle ; non, le fanal. Maintenant, passe-moi les ciseaux et n'ouvre pas la bouche pendant dix minutes. Pendant ce temps-là réfléchis à tout, prépare le youyou, et surtout qu'on ne t'entende pas. Emporte quelque mangeaille, le whisky, le compas, la sonde, le fanal, des allumettes, la petite gaffe, le grappin et son câble.

– La trompe de brume ?

– Oui, ainsi que le sifflet.

– Les fusils ?

– Pour quoi faire ?

– Nous partons à la chasse.

– Oh ! très bien. Et entortille les toletières avec de l'étoupe.

Je laissai Davies absorbé dans ses cartes et fis mon service le plus doucement possible. Dix minutes après il était sur l'échelle, me faisant signe.

– Ça y est, chuchota-t-il. Maintenant, faut-il partir?

– J'ai beaucoup réfléchi. Oui, partons.

II était onze heures moins vingt-cinq quand nous quittâmes le yacht dans le youyou.

– Laisse-le dériver, me dit Davies à l'oreille. Le jusant va nous faire dépasser la jetée.

Nous glissâmes le long de la *Dulcibella* qui disparut bien vite dans le brouillard. Puis nous restâmes sans bouger et sans parler pendant cinq minutes, entendant le clapotis de l'eau qui s'élançait sur les piles de la jetée augmenter, puis diminuer. Le youyou paraissait immobile, exactement comme un ballon semble immobile bien qu'il soit rapidement emporté par un courant d'air. En réalité nous glissions du Riff Gat dans le See Gat. Une houle légère fit balancer le youyou.

– Maintenant, me dit Davies toujours à voix basse, donne de longs coups d'avirons des deux bras à la fois, bien également.

Il serait trop long et trop compliqué pour le lecteur de suivre mille par mille notre traversée. Il a déjà été dit que Davies possédait un sixième sens quand il s'agissait de navigation dans les bas-fonds. De tous les tours de force qu'il exécuta pendant mon séjour avec lui, ce fut le plus extraordinaire. Si le lecteur suit attentivement sur la carte marine B le trajet que nous parcourûmes, s'il se souvient qu'un brouillard épais nous enveloppait et que la marée descendait, s'il remarque les courants contre lesquels nous eûmes à lutter, la longueur du versant à dépasser et les deux instants de répit que j'obligeai Davies à me donner pour reprendre quelque force, il verra que, étant partis à dix heures et demie du port de Norderney et étant arrivés à Memmert à presque trois heures, nous avions couvert nos seize milles, dans des circonstances exceptionnellement difficiles, en moins de quatre heures et demie.

Pendant le trajet le brouillard ne s'était pas levé, et quand nous touchâmes le sable à l'extérieur de l'île de Memmert, il était plus épais que jamais.

– Où sommes-nous ? demandai-je à Davies, voyant une dune marquée par un boom unique fiché dans le sable.

– À un quart de mille de l'île elle-même. Quelle heure est-il ?

– Presque trois heures, répondis-je.

CHAPITRE XXII

LE QUATUOR

Son tour de force une fois accompli, Davies eut un moment de faiblesse.

– En l'honneur de quoi sommes-nous venus ici ? murmura-t-il. La tête me tourne.

Je lui fis boire du whisky, ce qui le ranima, puis toujours en chuchotant nous élucidâmes certains points. Moi seul devais débarquer. Davies me fit quelques objections, simplement par affection pour moi, mais le sens commun, coïncidant avec sa profonde horreur pour l'espionnage, nous mit d'accord. On remarquerait deux hommes beaucoup plus qu'un seul. Je parlais bien allemand, et si nécessaire je pourrais couvrir ma retraite avec quelques mots bourrus. Dans mes vêtements imperméables, avec mes bottes, mon cache-nez rejoignant presque mon suroît enfoncé jusqu'aux yeux, je pouvais, dans un brouillard, passer pour un Frisien. Davies avait à s'occuper du youyou. Mais moi, comment le retrouverais-je ? J'espérais pouvoir le faire sans son secours, en suivant le bord du sable, mais s'il entendait un long sifflement il faudrait qu'il me réponde en sonnant la trompe de brume.

– Prends le compas de poche, me dit-il. Ne t'éloigne pas d'un pas de la plage sans t'en servir, et pose-le par terre pour qu'il soit exact. Prends ce bout de carte marine[1] aussi, cela pourra te rendre service. Mais tu trouveras sûrement le dépôt, il a l'air d'être tout près de la plage. Quand reviendras-tu ?

– Combien de temps me donnes-tu ?

– La marée monte depuis une heure, le banc où nous sommes sera couvert dans une heure et demie.

– Il me semble que c'est assez.

– Perds le moins de temps possible. Ça monte assez dur ici, peut-être est-ce plus facile plus loin. S'il faut que tu patauges pour trouver le youyou, tu ne le retrouveras jamais et tu feras un potin du diable. Tu as ta montre, tes allumettes, ton couteau ? Pas de couteau ! Prends le mien ; il ne faut jamais descendre à terre sans couteau. (Une de ses idées de marin.)

– Un instant ! Si par hasard j'étais en retard et ne pouvais te retrouver ici, où faut-il que j'aille ?

– Ne sois pas en retard. Il faut que nous soyons de retour sur le yacht avant qu'on s'aperçoive de notre absence.

– Oui, mais peut-être faudra-t-il que je me cache et que j'attende jusqu'au soir. Le brouillard peut se lever.

– Quelle folie d'être venus ici, dit Davies très sombre. Où veux-tu qu'on se rencontre dans un endroit comme celui-ci ? Voilà ce que je peux voir de mieux sur la carte, une grande balise triangulaire indiquée sur la pointe même de Memmert. Tu passeras à côté.

– Très bien, je pars.

– Bonne chance, me dit Davies sans enthousiasme.

Je sortis du youyou, grimpai une sorte de glacis vaseux de cinq ou six pieds, atteignis du sable ferme et humide, et avançai rapidement, laissant le faible clapotement du Memmert Balje à ma gauche. Un rideau de brouillard

1. En quittant la *Dulcibella* Davies avait découpé un carré d'une carte marine, ce carré est la carte marine B.

tomba entre moi et Davies. Je me sentis seul, tout seul; mais comme j'étais surexcité de sentir qu'enfin, quoi qu'il arrive, j'allais pouvoir donner libre carrière à mon imagination et à la perspicacité que je possédais! Je fendis rapidement le brouillard.

Grand Dieu! qu'est-ce que c'est que ça? Je m'arrêtai court et écoutai. Venant de la mer, à ma gauche, j'entendis, étouffés par le brouillard mais très distincts quand même, trois coups répétés de cloche ou de gong. Je regardai à ma montre. Un navire à l'ancre, pensai-je. Six coups pendant le quart de midi à quatre heures. Je savais que le Balje était à cet endroit une rade profonde où un vaisseau entrant par le bras est de l'Ems pouvait jeter l'ancre.

J'allais juste me remettre à marcher quand un autre son, venant du même côté, un appel de clairon cette fois-ci, me retint. Alors je compris. Il n'y a que les vaisseaux de guerre qui sonnent le clairon. La *Blitz* était donc là. Tout naturel, pensai-je, et je repris ma marche. Le sable devenait de plus en plus sec. Je mis le pied sur ce mince cordon d'algues qui indique la pleine eau. Quelques pas précautionneux à droite et je sentis l'herbe.

C'était l'île elle-même. Je tirai le bout de carte marine que j'avais dans ma poche et me rafraîchis la mémoire. Je ne pouvais pas me tromper; je n'avais qu'à suivre le ruban d'algues, gardant la mer à ma gauche, et à marcher au bord de l'herbe pour étouffer mes pas. Tout d'un coup je faillis tomber sur une massive barre de fer, et d'autres barres du même genre semblaient être sorties de terre, tout autour de moi, comme une pieuvre étendant ses tentacules.

– Quelle est cette infernale machination? me demandai-je, m'étalant cette fois-ci de tout mon long.

Je m'étais enfilé dans la base d'un trépied gigantesque et je me souvins que ce devait être la balise. Une centaine de mètres plus loin j'appliquai mon oreille sur le sol, écoutant de toutes mes forces, car plusieurs petits sons flottaient dans l'air : un bruit de voix, le grincement de la quille d'un bateau, un sifflement. Ces sons étaient droit en avant ; plus à gauche, c'est-à-dire du côté de la mer, j'entendais le bruit de la vapeur s'échappant d'un petit bateau. À droite, je n'avais encore rien entendu, mais le dépôt devait être là. Je me préparai à quitter mon ruban d'algues, mis le compas par terre, et relevai nord-ouest comme direction. (Sud-est, sud-est pour revenir, répétais-je intérieurement comme un enfant qui ne veut pas oublier la commission dont on l'a chargé.) Puis j'abandonnai la plage, et me jetai à corps perdu en plein brouillard.

– De l'audace, toujours de l'audace ! me répétai-je. Personne ne te sait ici, personne ne te reconnaîtra.

J'avançai rapidement, ne sentant plus sous mes pieds que du sable mou, marqué par des empreintes de pas. Je marchai avec plus d'attention, car je trouvai quelques obstacles sur mon chemin : une ancre, un tas de chaînes rouillées, puis un bateau, quille en l'air, sur lequel une vieille pipe dégoûtante était posée. Je demeurai là, écoutant de nouveau de toutes mes oreilles. Des sons parvenaient de différentes directions : le même sifflotement, mais derrière moi maintenant ; des pas lourds, en avant, et quelque part, en arrière, à cinquante mètres, un bourdonnement de conversation dans un langage guttural. De cette même direction m'arrivaient des bouffées de fumée d'un tabac âcre et désagréable. Puis j'entendis une porte claquer.

Je remis le compas dans ma poche (toujours me répétant sud-est, sud-est), portai la pipe à mes lèvres (oh ! quelle horreur !), ramenai mon suroît encore plus sur les yeux et me dirigeai dans la direction d'où le claquement de la porte m'était venu, essayant de me dandiner comme le marin à terre. Une voix en face de moi appela : « Karl Schicker ! » ; une voix plus proche de moi, celle de l'homme dont j'avais entendu les pas, répéta : « Karl Schicker. » Je fis de même et appelai : « Karl Schicker » aussi gutturalement que possible, en me retournant. Les pas passèrent tout près de moi, et lançant un regard de côté, je vis un jeune homme habillé comme moi, excepté qu'il portait un bonnet de loutre au lieu d'un suroît. Il paraissait compter de la monnaie dans la paume de sa main. Une sorte de hélement, venant de la plage, fit cesser le sifflotement.

Je reconnus alors que j'étais sur un chemin battu. Le croyant trop dangereux, j'inclinai de côté, non sans appréhension, car le chemin menait vers le bruit de conversation et le claquement de la porte : c'étaient mes seuls guides pour arriver au dépôt. Tout à coup, et bien plus tôt que je ne m'y attendais, j'eus le pressentiment que j'avais un mur devant moi. En effet, j'étais en face d'un mur. C'était celui d'un bâtiment bas en tôle gaufrée. La nécessité d'un arrêt pour reconnaître où j'étais se faisait sentir ; mais le groupe des causeurs pouvait avoir entendu mes pas. À tout prix il fallait que je paraisse un habitué du dépôt. J'allumai une… deux allumettes et tirai quelques bouffées de l'horrible pipe, étudiant la direction du mur par rapport au son. (Il restait encore un peu de tabac dans la pipe et une fumée innommable fut le résultat de mes efforts.) Juste au même moment la porte claqua de nouveau et un autre nom, que j'ai oublié, fut lancé. J'en conclus que j'étais à l'extrémité d'un bâtiment rectangulaire, et que la porte que j'entendais claquer était placée sur un des côtés les plus grands du rectangle, à gauche. Une poignée d'hommes devaient se trouver là, entrant un à un dans le bâtiment. Ayant craché bruyamment, je suivis le mur à droite, tournai un angle et continuai à avancer lentement, dépassant des objets tels un baquet, un réservoir, un passage pavé menant à une porte, qui indiquaient que la maison était habitée. Maintenant j'apercevais le coin d'un autre bâtiment, en tôle comme le premier et parallèle à celui-ci, mais beaucoup plus élevé, car je voyais à peine le bord dépassant du toit. J'allais me diriger de ce côté quand j'entendis ouvrir une fenêtre juste en avant de moi, dans mon premier bâtiment.

Je crains de devenir inintelligible, aussi un schéma approximatif de l'endroit donnera-t-il au lecteur une meilleure idée de ce que je vis en partie et de ce que j'imaginai pour le reste. C'est la fenêtre A que j'entendis ouvrir. À travers le brouillard je vis une main très propre, avec une chevalière d'or, jeter un bout de cigare, demeurer un instant sur l'appui de la fenêtre puis la fermer.

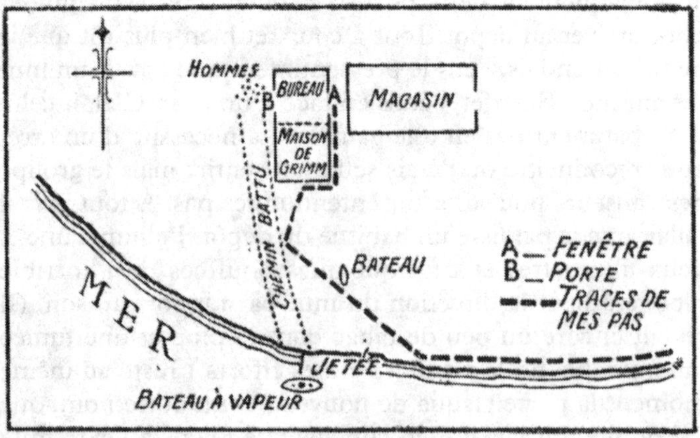

Ceci m'apprit que cette fenêtre donnait sur la même pièce que la porte que j'avais entendue claquer, car je l'entendis distinctement s'ouvrir et se fermer de l'autre côté du même bâtiment. De l'audace ! me dis-je encore, et je me disposai à regarder dans la pièce. Puis, marchant droit devant moi, tirant de fortes bouffées de mon ignoble pipe, je dépassai la fenêtre, lançant un long regard à l'intérieur. Je compris immédiatement que personne dans l'intérieur de cette pièce ne s'occupait de moi et que, comme je l'avais pensé (vu le brouillard et l'heure), la pièce était éclairée. C'était un petit bureau. Dans le coin le plus éloigné de moi, à droite, Grimm était assis à un secrétaire, sur un tabouret élevé, comptant de l'argent. Je le voyais de profil. En face de lui, un homme vêtu comme un marin, un casque de scaphandrier à la main, se tenait debout et semblait embarrassé. Une table de bois blanc, avec quelque chose de grand et de noir posé dessus, était placée au milieu de la pièce. Deux hommes me tournant le dos étaient assis sur des chaises près de la table, regardant Grimm et le scaphandrier. L'un était von Brüning; l'autre, beaucoup plus âgé, était chauve et avait le crâne jaune. Sans aucun doute c'était le compagnon de Dollmann sur le vapeur. Sur une autre chaise, le dos pour ainsi dire appuyé contre la fenêtre, Dollmann était assis.

Pour inspecter le bureau plus en détail, je me mis à quatre pattes et rampai sans faire de bruit jusqu'à ce que je fusse sous la fenêtre et, d'après mes calculs, exactement derrière la chaise de Dollmann. Arrivé là, je levai la tête avec précaution. Il n'y avait qu'une paire d'yeux que je craignais; c'était celle de Grimm, que, comme je l'ai déjà dit, je voyais de profil. Je plaçai entre lui et moi le dos de Dollmann et inspectai la pièce à loisir. Une sueur froide me coulait le long du dos, non pas causée par la peur ou la surexcitation, mais par la honte, la simple honte. Car j'assistais bien à la réunion d'une compagnie de sauvetage, c'était le jour de paye, et les directeurs s'enquéraient du travail fait; voilà tout. Quelle dégringolade!

Le bureau était rempli d'épaves provenant de la frégate enfouie dans le sable. Une vieille gravure la représentant ornait le dessus de la porte et, sur la table, une poutre de bois arrondie et garnie de rivets épais excitait un intérêt évident. Le scaphandrier en discutait le prix; von Brüning et Grimm n'étaient pas de son avis. Le scaphandrier secoua fréquemment la tête, haussa les épaules, salua et quitta le bureau. À cause de leurs mouvements j'étais obligé de me baisser et de me relever comme un diable qui sort d'une boîte, mais bientôt je m'en abstins, ne me préoccupant plus des conséquences de mon audace. Je tombai dans le scepticisme le plus profond quant à ma théorie : où étaient mes mines, mes torpilles, mes sous-marins, mes conspirateurs impériaux ? Après tout, le fond de ce sordide mystère n'était-il que l'or ? Et Dollmann rien qu'un criminel ordinaire ? Cependant, une faible voix intérieure, celle du sens commun, me répétait : « Tes quatre hommes sont là, attends. » Deux plongeurs entrèrent de nouveau dans la pièce, deux nouvelles discussions s'engagèrent au sujet de l'épave posée sur la table. Leur départ sembla terminer la réunion. Grimm ferma son grand livre ; je retombai sur les genoux, car un grand mouvement de chaises se fit entendre. Au même moment, de l'autre côté du bâtiment, j'entendis ma poignée d'hommes s'en aller du côté de la plage, crachant et causant tout le long du chemin. Un instant après quelqu'un traversa la pièce et s'approcha de ma fenêtre. Toujours à quatre pattes, je quittai le dessous de cette fenêtre et m'aplatis, debout le long du mur, perdant quelque peu la tête, avec l'intention de m'enfuir sud-est aussitôt que les hommes me laisseraient le champ libre. Mais le son d'anneaux de rideaux qu'on tirait me rendit ma présence d'esprit. Vif comme l'éclair, je repris ma position près de la fenêtre. Hélas ! un rideau de cretonne avait été tiré. Il était d'une seule pièce, mais il ne tombait pas tout à fait droit. Une bosse, formée par des épaules humaines, s'arrondissait dans ma direction. J'en conclus que Dollmann était resté à sa place. J'étais furieux, car je pouvais à peine entendre, même en plaçant mon oreille contre les vitres. Non pas que les intéressés aient baissé la voix, mais parce que le verre et le rideau étouffaient le son. Malgré tout, je distinguai immédiatement la voix de von Brüning (c'était la seule que j'eusse entendue précédemment). Il était à gauche de la table. Je reconnus celle de

Dollmann d'après sa position ; la troisième, une espèce de croassement désagréable, était celle du vieux monsieur que j'appellerai à l'avance, pour qu'on s'y reconnaisse, Böhme. Ce n'était pas celle de Grimm. De plus, elle était autoritaire, et pour le moment posait sèchement des questions. Je ne pus saisir que trois phrases : « Quand était-ce ? Sont-ils allés plus loin ? Trop long ? Ça ne fait pas question. » La voix de Dollmann, bien plus proche de moi, était la moins compréhensible de toutes. C'était une sorte de monologue débité d'une voix sourde, et je m'aperçus qu'il pétrissait entre ses doigts un pli du rideau de cretonne. « Tu n'es pas à ton aise, mon ami », pensai-je. Soudain il renversa la tête en arrière, et l'ombre de sa tête si caractéristique, en forme de coing, se profila sur le rideau. Il parla cette fois si clairement que je ne perdis pas un mot.

– Très bien, monsieur, vous les verrez ce soir, à souper ; je les inviterai tous les deux.

(On ne sera pas étonné d'apprendre que : je regardai immédiatement l'heure à ma montre, et bien que ce que je décris prenne du temps à écrire il n'était encore que quatre heures moins le quart.) Dollmann ajouta quelque chose à propos du brouillard et sa chaise craqua. Plongeant rapidement j'entendis dire pendant qu'on entrouvrait le rideau : « Plus épais que jamais. »

– Votre rapport, Herr Dollmann, fit Böhme brièvement.

Dollmann quitta la fenêtre et approcha sa chaise de la table. Les deux autres s'installèrent pour écouter.

– Chatham, dit Dollmann, comme énonçant un titre.

C'était pour moi un mot facile à comprendre, et je sautai presque en l'air. « Ah ! m'écriai-je intérieurement, c'est là que tu as passé le mois dernier. » J'entendis qu'on déroulait une carte et je devinai qu'ils se penchaient dessus pendant que Dollmann leur expliquait quelque chose. À cet instant, mon exaspération fut à son comble, je n'entendais plus un mot. M'accroupissant sur mes talons, je lançai un regard circulaire, cherchant un expédient. Fallait-il tourner le coin de la maison et essayer d'entrouvrir la porte ? Trop dangereux. Grimper sur le toit et écouter par le tuyau du poêle ? Trop bruyant et généralement inutile. J'essayai de tirer à moi la partie supérieure de la fenêtre à guillotine. Inutile aussi, elle résista à ma douce pression, et je me dis que si j'y mettais plus de force elle tomberait tout d'un coup avec fracas. Je tirai de ma poche le couteau de Davies, essayant de m'en servir comme d'un levier et, au contraire, soulever la partie inférieure de la fenêtre. Vain effort ; mais, ô bonheur ! je vis que le couteau était un couteau de marin avec un épissoir aussi bien qu'une très forte lame.

Au même moment la porte s'ouvrit et se referma. Un bruit de pas approchait à ma droite. J'eus la présence d'esprit d'agir impulsivement et de m'éloigner sans faire de bruit (grâce au sable épais de la Frise), contournant le coin du grand bâtiment parallèle. Quelqu'un que je ne pus reconnaître marcha jusqu'à ce que j'entendisse des bottes résonner d'abord sur le pavé, ensuite sur les planches. J'en conclus : « Grimm va dans son appartement. » Les minutes si précieuses se succédaient, cinq, dix, quinze. N'allait-il pas revenir ? Cependant je n'osais pas reprendre mon poste d'observation. Dix-huit… Il revenait ! Cette fois-ci, je m'avançai hardiment aussitôt qu'il m'eut dépassé, et je vis vaguement sa silhouette mais clairement un papier blanc qu'il tenait à la main. Il rentra dans le bureau par le chemin par où il était venu.

Je retournai sous ma fenêtre, mais impossible d'entendre un mot. Cependant j'y étais et j'avais résolu de rester, jusqu'à ce que j'eusse arraché à ces quatre hommes leur secret. L'épissoir ! À l'endroit où la partie inférieure de la fenêtre rejoignait l'appui, il se trouvait juste l'espace nécessaire pour y enfoncer la pointe de l'épissoir. Avec ce levier puissant je pouvais soulever la partie inférieure de la fenêtre aussi lentement et aussi doucement que je le voulais ; si bien que, quand je l'eus soulevée d'un ou deux centimètres, j'entendis la conversation comme si j'eusse enlevé mon pied de sur la pédale douce d'un piano.

Le rapport de ce que j'entendis serait incompréhensible. Tout ce que je puis dire est que certains fragments sont restés dans ma mémoire à cause de leur classification. J'entendis appeler des lettres de A à G. Böhme lut ces lettres, marquées sur un papier, en commençant par la fin et en ajoutant des remarques à chacune d'elles. Par exemple : G… terminé ; F… mauvais… 1.3 (mètres ?)… 2.5 (kilomètres ?)… E… trente-deux. 1.2. D… trois semaines… trente. C, etc., etc.

Il recommença une autre fois à parcourir la liste, ne faisant que nommer les lettres et recevant des réponses laconiques de Grimm, réponses qui me semblèrent être des nombres, mais je n'en suis pas certain. Pendant quelques minutes je n'entendis plus qu'un grincement de plumes et des murmures étouffés. Cependant, je saisis cinq noms, cinq noms aux consonnes sifflantes : Schleppboote (remorqueurs), Wassertiefe (hauteur d'eau), Eisenbahn (chemin de fer), Lotsen (pilotes). Le cinquième, Esens, m'était bien connu.

Le brouillard était toujours aussi épais ; la question d'heure, de marée, de distance, commençait à me préoccuper. Il était déjà quatre heures vingt-cinq et Davies ne m'avait-il pas dit qu'à quatre heures et demie les bancs seraient couverts ? Comment allai-je retrouver mon chemin ? Comment allaient-ils, eux, rentrer à Norderney ? Il devait être quatre heures trente-cinq quand j'entendis un autre remue-ménage. Quelqu'un se leva, rassembla des papiers et sortit avec une autre personne qui ne se leva pas : donc c'était Grimm.

Il y eut un instant de silence dans le bureau, puis, pour la première fois, j'entendis distinctement la conversation suivante :

– Il insiste et veut venir, dit Böhme.

– *Ach*, s'écria von Brüning, surpris et comme protestant.

– J'ai fixé le vingt-cinq. Pourquoi ?

– La marée nous servira. Le train de nuit, naturellement. Dites à Grimm d'être prêt. (Une question de von Brüning que je ne pus entendre.) Non, n'importe quel temps.

Von Brüning se mit à rire, et de nouveau posa une question que je ne saisis pas.

– Rien qu'un, à moitié plein.

– … rencontrer ?

– À la gare.

– Ainsi… et ce brouillard ?

Ceci me parut être réellement la fin. Les deux hommes se levèrent et s'avancèrent vers la fenêtre. Je sautai de côté, les entendant l'ouvrir. Von Brüning appela Grimm, et ceci, aussi bien que la fenêtre ouverte, me décida à ne pas retourner au youyou par où j'étais venu. La seule alternative était de faire le tour du plus grand bâtiment. Je le fis. Un tour interminable, me sembla-t-il, pendant lequel je me dis que mon « sud-est, sud-est », ne signifiait plus rien. Je dépassai une porte cadenassée, tournai deux angles et me trouvai en face du brouillard. Je sortis mon compas et essayai de conclure que « est » serait à peu près ma direction. Je me lançai par là, me trompant au moins de quatre quarts. La plage me sembla beaucoup plus éloignée que je ne pensais et je commençai à être assez alarmé. J'essayai plusieurs fois de me servir du compas, mais je compris finalement que j'avais perdu mon chemin. J'eus la présence d'esprit de ne pas empirer les choses en essayant de le retrouver. De deux maux choisissant le moindre, je sifflai doucement d'abord, puis plus fort. La trompe de brume me répondit, exactement derrière moi. Je sifflai derechef et me mis à courir ventre à terre du côté de la trompe qui sonnait à intervalles. En trois minutes je fus sur la plage et dans le youyou.

CHAPITRE XXIII

CHANGEMENT DE TACTIQUE

Nous nous éloignâmes de la plage sans échanger un mot. Une voix nous hélant approchait :

– Réponds comme si nous étions une galiote, me dit Davies à voix basse.

– Hohé, criai-je, où suis-je ?

– Près de Memmert. Où allez-vous ?

– Delfzyl, me chuchota Davies.

– Delfzyl, criai-je de toute ma voix.

Une phrase se terminant par « ancre » fut la réponse.

– Le flot porte à l'est, recommença Davies, toujours à voix basse, ne bouge pas.

Nous n'entendîmes plus rien. Quelques minutes après Davies me demanda :

– Eh bien ! as-tu eu de la chance ?

– Un ou deux renseignements et une invitation à souper.

Je laissai les renseignements pour plus tard ; l'invitation était plus pressée. Je l'expliquai à Davies.

– Comment vont-ils retourner ? fit-il. Si le brouillard continue, le vapeur sera certainement en retard.

– Nous ne pouvons compter sur rien, répondis-je. Il devait y avoir un petit bateau à vapeur près du dépôt et le brouillard peut se lever. Quel est le chemin de retour le plus court?

– À cette heure de la marée, c'est une ligne droite sur Norderney; tous les bancs sont couverts.

Tout était prêt, le fanal allumé, le compas en position, aussi nous partîmes immédiatement. Pour tâcher d'oublier ma fatigue, qui commençait à se faire sentir, j'essayai de me remémorer toutes les paroles que j'avais entendues.

– De quoi y a-t-il sept, aux environs d'ici? demandai-je une fois à Davies, pensant à A et à G. Pardon, ajoutai-je, voyant qu'il ne me répondait pas.

Après un long intervalle, je repris :

– Je vois une étoile. Elle s'en va. Elle revient. Droit à l'arrière!

– C'est le phare de Borkum, fit Davies. Le brouillard se lève.

En effet le brouillard se levait, chassé par un fort vent d'ouest. En un instant il disparut et nous vîmes le phare de Norderney scintiller en avant.

– *Damn*[1] *!* s'écria-t-il.

Ce fut toute sa gratitude.

Je dois dire que j'étais moi-même très embêté; car si grâce au brouillard Davies dans son youyou pouvait battre un vapeur, par temps clair il perdait son handicap.

Il était sept heures moins le quart.

– Nous y serons dans une heure, si nous ne traînons pas, annonça-t-il.

Il m'indiqua une étoile que nous devions garder toujours à l'arrière. De nouveau mon pauvre dos se pencha et mes malheureuses paumes reprirent les avirons.

– Qu'est-ce que tu m'as demandé à propos de sept? fit Davies.

1. Expression énergique correspondant à peu près à «sacré nom de nom».

– Qu'est-ce qu'il peut bien y avoir par sept aux environs d'ici ?

– Sept îles, naturellement, répliqua Davies. Est-ce ça le renseignement ?

– Peut-être.

Puis suivit la plus singulière de toutes nos confabulations. Deux mémoires valent mieux qu'une, et le plus vite j'aurais imprimé dans la sienne ce dont je me souvenais, le mieux cela vaudrait. Tout en dépensant le moins possible de respiration, je racontai mon histoire et répondis à ses questions haletantes. Cela nous sauva, nous empêchant de sentir notre fatigue.

– Espionner à Chatham ! La canaille ! siffla-t-il entre ses dents.

– Qu'est-ce que tu en penses ? lui demandai-je quand j'eus fini.

– Rien à propos de vaisseaux de guerre, de mines, de forts ?

– Non.

– Rien à propos de l'Ems, Emden, Wilhelmshaven ?

– Non.

– Rien à propos de transports ?

– Non.

– Je crois que j'avais raison, après tout ; c'est quelque chose avec les chenaux entre les îles et la terre.

Je protestai :

– Ils ont parlé d'Esens, cette ville derrière Bensersiel.

– Wassertiefe, Lotsen, Schleppboote, dit Davies.

– Kilomètre… Eisenbahn, répétai-je, etc., etc.

Pendant ce temps nous approchions de Norderney, mais nous n'osions ralentir, de peur que l'état de fatigue extrême dans lequel nous étions ne nous permît plus de recommencer si nous nous arrêtions.

– Un feu à l'arrière…, dis-je d'une voix rauque, trois, maintenant.

Un triangle de pierres précieuses, topaze, rubis, émeraude, restait derrière nous.

– Vapeur qui a tourné vers l'est, remarqua Davies. Dépêche-toi, c'est le vapeur de Juist. Mais non, il est trop petit. Qu'est-ce, alors?

Nous donnâmes de plus longs coups d'avirons que jamais pendant que le petit vapeur approchait.

– Attends, fit Davies, je crois que je connais ces feux. Mais oui, c'est la chaloupe de la *Blitz*. Ralentis, il ne faut pas qu'on nous rencontre ramant comme des fous.

Il avait raison. Je vis comme dans un rêve la même petite chaloupe qui nous avait remorqués à Bensersiel.

«Nous sommes perdus», pensai-je.

Et je ne sais pourquoi, le mot de von Brüning, «police», me hantait. La chaloupe nous dépassa.

– Ils sont trois dedans, dit Davies. Qu'allons-nous faire?

– Les suivre, répondis-je, essayant de me remettre à ramer.

Mais j'étais trop fatigué, je ne pus qu'effleurer la surface de l'eau.

– Reposons-nous un instant, dit Davies. De toute façon nous sommes en retard.

– S'ils montent à bord du yacht, ils croiront que nous sommes à terre.

– Et nos vêtements qui jonchent le plancher?

– Te sens-tu en forme pour une brillante conversation?

– Non, mais il le faut. Le moindre soupçon nous perd maintenant.

– Passe-moi les avirons, mon vieux, et enfile ton imperméable; tu n'en peux plus.

Il éteignit la lanterne, alluma sa pipe, et rama lentement, pendant que je m'écrasais à l'avant, essayant de retrouver quelques bribes d'intelligence. Dix minutes après nous contournions la jetée et je vis que la chaloupe était le long du yacht. Je le dis à Davies, allumai une cigarette, et essayai de siffler. Ce fut lamentable. Davies s'y mit aussi et émit une mélodie étrange que je crus reconnaître pour : *Home, sweet home*.

– Ça y est, ils sont à bord ! dis-je en éclatant.

La cabine était éclairée.

– Ohé ! criai-je quand nous fûmes tout près. Qui est là ?

– Bonsoir, monsieur, me dit un matelot qui par une gaffe retenait la chaloupe au yacht. C'est la chaloupe du commandant. Je crois que ces messieurs désirent vous voir.

Avant que nous puissions répondre, l'exclamation « Les voilà ! » partit du pont de la *Dulcibella*, et von Brüning lui-même émergea de l'écoutille. Nous entendîmes en bas comme une petite lutte que le commandant parvint presque à étouffer par la cordialité de son accueil. Pendant ce temps l'échelle craqua de nouveau et Dollmann apparut.

– Est-ce vous, Herr Davies ?

– Herr Dollmann ! Comment allez-vous ? répondit Davies.

Il faut que j'explique que nous nous étions glissés entre le yacht et la chaloupe que les marins avaient éloignée du flanc de la *Dulcibella* pour nous laisser passer. Le feu de tribord de la chaloupe épandait ses rayons verts obliquement sur le pont de la *Dulcibella*. Nous et le youyou étions dans l'ombre entre les deux bateaux. Les calculs les plus précis n'auraient pu nous placer dans de plus favorables conditions pour l'instant que j'avais toujours le plus redouté : la rencontre de Davies et de Dollmann. Le premier ayant monté ses avirons resta assis où il était, le visage à demi levé vers le yacht, regardant son ennemi. Aucun trait de son visage ne pouvait être visible pour ce dernier, tandis que ces rayons verts – vous savez quels ravages ils produisent sur la physionomie humaine – tombaient en plein sur le visage de Dollmann. C'était la première fois que je le voyais de près. Je pus dévisager, je le fis superstitieusement et avec horreur, le masque livide et grimaçant qui se baissa pendant quelques instants vers

Davies. Un des caprices de la lumière crue fut d'oblitérer, ou du moins de pénétrer suffisamment la moustache et la barbe de façon que je reconnus le dessin des lèvres et du menton, traits qui trahissent le plus les défauts de caractère, spécialement quand votre sujet sourit. Sans m'arrêter à broder mélodramatiquement, je dirai que jamais l'expression de perfidie maligne et de colère vile et concentrée, exagérée jusqu'à la caricature, que je lus sur son visage ne s'effacera de ma mémoire. Un autre caprice de la lumière fut d'identifier l'homme avec son portrait sur lequel il était rasé. Enfin, le dernier et le plus tragique fut de me faire remarquer une très grande ressemblance entre lui et la délicieuse jeune fille qui était venue nous voir la veille.

Pendant ce temps, le troisième de nos hôtes inattendus s'était enfin extirpé de l'écoutille, suant, soufflant, ressemblant plus que jamais au diable sortant de sa boîte. Tous trois demeuraient là, rangés comme des délinquants, pendant que nous, les vrais coupables, n'avions qu'à accepter passivement leurs explications. Elles étaient tout à fait plausibles, d'ailleurs. Dollmann ayant vu le yacht dans le port, ce matin, en revenant de Memmert, s'était arrêté pour nous inviter à souper. Ne trouvant personne à bord et concluant que nous étions à terre, il avait eu l'intention de laisser un mot pour Davies dans la cabine. Mais son ami, Herr Böhme, «l'ingénieur distingué», désirait beaucoup voir le petit vaisseau qui était allé si loin. Il savait que Davies ne serait pas choqué de cette visite.

– Pas du tout, dit Davies. Pourquoi ne pas rester et prendre un apéritif?

– Non, mais pourquoi ne pas aller tous ensemble souper chez moi?

– Avec plaisir, répondit Davies. Mais il faut que nous changions d'abord de vêtements.

Jusqu'à ce moment nous avions été maîtres de la situation, mais tout à coup von Brüning, le seul des trois qui eût l'air d'être à son aise, fit un retour offensif.

– Où avez-vous été ? nous demanda-t-il.

– Oh ! faire un petit tour depuis que le brouillard s'est levé, répondit Davies.

Je suppose qu'il pensait que cette explication passerait comme une lettre à la poste ; mais pendant qu'il parlait je remarquai, à ma grande terreur, qu'un autre rayon de lumière tombait sur le paquet d'étoupe blanche qui ornait une des toletières, aussi ajoutai-je vivement :

– Toujours les canards sauvages !

Et prenant un des fusils, je le plaçai de façon à faire tomber le rayon de lumière sur le chien. Ma voix résonna, rauque et bizarre.

Von Brüning se mit à rire :

– Toujours après ces malheureux canards. Vous n'en avez même pas tiré un, je suis sûr ?

– Non, répliqua Davies, mais après le coucher du soleil nous aurions dû en tirer quelques-uns.

– Comment ? À marée montante et les bancs se couvrant ?

– Nous en avons vu quelques-uns, fit Davies, maussade.

– Vous avez tort, jeunes sportsmen enragés, de laisser votre yacht à l'ancre, à la nuit, sans son feu. Je suis monté ici pour trouver votre fanal et pour l'allumer.

– Oh ! merci bien, mais nous l'avions pris avec nous.

– Pour mieux y voir pour tirer ?

Nous rîmes jaune et Davies se mit à construire une phrase dans son allemand extraordinaire, afin d'expliquer que la lanterne aurait pu nous être utile. Heureusement, von Brüning n'insista pas. La chaloupe accosta de nouveau le yacht et les envahisseurs évacuèrent le sol britannique, plutôt désappointés, malgré toute la nonchalance aimable de von Brüning. Tellement que, bien que mon anxiété grandît de minute en minute, j'eus le courage de chuchoter à Davies, pendant que Herr Böhme passait difficilement d'un bateau à l'autre :

– Dis à Dollmann de rester pendant que nous nous habillons.

– Pourquoi ? murmura-t-il.

– Vas-y ; tu verras.

– Dites donc, Herr Dollmann, cria Davies, restez avec nous pendant que nous nous habillons. Nous avons un tas de choses à vous raconter… et nous pourrons rejoindre ces messieurs avec vous, quand nous serons prêts.

Dollmann n'avait pas encore mis le pied sur la chaloupe.

– Avec plaisir, répondit-il.

Un silence orageux suivit. Von Brüning le rompit en disant brusquement :

– Venez donc, Dollmann, laissez-les tranquilles. Vous les gênerez horriblement dans la cabine. Si vous leur faites raconter leurs exploits, nous ne souperons jamais.

– Et il est déjà huit heures un quart, gronda Herr Böhme de son coin, derrière le capot de la chaloupe.

Dollmann s'excusa et monta sur la chaloupe, qui fila presque immédiatement.

– Je pige, je crois, me dit Davies en m'aidant à grimper à bord. Tu as un rude culot tout de même, et c'était plutôt dangereux.

– Je savais qu'ils ne le laisseraient pas rester avec nous, seulement je voulais en être sûr.

La cabine était exactement dans le même état que quand nous l'avions quittée, nos vêtements éparpillés sur le sofa et sur le plancher et un ou deux buffets entrouverts.

– Je me demande ce qu'ils ont bien pu faire ici ? fit Davies.

Pour ma part, j'allai droit au rayon-bibliothèque.

– Vois-tu quelque chose de dérangé ? lui demandai-je, agenouillé sur le sofa.

– Le journal de bord a été changé de place. Je mettrais ma

main au feu qu'il était à l'autre bout quand nous sommes partis.

– Ça ne fait rien. Remarques-tu autre chose?

– Sapristi! Où est le livre de Dollmann?

– Il y est encore, mais pas où il devrait être.

Le lecteur se souvient peut-être que je l'avais lu la nuit précédente. Le matin même je l'avais remis à sa place, bien en vue parmi les autres livres. Je le retrouvai derrière ceux-ci, comme jeté là par hasard, ce qui prouvait que quelqu'un, qui n'avait pas eu de temps à perdre, l'avait poussé brusquement.

– Qu'est-ce que tu conclus de tout cela? me demanda Davies.

Il produisit le whisky. Nous en bûmes et nous nous offrîmes dix minutes de repos absolu, étendus de tout notre long sur les sofas.

– Ils n'ont pas confiance en Dollmann, lui dis-je. Cela m'a déjà frappé à Memmert.

– Comment?

– D'abord, quand ils ont parlé de nous deux. Il se défendait et n'en menait pas large, car Böhme le serrait de près. Puis de nouveau, à la fin, quand il quitta la pièce suivi de Grimm, qui, j'en suis certain, avait été envoyé pour le surveiller. C'est pendant qu'il était dehors que les deux autres ont arrangé ce rendez-vous pour la nuit du 25. Et encore, il y a un instant, quand tu l'as invité à rester avec nous. Je crois vraiment que les événements confirment mes pressentiments. Böhme – qui est l'ingénieur de Brême – sait par von Brüning l'histoire du raccourci, et soupçonne Dollmann d'avoir voulu te tuer. Dollmann n'ose pas s'en accuser, parce que, toute moralité mise à part, il n'aurait pu être poussé à ce crime que par la nécessité la plus absolue, c'est-à-dire par la certitude qu'il avait que tu n'étais pas seulement un étranger curieux, mais un étranger réellement dangereux. À présent, nous connaissons son motif, mais eux ne le connaissent pas encore. La position de ce livre le prouve.

– C'est lui qui l'a caché ?

– Oui, pour qu'*ils* ne le voient pas. Il n'y a pas l'ombre d'une raison pour qu'ils l'aient caché.

– Nous faisons des progrès, fit Davies. Cela prouve clairement qu'ils savent son vrai nom, ou pourquoi aurait-il caché son livre ? Mais ils ne savent pas qu'il a écrit un livre et que j'en ai un exemplaire.

– En tout cas, Dollmann croit qu'ils ne le savent pas ; c'est tout ce que nous pouvons conclure sur ce point.

– Et que pense-t-il, Dollmann, de moi… de toi ?

– Voilà la question. Il y a neuf chances sur dix qu'il soit torturé par le doute, et qu'il donnerait une fortune pour être seul avec toi, cinq minutes, afin de savoir quelle est la version de l'incident du raccourci que tu as donnée. Mais ils ne le laisseront pas seul avec toi. Ils veulent l'épier en notre compagnie et nous épier dans la sienne. C'est une réunion intéressante pour toi comme pour lui.

– Allons, enfilons ces sales vêtements et allons-y, gémit Davies. Mais avant, je vais faire un plongeon.

Je fis de même, car vraiment il fallait employer les moyens violents pour tâcher de nous secouer, tant nous étions éreintés.

– Je crois que je sais ce qui vient de se produire, expliquai-je pendant que nous procédions à notre toilette dans la cabine. Ils sont arrivés ici et n'ont trouvé personne à bord. « Je vais laisser un mot », fait Dollmann. « Pas de communication indépendante, disent-ils ou pensent-ils ; nous irons avec vous, et nous aurons ainsi l'occasion de fouiller ce repaire de conspirateurs. » Ils descendent. Dollmann, qui sait ce qu'il a d'abord à faire, aperçoit son livre qui saute aux yeux. Ils regardent notre bibliothèque sans y attacher d'importance, ouvrent peut-être le journal de bord, et lui s'arrange pour cacher son livre. Ce geste attire l'attention des autres, et Böhme oblige Dollmann à remonter sur le pont le premier. Tu t'en souviens ?

– Tout ça c'est très bien, fit Davies, mais crois-tu qu'ils savent où nous avons passé la journée ? Et, Carruthers, cette carte marine dont j'ai coupé un carré ! La voilà, étalée sur le filet !

– Tant pis, il faut y aller carrément et bluffer le plus possible.

Le fait est qu'on ne pouvait faire admettre à Davies qu'il avait accompli quelque chose de très remarquable ce jour-là. Cependant ces seize milles sinueux traversés à tâtons, sans parler de mon voyage de retour ni de mes propres exploits, étaient un tour de force si audacieux et si improbable qu'il pouvait écarter les soupçons. Malgré tout, les plaisanteries de von Brüning étaient ennuyeuses, et si l'ombre d'une idée de notre expédition avait traversé son esprit ou celui de ses compagnons, ils auraient des moyens de nous sonder contre lesquels tout notre aplomb ne serait pas de trop.

– Qu'est-ce que tu cherches ? demanda Davies.

J'en étais au moment difficile du faux col et de son bouton, mais je les avais plantés là pour étudier l'indicateur que nous avions acheté le matin même.

– Quelqu'un veut absolument venir par le train de nuit, quelque part, le 25, rappelai-je à Davies. Böhme, von Brüning et Grimm doivent aller à la rencontre de ce quelqu'un.

– Où ?

– Dans une gare ; je ne sais pas où. Ils savaient certainement laquelle. Mais ce doit être quelque part au bord de la mer, parce que Böhme a dit : « La marée nous servira. »

– Ça peut être n'importe où, d'Emden à Hambourg[1].

– Non, c'est probablement quelque part près d'ici. Grimm doit y aller, et il est à Memmert.

1. Voir carte B.

– Voilà la carte… Emden et Norddeich sont les deux seules gares sur la côte avant d'arriver à Wilhelmshaven… non, à Carolinensiel. Mais c'est loin à l'est.

– Et Emden est loin au sud. Disons que c'est Norddeich ; mais alors, selon cet indicateur il n'y a pas de train après six heures quinze du soir. On ne peut pas appeler six heures la nuit. À quelle heure est la haute mer, le 25 ?

– Voyons… huit heures et demie ici et à Norddeich ce soir. La haute mer sera, le 25, entre dix heures trente et onze heures.

– Il y a un train qui arrive à Emden, venant de Leer et du sud, à neuf heures vingt-deux. Un, venant du nord, y arrive à dix heures cinquante.

– Est-ce que tu comptes sur un autre brouillard ? me demanda Davies, railleur.

– Non, mais je désire savoir quels sont nos plans.

– Ne pouvons-nous pas attendre jusqu'à ce que nous ayons subi cette satanée inspection ?

– Non, impossible. Nous nous perdrions.

Ceci était l'exacte vérité, car mon plan à moi était fait, bien que j'hésitasse à l'expliquer à Davies.

Il était cependant grand temps de partir. Nous quittâmes la cabine, la laissant comme elle était ; mais, comme d'habitude, je transférai mon journal dans ma poche intérieure et j'eus soin que mes deux lettres officielles fussent bien dans mon portefeuille.

– Que proposes-tu ? demandai-je à Davies, quand nous fûmes dans le youyou.

– Il faut agir comme si de rien n'était, répondit-il. Notre expédition d'aujourd'hui est une occasion qui ne se représentera jamais. Restons-en à notre décision d'hier au soir… Dis-leur, par exemple, que nous allons rester ici quelque temps pour chasser.

– Et pour faire ta cour ? insinuai-je.

– Oh ! cela, ils le savent tous. Il faut aussi que nous

attendions le moment d'avoir un tête-à-tête avec Dollmann. Pas ce soir, parce qu'il nous faut du temps pour considérer les renseignements que tu as pu réunir.

Nous touchions l'échelle de fer, et je la grimpai difficilement tant j'étais raide. À ce moment le vapeur en retard accosta le long de la jetée.

– Pourquoi pas cette nuit, après tout ? poursuivit Davies, marchant à une allure que je ne pouvais suivre.

– Calme-toi, protestai-je, et écoute. Je ne suis pas du tout de ton avis. Je crois qu'aujourd'hui nous avons doublé nos chances de succès, mais nous avons aussi doublé les risques que nous courons. Nous nous sommes lancés dans une véritable souricière. Je n'aime pas cette inspection que nous allons subir et je crains bien que l'instigateur n'en soit ce vieux renard de Böhme. Le simple fait de leur invitation prouve qu'ils nous trouvent louches, car elle va à l'encontre du conseil que von Brüning m'a donné à Bensersiel. Cela ressemble beaucoup aussi à une arrestation. Il y a évidemment une différence entre Dollmann et les autres, mais elle est trop subtile pour que nous puissions nous en servir. Quant à cette nuit, il ne faut pas y penser, ils sont sur leurs gardes et ne nous laisseront pas une seule occasion à prendre. D'ailleurs, en savons-nous assez ? Nous ne savons pas pourquoi Dollmann s'est enfui d'Angleterre et s'est fait allemand. Ce peut être à cause d'un crime qui oblige à l'extradition. Supposons qu'il nous mette au défi ? Il y a aussi la jeune fille. Elle nous lie pieds et poings, et si lui s'en doute et se sert de notre point faible, il gagne la partie.

– Où veux-tu en venir ?

– Nous désirons l'arracher d'Allemagne, mais lui ira jusqu'au bout avant d'abandonner sa situation ici. Pour qu'il ait essayé de te tuer, il faut que sa situation en vaille la peine. Maintenant, tout l'effort fait aujourd'hui ne nous servira-t-il à rien ?

Nous traversions le jardin de la ville et je tombai sur un banc pour me reposer une minute. Davies resta debout, remuant le gravier du bout de son soulier.

Je continuai :

– Nous avons deux renseignements excellents : premièrement, le rendez-vous du 25 ; secondement, le nom Esens. Inutile de réfléchir éternellement. Mon avis est que nous devons nous en servir comme point de départ pour agir.

– Comment ? fit Davies. Nous sommes, pour ainsi dire, comme dans le rayon d'un projecteur. Si nous sommes coffrés…

– Ton plan… est aussi dangereux que le mien, et même plus, répliquai-je, me levant d'un bond, car une crampe me prenait. Il faut nous séparer, ajoutai-je pendant que nous reprenions notre marche. Nous désirons, et leur prouver que nous ne sommes pas dangereux, et avoir le moyen de repartir sur une autre piste. Je retourne à Londres.

– À Londres ! s'écria Davies.

Nous passions sous un pylône électrique, et je vis que si j'avais dit le Kamchatka, Davies n'aurait pas été plus stupéfait.

– Après tout, c'est où je devrais être en ce moment, observai-je.

– C'est vrai… j'oubliais. Et moi ?

– Tu ne peux pas repartir seul dans le yacht, aussi tu restes ici, prenant ton temps…

– Pendant que toi…

– Après avoir pris mes renseignements sur le passé de Dollmann, je reviens, sous les traits et le nom d'un autre. J'agis alors selon les renseignements que j'ai et qu'on m'aura donnés.

– Il ne faudra pas que tu traînes, fit Davies, retombant dans un de ses accès d'abstraction.

– Je pourrai revenir juste pour le 25.

– Quand tu dis « prendre des renseignements », continua-t-il, regardant droit devant lui, j'espère que tu ne veux pas dire que tu vas lancer d'autres personnes sur sa piste ?

– C'est un gibier de potence pour tout le monde, il me semble, ajoutai-je pour taquiner Davies.

– Il est notre gibier, ou celui de personne, répliqua sèchement Davies.

– Oh ! sois tranquille, je garderai le secret.

– Restons ensemble ! cria Davies, j'embrouillerai tout sans toi. Comment communiquerons-nous ? Comment nous réunirons-nous ?

– Je ne sais pas, et ce n'est pas ce qui presse maintenant. Je sais que je me lance au hasard, mais nous avons bien vu aujourd'hui que c'est un assez bon moyen.

– Carruthers, nous sommes fous. S'ils ont la moindre notion de notre expédition à Memmert, tu te vends toi-même en retournant à Londres. Ils croiront que nous connaissons leur secret et que nous partons pour nous en servir. Cela veut dire que nous serons arrêtés.

– Pessimiste ! N'ai-je pas des preuves écrites de ma bonne foi ? Les lettres officielles qui me rappellent, celles que j'ai reçues aujourd'hui ? Comme ces lettres peuvent avoir été ouvertes, très habilement alors, car je ne m'en suis pas aperçu, il vaut mieux dire la vérité.

– C'est étonnant, fit pensivement Davies, comme la vérité sert dans cette histoire d'espionnage.

Nous arrivions à la Schwannallee.

– Eh bien ! qu'allons-nous faire ? lui demandai-je.

– Ça ne me plaît pas, répondit-il, mais j'ai confiance en ton jugement.

Nous suivîmes la rue lentement, repassant quelques points sur lesquels il fallait absolument nous entendre. À la grille même de la villa, je lui dis :

– Ne mentionne aucune date, ne dis rien qui puisse t'empêcher de rester ici toute la semaine prochaine, le yacht toujours à flot. Et quoi que je fasse ou dise, ne te frappe pas, ajoutai-je après avoir sonné. Si les choses me paraissent bizarres, nous aurons peut-être à brûler nos vaisseaux.

– Brûler nos vaisseaux ! chuchota Davies. Pourvu que je ne me trahisse pas !

– Pourvu que je n'aie pas de crampe, murmurai-je à mon tour.

Le lecteur se souviendra que Davies n'était jamais entré dans la villa.

CHAPITRE XXIV

FINASSERIE

Un domestique nous ouvrit la porte d'une pièce au rez-de-chaussée. Notre entrée fit cesser une personne qui jouait du piano, et une bouffée chaude de parfums et de fumée me monta aux narines. La première personne que je remarquai, par-dessus l'épaule de Davies qui entra le premier, fut une femme – la cause du parfum, décidai-je – qui se détourna du piano et dévisagea mon ami avec une familiarité dédaigneuse qui me déplut. Elle était en toilette décolletée, de coupe exagérée et de couleur voyante. Elle avait une certaine beauté vulgaire, fortement « réparée », et manquait totalement de distinction. Mon second regard se fixa sur Dollmann, qui déposa un petit verre de cognac et se leva d'une chaise basse, comme en sursaut. Von Brüning était renversé dans le coin d'un sofa, fumant un cigare. Sur le même sofa se trouvait, naturellement, Clara Dollmann. « Comme le cadre change les gens ! » remarquai-je intérieurement. Quant au reste, je vis que la pièce était meublée prétentieusement. Il faisait trop chaud. Davies se dirigea droit sur Dollmann, lui secoua la main avec résolution, puis louvoya vers le sofa, me laissant en face de l'ennemi.

– Monsieur… ? fit Dollmann.

– Carruthers, répondis-je distinctement. J'étais dans le

bateau, avec Davies, il y a quelques minutes, mais je ne crois pas qu'il m'ait présenté. Il a encore oublié, ajoutai-je sèchement, me tournant vers Davies qui, après avoir présenté ses devoirs à Fräulein Dollmann, regardait alternativement la jeune fille et von Brüning, muet et intimidé.

Le commandant me fit un signe de tête et s'étira en bâillant.

– Von Brüning m'a parlé de vous, répondit Dollmann, mais je n'étais pas tout à fait sûr de votre nom. Non, ce n'était pas exactement le moment de faire des cérémonies, n'est-ce pas ?

Il éclata d'un rire pénible. Je le trouvai rouge et énervé. Cependant, vu sous un jour normal, il était d'une certaine façon assez agréable, la conformation de sa tête donnant l'impression d'une grande puissance intellectuelle et d'une énergie infatigable, oui, presque inlassable.

– À quoi bon faire des cérémonies, répondis-je. Davies et le commandant m'ont tellement parlé de vous qu'il me semble que nous sommes déjà de vieux amis.

Il me jeta un regard en dessous, et la dame aux parfums fit diversion.

– Pour l'amour de Dieu ! allons rejoindre Herr Böhme à table, s'écria-t-elle.

– Venez que je vous présente à ma femme, me dit Dollmann.

Ainsi c'était la belle-mère ! Allemande jusqu'au bout des ongles ! Je m'inclinai et je fus dévisagé comme l'avait été Davies, seulement l'impression parut être plus favorable, car l'inspection se termina par un sourire carminé.

Tout le monde se leva et les présentations continuèrent. Davies fut présenté à la belle-mère et je me trouvai en face de la fille, le pouls me battant plus vivement que de coutume. J'avais résolu, naturellement, d'ignorer notre rencontre du jour précédent et je m'étais dit qu'elle ferait de même. C'est ce qu'elle fit. Nous nous rencontrâmes comme si nous ne nous étions jamais vus, et je n'osai même pas (car d'autres yeux nous surveillaient) échanger avec elle un signe d'intelligence. Un instant après je me demandai si je n'étais pas tombé dans une souricière et si elle n'était pas en train d'aider son père contre nous. Ce qui me troublait le plus était son changement complet. Elle était – comment dire sans l'offenser –, elle détonnait moins avec son entourage qu'elle ne l'aurait dû ; sa robe, sa pose, ses façons ressemblaient trop à celles de l'autre femme ; enfin, d'une certaine façon, elle réalisait trop la conception première que je m'étais faite d'elle, celle que j'avais si brutalement avouée à Davies. Je crois qu'à ce moment j'eus l'air aussi empoté que lui, et peut-être beaucoup plus, car la chaleur de la pièce et les parfums violents me firent me sentir tout chose. Le visage de von Brüning me sembla moqueur et méprisant. Me détournant je sentis, posés sur moi, les yeux de Herr Böhme, qui venait d'apparaître sous le chambranle d'une porte. La serviette à la main, il avait l'air de regarder la scène avec une lourde bienveillance, mais aussi en vieux finaud qu'il était. Immédiatement je reconnus sur l'ivoire jaune de son crâne une légère ligne rouge dont je connaissais trop bien l'origine pour m'y tromper. La porte de la cabine avait laissé des marques.

– Voici l'autre jeune explorateur, Böhme, dit von Brüning. Herr Davies l'a enlevé il y a un mois, l'a terrorisé et fait jeûner jusqu'à ce qu'il obéisse. Ils finiront par se noyer ensemble. Je crois que ses souffrances ont été terribles.

– Ses souffrances sont finies, répliquai-je. Je me suis révolté, je déserte. N'est-ce pas, Davies ?

Je vis Davies regardant Fräulein Dollmann avec une gaucherie solennelle.

– Quoi ? bégaya-t-il. (Je lui expliquai en anglais.) Oh ! oui. Il faut que Carruthers retourne en Angleterre, répondit-il dans son abominable baragouin.

Un silence complet suivit ; von Brüning lui-même était à court de persiflage.

– Eh bien ! mangerons-nous ce soir ? fit Madame avec impatience.

Ceci nous fit tous nous diriger vers la double porte. Nous passâmes dans la salle à manger sans plus de cérémonies. Böhme se rassit et se mit à manger avec appétit. Les autres se mirent à table, au hasard en apparence, bien qu'on pût discerner une certaine méthode. Dollmann était à un bout de la petite table, ayant Davies à sa droite et Böhme à sa gauche ; Frau Dollmann était en face, avec moi à sa droite et von Brüning à sa gauche ; la septième personne, Fräulein Dollmann, était entre le commandant et Davies, en face de moi. Pas un domestique n'entra pendant le repas et nous nous servîmes nous-mêmes. Je me souviens vaguement de beaucoup de plats excellents, et distinctement d'une grande abondance de vins. Quelqu'un remplit mon verre de champagne et je dois dire que je le bus avec plaisir et avidité.

– Pourquoi partez-vous si soudainement ? me demanda von Brüning à travers la table.

– Ne vous ai-je pas dit que des lettres nous attendaient ici ? J'ai trouvé les miennes ce matin, et une entre autres qui me rappelle et à laquelle je dois obéir. Ce qu'il y a d'ennuyeux, c'est que j'ai reçu deux lettres officielles, et que si j'étais seulement venu ici deux jours plus tôt je n'aurais trouvé que la première, qui prolongeait mes vacances.

– Vous êtes bien consciencieux ! Qu'est-ce que vous voulez qu'ils en sachent ?

– C'est vrai, mais la seconde est assez urgente.

Ceci fut suivi d'un silence embarrassant que Dollmann rompit en s'adressant à Davies.

– À propos, Herr Davies, il faut que je m'excuse de…

Ceci n'était pas mon affaire, et moins je m'en occuperais, mieux cela vaudrait. Aussi, me tournant du côté de Frau Dollmann, je me mis à déblatérer contre le brouillard.

– Êtes-vous restés dans le port toute la journée ? me demanda-t-elle. Alors, comment se fait-il que vous ne soyez pas venus nous voir ? Herr Davies est-il si timide ? (Curiosité ou malice ?)

– Oh non, mais c'est moi qui le suis, répondis-je froidement. Nous savions que Herr Dollmann n'était pas là et nous ne sommes venus ici, vraiment, que pour recevoir mes lettres. De plus, nous ne savions pas votre adresse.

Je regardai Clara qui causait gaiement avec von Brüning, faisant mine de ne pas entendre notre dialogue.

– Tout le monde vous l'aurait donnée, dit Madame, fronçant les sourcils.

– Je le crois bien ; mais aussitôt après le petit déjeuner le brouillard est tombé, et vous savez qu'on ne peut pas laisser un yacht seul dans un brouillard, ajoutai-je avec une fermeté professionnelle.

Von Brüning dressa l'oreille.

– Que je sois pendu si cela était votre maxime, remarqua-t-il en riant ; vous aimez bien trop la terre ferme !

Je lui lançai un regard de protestation, comme pour lui dire : « À quoi sert le conseil que vous m'avez donné si vous ne me laissez pas m'en servir ? » Car mes excuses étaient à son intention et à celle de Fräulein Dollmann. Si la dame à laquelle je m'adressais les trouvait peu à son goût, je n'y pouvais rien.

– Alors, insista-t-elle, vous êtes restés dans votre horrible petite cabine toute la journée ?

– Toute la journée, répondis-je sans hésiter.

De nouveau je regardai Fräulein Dollmann bien en face. Nos yeux se rencontrèrent ; elle baissa les siens immédiatement, mais j'avais eu le temps d'apprendre quelque chose, car l'angoisse était peinte sur son visage. Non, elle ne nous avait pas trahis.

Je crois que j'intriguais la belle-mère. Nous continuâmes à parler du brouillard, elle et moi, pendant que la moitié de mon attention s'attachait à suivre le cours de la conversation entre Davies et Dollmann. Davies expliquait courageusement son naufrage, mais les yeux de Böhme le gênaient. J'entendis «ma faute… un grain… pas de danger…» pendant qu'à mon désespoir je le vis dessiner une sorte de diagramme sur la table avec des miettes de pain et des couteaux. Le sujet sembla se terminer en queue de poisson, et tout à coup Böhme, qui était mon voisin de droite, se tourna vers moi et me dit :

– Vous partez demain matin pour l'Angleterre ?

– Oui, monsieur. Il y a un vapeur à huit heures quinze, il me semble.

– Tant mieux. Nous voyagerons ensemble.

– Est-ce que vous allez aussi en Angleterre ? demandai-je, plein d'appréhension.

– Oh ! non, mais je vais à Brême. Nous pourrons voyager ensemble jusqu'à Leer, si vous allez par Amsterdam. Ce sera très agréable.

Je crus entendre dans sa voix une note cruellement railleuse.

– Très agréable, affirmai-je. Votre visite ici est de courte durée, alors ?

– Pas plus courte que d'habitude. Je visite les chantiers à Memmert une fois par mois environ, passe la nuit avec mon ami Dollmann et sa charmante famille, puis je repars.

Je ne saurai jamais si j'eus tort ou raison, mais une forte impulsion, dictée par l'instinct, me fit dire :

– Memmert, je vous en prie, parlez-moi de Memmert. Le commandant nous a déjà dit pas mal de choses…

– Il a été discret, j'espère…

– Il s'est arrêté au moment le plus intéressant.

– Qu'est-ce que vous dites de moi ? interrompit von Brüning.

– Je dis que nous mourons d'envie d'en savoir davantage sur Memmert ; n'est-ce pas, Davies ?

– Oh ! je ne sais pas, fit celui-ci, évidemment affolé par ma témérité.

– Vous nous avez raconté beaucoup de choses, commandant, mais vous n'avez pas parlé de votre dernière visite.

La triple alliance se mit à rire, Dollmann à gorge déployée.

– Mais, dit von Brüning, je vous ai donné de très bonnes raisons pour expliquer mes réticences, et vous les avez admises.

– Et maintenant, dit Böhme avec un éclat de rire désagréable, c'est à moi qu'il essaie de tirer les vers du nez.

– Un instant, monsieur, repris-je, j'ai une excuse. Non seulement le commandant était mystérieux, mais aussi il n'a pas dit toute la vérité. Je vous prends à témoin, Herr Dollmann, car c'était à propos de vous. Quand nous l'avons rencontré à Bensersiel, Davies lui a demandé si vous étiez chez vous, et il a répondu : « Non. » Et, à la question : « Quand Herr Dollmann reviendra-t-il ? » le commandant a répliqué : « Bientôt probablement, mais je ne sais pas quand. »

– Oh ! il a dit cela ? fit Dollmann.

– Eh bien ! trois jours après seulement, nous arrivons à Norderney, et nous trouvons que vous êtes revenu le jour même pour repartir à Memmert. Toujours ce Memmert mystérieux, et plus mystérieux que jamais, car, le soir, non seulement vous et Herr Böhme…

– Quelle pénétration ! interrompit von Brüning en riant.

– … mais aussi le commandant von Brüning nous rendent visite, tous de retour de Memmert.

– Et vous en concluez ? interrogea von Brüning.

– Que, il y a trois jours, à Bensersiel, vous saviez exactement le jour du retour de Herr Dollmann, ayant aujourd'hui un rendez-vous à Memmert avec lui.

– Que je désirais vous cacher…

– Oui, c'est pourquoi je suis si curieux ; c'est absolument votre faute.

– Cela m'en a tout l'air, dit-il avec une humilité moqueuse. Mais videz votre verre, jeune homme, et continuez. Pourquoi voudrais-je vous tromper ?

– C'est bien ce que je vous demande. Allons, confessez-vous. N'y avait-il pas quelque chose d'important à Memmert aujourd'hui ? Quelque chose se rapportant à l'or ? Vous l'inspectiez, le pesiez ? Oh ! je sais ! Vous le *transportiez* sur la terre ferme ?

– Le jour n'était guère bien choisi ! Mais doucement, Herr Carruthers, vous ne tirerez rien de moi. Qui vous a dit que nous avions trouvé de l'or ?

– Là, vous voyez bien que vous en avez trouvé puisque vous discutez !

– Bravo ! mon jeune inquisiteur. Mais je crains bien, n'ayant aucune autorité, de ne pouvoir vous aider. Vous feriez mieux de recommencer avec Herr Böhme. Moi, je ne suis là qu'un passant.

– Un passant avec quelques actions !

– Ah ! Vous vous souvenez de ça. (Il se souvient de tout !) J'admets, avec quelques actions, mais aucune connaissance professionnelle. C'est Böhme qui est l'ingénieur. Böhme, tirez-moi de là !

– Je ne puis prétendre ne pas avoir de connaissance professionnelle, fit Böhme, semi-plaisant, mais je décline toute responsabilité. C'est Dollmann qui est le directeur de la compagnie.

– Et moi, dit à son tour Dollmann, riant très fort, je me retranche derrière les actionnaires dont j'ai les intérêts à garder. On n'est jamais trop prudent sur un sujet aussi confidentiel.

– En voilà un qui donne son consentement, peut-il représenter le reste ?

– Je me rétracte, fit von Brüning, mais pas de mon plein gré.

– Herr Carruthers, cria Frau Dollmann, laissez-les, ils se

moquent de vous. Moi je vais vous donner un tuyau; pas une femme ne peut garder un secret.

– Ah! m'écriai-je triomphalement, vous y êtes allée?

– Non, pas moi, je déteste la mer; mais Clara y est allée.

Tout le monde se tourna vers Clara qui, à son tour, dans son étonnement, nous regarda successivement, moi et son père.

– Vraiment, dis-je plus calmement, mais peut-être n'est-elle pas libre de parler?

– Parfaitement libre!

– J'y suis allée une fois, il y a quelque temps, dit la jeune fille, et je n'ai pas vu d'or du tout.

– Peut-être ne vous l'a-t-on pas laissé voir, observai-je. Oh! je vous demande pardon. En tout cas, Mademoiselle n'a ni expérience professionnelle, ni responsabilité, et peut-être pas d'actions. Son rôle est d'être charmante, et non pas de garder des secrets financiers.

– J'ai fait tout ce que j'ai pu pour vous aider, dit la belle-mère.

– Davies, ils se liguent tous contre nous!

– Oh! fit Davies en anglais, n'insiste pas, Carruthers.

– Il est insatiable, dit von Brüning.

Un court silence suivit. Évidemment ils voulaient en élucider davantage.

Je repris :

– Alors, je tirerai mes propres conclusions.

– Quelles sont-elles? demanda von Brüning. Vous m'intéressez beaucoup.

– Je commence à m'apercevoir que vous vous êtes payé notre tête à Bensersiel. Te souviens-tu, Davies, quel profond intérêt le commandant prétendait prendre à nos faits et gestes? Je me demande s'il craignait que l'amour de l'exploration ne nous mène jusqu'à Memmert?

– Ça, par exemple, c'est de l'ingratitude la plus noire! Je croyais avoir été particulièrement aimable envers vous.

– Oui, vraiment, surtout à propos de la chasse aux canards ! Comme l'homme du pays que nous devions prendre nous aurait été utile ! Et à vous donc !

– Continuez, fit le commandant, imperturbable.

– Attendez un instant, que je réfléchisse.

En effet je réfléchis un instant, afin de ne pas aller trop loin ni de m'arrêter trop court sur le terrain glissant, mais séduisant, où je m'étais engagé.

– De quoi parle-t-il, et pourquoi continuer ce mystère ridicule ? dit Frau Dollmann.

Je repris lentement :

– Je pense à ce souper, et à la façon dont nous y avons été invités.

– J'espère que vous n'avez rien à lui reprocher, à ce souper, interrompit Dollmann.

– Oh ! non, ce n'est pas à cela que je faisais allusion. Les réunions impromptues sont toujours très agréables, et celle-ci l'est spécialement. Mais je parie que je sais où elle a été combinée. N'avez-vous pas parlé de nous à Memmert ? Un de vous n'a-t-il pas suggéré l'invitation ?

– On croirait vraiment qu'il y était, fit Dollmann.

– C'est grâce à votre épouvantable climat que nous n'y étions pas, répliquai-je en riant. Comme je vous le disais, un de vous... lequel ? Je suis sûr que ce n'est pas le commandant...

– Pourquoi pas ? demanda Böhme.

– Je ne sais pas... disons que c'est par intuition... je suis sûr qu'il nous a défendus. Je ne crois pas que ce soit Herr Dollmann, parce qu'il connaissait déjà Davies et qu'il est toujours ici. Pour en finir, je jurerais que c'est Herr Böhme qui ne nous avait jamais vus et qui s'en va demain. Oui, c'est vous, monsieur, qui avez proposé qu'on nous invite ce soir à souper, afin que vous puissiez nous examiner.

– Vous examiner ! fit Böhme. Quelle idée extraordinaire !

–Vous ne le niez pas, cependant. De plus, dans le port, tout à l'heure... Je vais trop loin... je vous offenserais mortellement.

Et je me mis à rire de bon cœur.

– Oh ! dites, vos divagations sont amusantes.

– Alors, si vous insistez... Mais c'est un peu délicat. Vous savez, nous avons été un peu étonnés de vous trouver tous à bord de la *Dulcibella*. Et vous, Herr Böhme, vous intéressez-vous généralement aussi profondément aux petits yachts ? Je crains que l'examen du nôtre ne vous ait fait une vive impression !

Et je fixai des yeux la marque rouge. Tout le monde éclata de rire, Herr Dollmann plus fort que les autres.

– Je vous avais prévenu, Böhme, fit ce dernier.

L'ingénieur prit parfaitement bien la plaisanterie.

– Nous vous devons des excuses, admit-il.

– Oh ! je vous en prie, interrompit Davies.

– Oh ! lui, ça lui est égal, dis-je, mais moi, je suis froissé. Je suis sûr que Davies n'aurait jamais causé le moindre soupçon. Qui pourrait soupçonner Davies ? Mais la question est : pour qui m'avez-vous pris ?

– Peut-être vous soupçonnons-nous encore, reprit von Brüning.

– Oh ! ne me poussez pas à bout.

– Comment, à bout ?

– C'est-à-dire qu'aussitôt arrivé à Londres j'irai droit à la Lloyd's. Je n'ai pas oublié l'irrégularité des polices d'assurance !

Un silence impressionnant suivit.

– Messieurs, dit Dollmann avec une solennité exagérée, il faut temporiser avec ce formidable jeune homme. Quels sont vos termes ?

– Emmenez-moi à Memmert, m'écriai-je.

–Vous emmener à Memmert ? Mais je croyais que vous repartiez demain en Angleterre ?

– Je le devrais, mais je resterai pour cela.

– Mais vous avez dit que c'était urgent ! Votre conscience est élastique ?

– Ça, c'est mon affaire. Oui ou non, m'emmènerez-vous à Memmert ?

– Qu'en dites-vous, messieurs ?

Böhme fit signe que oui.

– Nous lui devons réparation. Oui, nous vous emmènerons, mais sous promesse de secret absolu.

– Naturellement, maintenant que vous avez confiance en moi. Mais vous me montrerez tout, parole d'honneur. L'épave, le dépôt, et tout enfin ?

– Tout ! si un costume de scaphandrier ne vous fait pas peur.

– Victoire ! criai-je triomphalement. Davies ! nous avons gagné ! Et maintenant, messieurs, je dois vous dire que, pour ma part, la plaisanterie a assez duré, et que malgré votre aimable invitation il faut que je parte pour Londres demain, sous l'aile de cet excellent Herr Böhme. Dans le cas où ma conscience élastique vous chiffonnerait (car je vois bien que vous me prenez pour une girouette), voici les lettres que j'ai reçues ce matin, prouvant mon identité, me rappelant et m'obligeant à retourner.

Je tirai les lettres de ma poche et les tendis à Dollmann.

– Ah ! peut-être que vous ne comprenez pas l'anglais, mais Herr Böhme doit le savoir, dis-je en mettant lesdites lettres devant le bonhomme.

Le laissant à l'étude des timbres, dates et estampilles, je me tournai vers ma belle voisine qui, non sans raison, disait que la tête lui tournait.

Mais à ce moment, à ma grande surprise, Davies reprit :

– Mais moi, j'aimerais aller à Memmert.

– Vous ? dit von Brüning, voilà qui m'étonne.

– Mais tu ne vas pas rester ici, Davies ? m'interposai-je.

– Mais si, je te l'ai déjà dit. Il faut que je reste ; du

moment que tu me laisses comme ça dans le pétrin, il faut bien que j'aie le temps de me retourner.

– Vous ne pouvez pourtant pas prétendre qu'il vous est impossible d'aller seul à la voile, remarqua von Brüning.

– C'est beaucoup plus agréable à deux. Je crois que je vais télégraphier à un autre ami, et, en attendant, j'aimerais visiter Memmert.

– Je crains bien que ce ne soit qu'une excuse pour rester, dis-je à mon tour.

– Et je voudrais aussi tirer quelques canards, continua Davies en rougissant. Vous avez promis de m'aider, commandant !

– Impossible de vous dédire maintenant, repris-je en riant.

– Certainement non, répliqua le commandant sans sourciller ; mais, honnêtement parlant, si vraiment Herr Davies désire retourner en Angleterre cette année, je crois qu'il devrait se servir de ce beau temps.

– Il fait trop beau, dit Davies, je préfère la brise. Si je ne puis avoir un ami, je laisserai le yacht ici et viendrai le chercher l'année prochaine.

Il y eut un échange de muette télégraphie entre les alliés.

– Vous pourriez me laisser la *Dulcibella*, fit Dollmann ; je la garderais et vous seriez à même de partir demain avec M. Carruthers.

– Oh ! merci, mais je ne suis pas pressé, repartit Davies, plus rouge que jamais. J'aime Norderney… et nous pourrons faire une autre promenade ensemble, Fräulein.

– Merci, répondit Fräulein Dollmann, de cette dure voix blanche que j'avais entendue la veille. Je crois que je ne me servirai plus de ma yole cette année, il fait trop froid.

– Oh ! si, insista Davies ; je trouve qu'il fait très beau.

Mais elle n'eut pas l'air de l'entendre et se remit à causer avec von Brüning.

Dès cet instant nous ne joutâmes plus. La conversation devint générale et animée. Tout ce dont je me souviens est que nous leur donnâmes deux heures pour se décider à nous arrêter ou non. Ce fut seulement quand la chaleur et l'odeur du tabac m'étourdirent et qu'un élancement dans les jambes me rappela que la force humaine a des limites que je me levai, disant qu'il fallait que je parte, ayant à me lever de bonne heure le lendemain.

Les adieux sont encore plus vagues dans ma mémoire, mais je crois me souvenir que c'est Dollmann qui me serra la main de la façon la plus cordiale. « Bon présage », pensai-je. Böhme dit qu'il me reverrait, et von Brüning, quoique son chemin fût le nôtre, considéra qu'il était beaucoup trop tôt pour quitter les Dollmann et nous dit adieu.

– Vous désirez nous discuter à loisir, criai-je en m'en allant.

Nous étions de nouveau dans les rues ; bientôt nous descendîmes en trébuchant l'échelle de la *Dulcibella* et je tombai sur un sofa. J'y dormis, sans me déshabiller, d'un sommeil si profond et si lourd que les matelots de la chaloupe de la *Blitz* auraient pu me mettre les menottes et m'enlever sans que je m'en aperçoive.

CHAPITRE XXV

JE REVIENS SUR MES PAS

– Adieu ! mon vieux, me cria Davies.

– Adieu !

Un coup de sifflet et le bac à vapeur s'éloigna, laissant Davies sur le quai, tête nue, exactement le même qu'à mon arrivée à Flensbourg. Sa main n'était plus bandée, mais il avait les traits tirés, l'air déprimé, les yeux cernés. De nouveau j'eus l'impression qu'il y avait quelque chose de tragique en lui.

– Votre ami n'a pas l'air gai, me dit Böhme, installé sur un siège à côté de moi et entortillé dans de nombreuses couvertures pour se défendre du froid piquant.

C'était encore une journée sans soleil.

– Ni moi non plus, grommelai-je.

C'était la vérité. J'étais encore à moitié endormi, je n'avais pas eu le temps de me laver et j'étais tout engourdi. Si Davies n'avait pas tout fait pour moi, je ne serais pas parti. C'est lui qui patiemment m'avait fait descendre du sofa, avait empaqueté mon sac, et m'avait bourré de thé et d'une omelette pour laquelle il s'était surpassé. La seule initiative que je me souvienne d'avoir prise fut au moment où il empaquetait mon sac.

– Mets dedans mes vêtements de toile cirée et de laine, lui avais-je dit. Il se peut que je m'en serve.

Nous avions absolument besoin de nous consulter, mais nous n'en eûmes pas le temps. Davies ne s'en plaignit pas et me demanda seulement, timidement, où nous nous retrouverions et comment nous ferions pour correspondre.

– Attends-moi vers le 26 – ce fut tout ce que je pus trouver à lui dire.

Avant de quitter la cabine il me donna un bout de papier griffonné au crayon, et me le fit mettre en sûreté dans mon portefeuille.

– Lis-le dans le train, me dit-il.

Incapable de faire la conversation à Böhme, je fis les cent pas sur le pont. Je descendis bientôt dans le salon et, me penchant sur le poêle, je tirai le bout de papier. J'y trouvai les indications suivantes

« (I) Ton voyage[1]. Norddeich 8.58, Emden 10.32, Leer 11.16 (Böhme change pour Brême), Rheine 1.8 (tu changes), Amsterdam 7.17 soir.

« (2) La gare sur la côte – leur rendez-vous – savoir si c'est Norden ? (Tu y passes à 9.13.) Il y a là une crique sujette aux marées. Le 25, haute mer là entre 10.30 et 11 heures soir. Ça ne peut pas être Norddeich, qui a un chenal artificiel toujours plein pour le vapeur. Dans ce cas "la marée servira" n'aurait aucun sens.

« (3) Tes autres renseignements (remorqueurs, pilotes, hauteurs d'eau, chemin de fer, Esens, sept de quelque chose). Savoir s'il y a un plan de défense par mer et par terre pour la côte de la mer du Nord ?

« (La mer : sept îles, sept chenaux entre elles – comptant la branche ouest de l'Ems.) Très peu de hauteur d'eau dans la plupart. Remorqueurs et pilotes pour faire des reconnaissances entre les îles et la terre, comme je l'ai toujours

1. Voir les cartes A et B.

dit. Question : le rendez-vous est-il pour l'inspection des chenaux ?

« Terre. Regarder le chemin de fer (carte dans la poche de ton imperméable) qui tourne tout autour de la Frise, à quelques milles de la côte. Question : peut-il servir comme ligne de communication pour des corps d'armée ? Des troupes pourraient-elles être envoyées rapidement sur n'importe quel point s'il était menacé ? Esens est-elle une base ? Esens est au centre, en haut du cercle. Von Brüning a eu soin que nous ne nous en rendions pas compte à Bensersiel.

« Chatham. D… espionnait nos plans maritimes en cas de guerre avec l'Allemagne.

« Von Brüning commande la section maritime d'ici.

« Quel est le rôle de Böhme ? Interrogation : iras-tu à Brême pour te renseigner ? »

Je m'endormis sur ce document et me réveillai en sursaut pour le retrouver sur le plancher. Affolé, je le remis dans mon portefeuille et montai sur le pont, pour voir que nous approchions de Norddeich. Nous débarquâmes ensemble, Böhme et moi. Il ne me quitta pas plus que mon ombre pendant que je demandais un billet pour Amsterdam et qu'on m'en délivrait un pour Rheine, station frontière de Hollande. Il s'installa dans un coin de mon wagon, en face de moi, et je me répétais tout le temps cette question : « Quel est son rôle là-dedans ? » Trop endormi et trop engourdi pour pouvoir parler, je ne pouvais qu'essayer de me tenir assis droit, les bras croisés sur mon précieux portefeuille. Puis m'excusant, mais vaincu par le sommeil, je m'étendis sur la banquette, ayant soin de me coucher sur le côté où se trouvait ma poche intérieure. Il put fouiller mon sac de voyage à son gré. Je crois qu'il le fit. Je ne puis rien affirmer cependant, car de cet endroit jusqu'à Rheine, environ quatre heures de voyage, je n'eus que deux moments lucides.

Le premier fut à Emden, où nous devions changer de train. Là, pendant que nous jouions des coudes sur le quai encombré, Böhme, après avoir été salué respectueusement par plusieurs personnes, fut enfin accaparé par un monsieur obséquieux qui lui parla d'un canal. De quel canal, je l'ignore, mais, d'après un nom qu'il prononça, je l'identifiai plus tard avec un de ceux, alors en voie de construction, aboutissant à l'Ems. L'important était que la conversation roulait sur les canaux. À ce moment je n'y fis guère attention, mais ensuite l'idée semée par ce nom germa dans mon cerveau. Cette fois-ci Böhme ne monta pas dans mon compartiment.

Mon second intervalle lucide fut à Leer, où je me réveillai en m'entendant appeler par mon nom. C'était Böhme, à la portière, qui venait me dire adieu.

– N'oubliez pas d'aller à la Lloyd's, me lança-t-il en partant.

Je lui répondis par un vague sourire, car j'étais bien à plat. Mais enfin j'étais libre !

Même après Rheine, où je changeai pour la dernière fois, cet engourdissement, plutôt cet abrutissement, ne s'effaça que graduellement. Je commençai à revivre tard dans l'après-midi. Le train allait comme une tortue et, d'après les renseignements qu'un voyageur me donna, j'aurais pu, si j'y avais pensé, m'arrêter avant Rheine et suivre Böhme jusqu'à Brême, alternative qui avait échappé à Davies et que Böhme avait bien eu soin de me cacher en ne m'indiquant que les heures des trains qui ne correspondaient pas. Le train ralentissait de plus en plus sa marche, si bien que pendant ce temps, craignant de manquer le changement à Amsterdam, tout un autre plan s'échafauda dans mon cerveau. Au lieu d'aller à Londres, ce qui me prendrait au moins quarante-huit heures – d'Amsterdam, naturellement –, pourquoi ne pas retourner en Frise ? Oui, retourner en Frise. Eurêka ! Une nuit de repos entre des draps, sur un bon lit de plume, une longue nuit délicieuse, puis retourner en Frise pour achever notre tâche à notre façon et par nos propres moyens. Cette résolution une fois prise, je me souvins du lit parfait dans l'hôtellerie parfaite à Amsterdam. J'avais une transformation à effectuer, et plus la ville où cette transformation s'effectuerait serait populeuse, moins elle attirerait l'attention.

Aussi, à huit heures trente, étais-je en train de boire mon café dans ladite hôtellerie, un journal anglais (qui me parut spécialement intéressant) et quelques feuilles allemandes (qui me parurent d'une anglophobie prononcée) sous les yeux. À neuf heures, j'étais dans le quartier juif, marchandant chez un infâme «'chand d'habits». À neuf heures trente, j'envoyais ce télégramme osé à mon chef : «Désolé, impossible m'arrêter Norderney, espère que tout va bien pour extension de vacances. Adresse : Hôtel du Louvre, Paris.» À dix heures, j'étais dans le lit parfait, m'étirant voluptueusement dans ses cavités capitonnées. Le lendemain, à huit heures vingt-huit, débarrassé de mes moustaches et plein de force et d'enthousiasme, j'étais assis dans un wagon de troisième classe en partance pour l'Allemagne, vêtu comme un jeune marin d'une vareuse, d'une casquette à visière et d'un cache-nez.

La transformation n'avait pas été difficile. Elle s'était opérée de la façon suivante. J'avais coupé mes moustaches et déjeuné rapidement dans ma chambre à l'hôtel, tout prêt pour le voyage, mon imperméable sur les épaules et ma casquette de voyage sur la tête. Je renvoyai le garçon de l'hôtel à la gare et déposai mon sac à la consigne, après en avoir retiré un paquet jaune et avoir mis à la place du paquet mon imperméable. Le paquet jaune, qui contenait mes vêtements de toile cirée, mes bottes de pêcheur et quelques autres vêtements absolument nécessaires, était à présent dans le filet au-dessus de ma tête et, avec un bâton solide, représentait mes bagages. Chaque objet correspondait à mon humble métier, car je savais qu'on pourrait fouiller mes bagages à la douane frontière. Mais j'avais mis dans ma poche un Bædeker de l'Allemagne du Nord. Si l'on me questionnait, je répondrais que j'étais un marin anglais allant à Emden rejoindre un bateau, et n'ayant un billet que jusqu'à la frontière. Passé la frontière, mon plan d'action était encore vague, mais j'étais certain d'une chose, c'est que je serais à Norden le lendemain soir, qui était le 25. Norden est une petite ville à sept milles au sud de Norddeich. Je n'y avais pas pensé, parce qu'elle n'avait pas l'air d'être sur la côte[1]. Davies s'en était aperçu pendant que je dormais. Je compris alors que sa suggestion à ce propos sur la note qu'il m'avait griffonnée était des plus astucieuses. La crique dont il parlait, à peine visible sur la carte, donnait dans l'estuaire de l'Ems, vers le sud-ouest. Mon train de nuit tombait à pic, car la marée haute, dans la crique, serait entre dix heures trente et onze heures dans la nuit du 25. L'indicateur ne donnait qu'un seul train de nuit, arrivant à Norden à dix heures quarante-six et venant du sud. Ceci me donna de l'espoir.

C'était parfait. Mais où et comment passerais-je le temps jusqu'au lendemain soir ? Pour répondre à la question posée par Davies, irais-je à Brême pour découvrir qui était Böhme ? Non. J'en savais déjà assez sur Böhme. Ce que j'avais entendu à Emden avait pris corps dans mon esprit. Auparavant, je savais déjà qu'il était ingénieur naval et spécialement occupé à la construction des sous-marins ; maintenant, je savais que les canaux étaient une autre branche de ses travaux. Le fait n'était peut-être pas assez explicite, mais pourrais-je, en un seul jour, en apprendre davantage à Brême ? Il ne restait plus qu'Esens. C'est là que je résolus d'aller le jour même. Le voyage serait long, ennuyeux, et je n'arriverais qu'après huit heures du soir ;

1. Voir carte B.

mais là, je ne serais qu'à une heure de chemin de fer de Norden.

Tout le long du jour j'essayai de savoir ce que j'allais faire à Esens. La théorie de Davies sur les chenaux me revint à l'esprit, mais plus que jamais elle me laissa froid. Qu'il existât dans les archives allemandes quelque plan de défense pour la côte de la mer du Nord, c'était plus que probable, et les sept îles avec leurs sept chenaux de peu de hauteur d'eau (bien que deux, les branches jumelles de l'Ems, soient profondes) étaient une conjecture très plausible. Ce circuit formé par le chemin de fer autour de la péninsule, avec Esens au nord, était suggestif aussi. La même objection pouvait s'appliquer à l'un comme à l'autre des deux systèmes. Aucun des deux systèmes de défense, si défense il y avait, n'était assez important, ou assez visible, pour qu'on eût voulu se débarrasser de Davies en le tuant. Dollmann était encore un autre point à élucider, Dollmann espionnant en Angleterre. Tous les pays, l'Allemagne surtout, ont des espions, outils méprisables mais nécessaires. Dollmann, associé intimement avec les principaux conspirateurs de ce côté, c'est-à-dire avec l'Allemagne ; Dollmann, riche, influent, une autorité dans les affaires locales, n'était certainement pas un espion de bas étage.

Je reviens à mon voyage. À Rheine je changeai de train, en pris un autre allant vers le nord et devins un marin allemand. C'était plus sûr ; mon accent ne pouvait me trahir (les marins sont si polyglottes !), tandis qu'un marin anglais traînant autour d'Esens aurait pu exciter la curiosité. La veille, je n'avais prêté aucune attention au paysage ; à présent, je ne laissai rien échapper, espérant trouver ainsi une indication qui me mettrait sur la voie.

De Rheine à Emden on suit, en la descendant, la vallée de l'Ems. On traverse d'abord un pays de gras pâturages et de villes florissantes, mais, en avançant au nord, le sol s'appauvrit et ne devient plus que marécages et landes. Je dois faire remarquer ici que le temps, qui avait été froid et brumeux au matin, s'adoucissait et s'éclaircissait d'heure en heure.

À Emden, qui est le commencement de la véritable Frise, le train traverse un large canal. Pour la vingtième fois (car j'en avais passé beaucoup en Hollande et en Allemagne) je me dis : « Canaux, canaux ! Qu'est-ce que Böhme fait là-dedans ? » Le jour tombait, mais j'y voyais encore assez pour reconnaître une embarcation spéciale qui, vraiment, était un torpilleur. Un passage du *Pilote de la mer du Nord* me traversa l'esprit. En parlant du canal de l'Ems à la Jade, il l'indique comme assez profond pour porter des canonnières et pour être employé comme lien stratégique entre Wilhelmshaven et Emden le long de la base, c'est-à-dire le long de la péninsule de la Frise. Je demandai à un paysan assis en face de moi si c'était bien le canal de l'Ems à la Jade. Il me répondit que oui. Davies l'avait-il oublié ?

J'achetai une carte d'ordonnance de poche de cette région dans la gare d'Emden[1]. Remonté dans mon train, je l'étudiai sans être vu. Nous passâmes Norden à sept heures. Il faisait nuit. J'aperçus cependant la crique, le train passa par-dessus avant d'entrer dans la gare. Son lit était presque à sec et quelques péniches étaient échouées sur le sable.

J'attendis là trois quarts d'heure avant de reprendre le train qui devait me mener à Esens.

Esens est à quatre milles de Bensersiel à l'intérieur des terres. Pendant le parcours d'Emden à Esens je repassai intérieurement tous les événements qui avaient marqué notre rencontre avec von Brüning à Bensersiel, et j'enrageai intérieurement de voir comme il m'avait mis dedans. Il allait à Esens en voiture et il m'avait si bien deviné qu'il avait

1. L'espace ne permet pas de reproduire cette carte, mais le lecteur peut suivre sur la carte B.

été jusqu'à m'offrir de m'emmener avec lui. J'avais refusé, me croyant le plus malin, mais si j'avais accepté son invitation, il aurait eu grand soin que je ne voie rien d'important dans la ville ; donc le secret ne sautait pas aux yeux. Avait-il quelque rapport avec Bensersiel ou avec le pays entre la ville et ce petit port ? Je regardai ma carte d'ordonnance de plus près. Il y avait le chemin allant d'Esens à Bensersiel qui traversait des champs et des landes. Cependant quelque chose arrêta mon regard, c'était un ruisseau coulant dans la direction de Bensersiel. Je le reconnus immédiatement, c'était le ruisseau ou canal d'irrigation boueux que nous avions vu dans le port, sortant par la vanne, ou siel, dont Bensersiel tirait son nom. Il me parut, sur la carte, beaucoup plus proéminent que je ne m'y attendais. Sur la carte d'ordonnance il était représenté par une ligne bleu foncé et dénommé Benser Tief. Il paraissait être artificiellement redressé sur certains points. Je suivis, très intéressé, le cours du Tief vers le sud. Il s'éloignait d'abord de la route d'Esens et serpentait à un mille à l'ouest de la ville, passant sous la ligne du chemin de fer. Bientôt après, il formait un angle dans la direction de l'est et rejoignait une autre ligne bleue dont la direction était sud-est. Cette ligne bleue, qui s'arrêtait brusquement à mi-chemin entre Esens et Wittmund, une ville voisine, était dénommée canal d'Esens à Wittmund.

Pour la première fois de toute cette journée j'eus une véritable inspiration. Ce que j'avais entendu sortir des lèvres de Böhme, à Memmert, fractions de mètres et de kilomètres que Davies avait attribuées aux chenaux extérieurs, ne s'appliquait-il pas plutôt à des canaux ? Je me souvins des chalands vus dans le port de Bensersiel ; je me souvins des conversations avec les habitants du pays, à l'auberge ; des bribes d'information données par le pompeux directeur des postes, des rumeurs de commerce grandissant ; de briques, de grain, venant de l'intérieur aux îles. D'une autre source (était-ce l'épicier de Wangeroog ?)

j'avais appris que l'on comptait faire des îles des plages à la mode, d'où expansion du commerce ; d'une autre source encore (von Brüning lui-même ?) j'avais compris quelle part importante Dollmann prenait aussi au développement des îles. Et à toutes ces choses, vaguement encore, j'associais le torpilleur aperçu dans le canal de l'Ems à la Jade.

J'étais encore absorbé dans ces nouvelles pensées quand le train s'arrêta à neuf heures dans la gare d'Esens. J'en sortis avec quelques autres voyageurs et, après dix minutes de marche, je me trouvai dans les rues pavées de la tranquille petite ville. La haute flèche de l'église que Davies et moi avions si souvent remarquée de la mer se détachait, noire, sur le ciel éclairé de blonds rayons de lune.

CHAPITRE XXVI

LES SEPT « SIELS »

Je choisis l'auberge la plus humble que je pus trouver et je me mis à faire parler l'aubergiste, tout en buvant de la bière et en mangeant le saucisson national. Je lui dis que je n'étais pas du pays, mais que j'allais à Bensersiel prendre le bateau qui me mènerait à Langeoog, où j'avais une sœur mariée.

– À propos, lui demandai-je, le Benser Tief avance-t-il ?

L'aubergiste haussa les épaules et me répondit qu'il croyait le canal fini.

– Et la connexion à Wittmund ?

– Encore en construction.

– Après cela, Langeoog va se développer ?

– Oh ! je n'ai pas confiance dans toutes ces nouvelles spéculations.

– Mais ça sera bon pour le commerce, Esens y gagnera. On pourra envoyer des provisions par le Tief. Quel est donc le commerce du pays ?

– Oh ! quelques cargaisons de plus qu'avant, des briques, du bois, du charbon, mais en fin de compte ça n'aboutira à rien. Ces compagnies ne sont que des inventions du diable. Quelques spéculateurs les lancent et se font de l'argent avec la terre et les contrats, pendant que les actionnaires qu'ils ont mis dedans crèvent de faim.

– Il y a du vrai. Le propriétaire de ma sœur à Langeoog est un nommé Dollmann ; on dit qu'il a beaucoup de terrain par là. J'ai vu son yacht une fois...

– C'est bien ce nom-là, c'est l'un d'eux... une espèce d'étranger. Il dirige aussi une compagnie de sauvetage du côté de Juist.

– Eh bien ! ce n'est pas lui qui aura mes écus.

Je me mis à rire, payai mon écot et, dans la rue, demandai à un passant le chemin de Dornum.

– Suivez le chemin de fer, me répondit-on.

Je partis, non pas pour Bensersiel, mais pour trouver le Benser Tief, qui, je le savais, devait croiser le chemin de Dornum quelque part. En effet, à un mille environ, je rencontrai un pont qui traversait le Tief, sorte de petit canal. Un sentier quittait la route et descendait d'un côté du canal ; un garage s'éloignait un peu de la ligne du chemin de fer et inclinait de l'autre côté du canal.

Du pont, où je m'arrêtai pour allumer ma pipe, je reconnus le terrain du côté gauche du canal en regardant vers le nord. Le garage se terminait à un endroit entouré de barrières et fermé par une grille cadenassée. J'aurais pu facilement sauter par-dessus la grille, mais je jugeai plus prudent de traverser le pont, d'y arriver par le sentier, et de regarder par-dessus les barrières. Ce n'était, après tout, qu'un dépôt de charbon, rien de plus. Un chaland, à demi plein, était dans le canal, tout près d'un tas de charbon. Je suivis alors le chemin de halage. Bientôt j'approchai d'une ferme sombre et silencieuse. En face, dans le canal, je vis deux chalands vides. Je grimpai dans l'un d'eux et sondai la profondeur du canal avec mon bâton. L'idée du torpilleur s'enfuit. Il y avait trois pieds d'eau à peine et le canal était juste assez large pour que deux chalands y passent de front. Je vis d'autres fermes et quelques autres chalands dans des gares[1] reliées au canal par les conduits de décharge ; mais ne voyant rien de véritablement intéressant et me disant que j'avais aussi le côté du chemin de fer allant à Wittmund à explorer, je rebroussai chemin, un peu refroidi, mais encore plein d'espoir.

Je repassai sous la route et sous la ligne du chemin de fer et repris le chemin de halage. À un mille de là il plongeait dans les bois, traversait une clairière, puis un autre endroit, entouré de barrières, ayant l'air d'une scierie. Cette fois-ci j'enlevai mes bottes et mon pantalon. Je descendis dans le canal, me rhabillai et sautai par-dessus les barrières. (Il y avait une maisonnette un peu en retrait, mais ses occupants dormaient.) C'était bien une scierie, mais aussi quelque chose de plus, car en arrivant au bout de la clairière je tombai sur un long hangar qui me rappela celui de Memmert. Dessous, du côté le plus proche du canal, j'aperçus un bateau en construction sur les chantiers. Tout près, il y en avait un à peine fini, un chaland. Une glissoire pavée menait à l'eau et le canal s'élargissait pour devenir une réserve d'eau, dans laquelle étaient amarrés sept ou huit chalands. J'escaladai une autre barrière et suivis le canal pendant trois milles. Il était minuit passé et je ne découvrais rien de nouveau. J'avais vu une briqueterie, et plus j'avançais, plus il devenait clair que le canal n'était pas encore terminé. Il allait se rétrécissant, et un barrage me prouva qu'on était en train d'essayer de redresser une sinuosité difficile. Je me souvins de la ligne bleue sur la carte d'ordonnance s'arrêtant brusquement, et je considérai qu'il était inutile d'aller plus loin.

Je retournai sur mes pas, comptant rentrer à Esens. En approchant de la scierie, je me dis qu'il vaudrait mieux passer le reste de la nuit dans un des chalands vides qui se trouvaient dans la réserve d'eau. Je montai dans l'un

1. Réserves d'eau.

d'eux et l'examinai. Il ressemblait à tous ceux que j'avais vus. C'était bien un chaland, dans le sens qu'il n'avait aucun moyen de propulsion et pas d'endroit spécial pour l'équipage, tout l'intérieur de la coque étant libre pour la cargaison. À l'avant et à l'arrière il y avait à peu près dix pieds de pont garnis de bittes et de pieux d'amarrage, le reste n'étant qu'un puits ouvert, flanqué de gouttières, de largeur substantielle. Le tout de construction très solide, et, pour un simple chaland, de grandes proportions, mais de proportions gracieuses. Il était fortement gondolé à l'avant, et, comme je l'avais remarqué sur le spécimen en chantier, de ligne souple à l'arrière. Pour en finir, il sautait aux yeux, même à ceux d'un pékin ignorant comme moi, que le bateau n'était pas fait seulement pour le canal, mais aussi pour la haute mer. Sous le pont, à l'arrière, je trouvai un rouleau de toile cirée. Je m'en servis comme d'une couverture et mon paquet me fit un excellent oreiller.

Je me dis qu'un espion ne pouvait s'attendre à un lit de plume deux nuits de suite et, après tout, ma couchette était à peine plus dure, bien que plus large, que celle de la *Dulcibella*.

Une fois bien installé je repris l'étude de ma carte d'ordonnance, brûlant boîte sur boîte d'allumettes. Il m'était venu à l'idée que ce canal était un parmi plusieurs. En concentrant toute mon attention sur Esens et sur Bensersiel, j'avais oublié qu'il y avait d'autres villages dont le nom se terminait en *siel*, tous avec un ruisseau, et que les statistiques de profondeur et de distance de Böhme étaient divisées en sept catégories de A à G. Le suffixe *siel* se répétait tout autour du littoral. À cinq milles à l'est de Bensersiel se trouvait Neuharlingersiel et, plus loin, Carolinensiel. À quatre milles à l'ouest, Dornumersiel et, plus loin dans la même direction, Nessmersiel et Hilgenriedersiel. Six rien que sur la côte nord de la péninsule. Sur la côte ouest, en face de l'Ems, il n'y en avait qu'un, Greetsiel, bien en dessous de Norden. Mais à l'est, en face de la Jade, il y en avait huit très rapprochés les uns des autres. Après un instant de réflexion je cessai de m'occuper de ce dernier groupe. Il n'avait rien à faire avec Esens et ne pouvait avoir aucune raison d'être comme voie commerciale, différant absolument en cela du groupe des six au nord, dont la raison d'être était la chaîne des îles, et dont le centre, sur la terre ferme, était presque exactement Esens. Il m'en fallait un septième. J'y ajoutai Greetsiel. Les sept villages se trouvaient chacun à l'embouchure d'un ruisseau, comme Bensersiel. Des sept embouchures une ligne pointillée traversai les grands sables et se dirigeait vers les îles. Sur la terre ferme, derrière le système sept fois répété, courait le chemin de fer. Mais il y avait de petites différences. Aucun ruisseau n'était marqué aussi fortement que Benser Tief, aucun ne pénétrait aussi profondément à l'intérieur des terres.

À force de chercher le sens de ce 7 mystique je m'endormis.

Le lendemain matin, dès l'aube, je quittai mon chaland et repris le chemin par où j'étais venu. Sur le pont je m'arrêtai, en proie à la plus cruelle indécision. Il y avait tant à faire et si peu de temps pour le faire ! Tout le problème semblait avoir été multiplié par sept.

En tout cas, je mourais de faim. La meilleure façon de manger quelque chose et d'opérer une nouvelle reconnaissance était d'aller à pied jusqu'à Dornum. Je trouverais alors sur mon chemin le Neues Tief, dont l'embouchure était à Dornumersiel. Cela exploré, je pourrais continuer jusqu'à Nesse, d'où partait un autre ruisseau se jetant dans la mer à Nessmersiel. Tout cela était dans la direction de Norden et j'aurais toujours le chemin de fer derrière moi, pour pouvoir arriver à Norden le soir. Le dernier train y arrivait à sept heures quinze. Je pouvais le prendre à sept heures cinq à la gare de Hage.

Une marche rapide de six milles m'amena à Dornum. J'avais une faim de loup. Le peu que je vis du Neues Tief me prouva qu'il n'était pas encore navigable. À Dornum, je jouai de malheur car mon aubergiste, au lieu d'être un paisible Frisien, était un de ces vauriens internationaux qui prétendent être d'anciens marins. Il me posa question sur question et je m'embrouillai dans mes explications. Je suis certain que le misérable me reconnut immédiatement pour un Anglais, mais naturellement j'insistai sur ma nationalité d'occasion, lui disant que j'avais navigué si longtemps sur un bateau anglais que j'y avais pris l'accent. Je ne saurai jamais au juste pour qui l'homme me prit, mais pour éviter toute suspicion et pour tâcher de m'en débarrasser je dus explorer tout Dornum à son bras, m'arrêtant à chaque café et lui offrant de nombreux *Schnapsen*.

C'était un déplorable contretemps. De toute façon je perdais mon temps, même quand, toujours au bras de mon « camarade » (mon camarade anglais, c'est ainsi que la canaille me présenta à un de ses amis), on m'eut amené dans la direction de Dornumersiel, où j'avais prétendu vouloir aller. La route ne suivait pas le Neues Tief, je ne pus pas l'inspecter. Je ne le rencontrai que quand nous arrivâmes au bord de la mer, où il se divisait en deux branches, toutes deux fermées par une écluse et toutes deux donnant dans deux petits ports boueux, répliques de Bensersiel. Arrivé à Dornumersiel, j'allai droit à l'auberge, fis boire mon camarade consciencieusement et lui dis de m'attendre pendant que j'allais quérir un bateau dans le port. Inutile d'ajouter que je ne le revis jamais. Je lançai un regard sur le port à gauche, vis un chaland dans le bassin de l'écluse (on était à marée haute), puis allai, aussi vite que mes jambes purent me porter, jusqu'à la digue la plus extérieure, grimpai dessus, et m'enfuis le long de la mer, à l'ouest, cinglé par une forte averse et horriblement inquiet de l'agitation et des commentaires que ma disparition allait causer si mon odieux «camarade» était encore en état de s'en apercevoir. Aussitôt que je crus être hors de vue, je sautai sur le sable et me mis à courir de toutes mes forces. Quand je fus obligé de m'arrêter, faute de respiration, je m'assis sur mon paquet, le dos contre la digue, regardant la mer.

Le chaland que j'avais vu dans l'écluse était remorqué dans la direction de Langeoog.

«Plus d'exploration au jour», me dis-je, et, me résignant à une inaction temporaire, je me mis à centraliser mes pensées sur le rendez-vous. Norden m'avait paru la veille devoir être certainement le lieu choisi, mais, depuis, les sept «siels» avaient fait leur entrée en scène. Tout à coup il me revint à l'esprit que toutes les stations, le long de cette ligne du nord, quoiqu'un peu plus à l'intérieur que Norden, étaient également des gares sur la côte, dans le sens qu'elles communiquaient avec les ports sur la côte. Norden avait sa crique, sujette aux marées, mais Esens et Dornum avaient leurs canaux. J'avais pris l'expression «la marée servira» trop à la lettre. Mais alors, il y avait sept rendez-vous possibles? Huit en comptant Norden? Lequel fallait-il choisir? Après avoir consulté l'indicateur et ma carte, je vis que si les rendez-vous possibles pouvaient être huit il n'y avait que cinq stations possibles, toutes sur la même ligne : Norden, Hage, Dornum, Esens, Wittmund. Inutile de s'occuper des trains allant de l'est à l'ouest, car aucun ne pouvait s'appeler un train de nuit, étant donné que le dernier, celui que je devais prendre, arrivait à Norden à sept heures quinze du soir. Il n'y avait qu'un train allant en sens contraire, celui quittant Norden à sept heures quarante-trois, arrivant à Esens à huit heures cinquante, à Wittmund à neuf heures treize. Ce train, que j'avais pris la nuit précédente, correspondait avec un autre venant d'Emden, du sud, du Hanovre, de Brême et de Berlin. Le lecteur se souviendra aussi que j'avais dû attendre trois quarts d'heure à Norden, de sept heures à sept heures quarante-trois.

Sur le quai de Norden, entre sept heures quinze, heure à laquelle j'arriverais de l'est, et sept heures quarante-trois, quand Böhme et son ami inconnu quitteraient le quai pour l'est, là, pendant cette demi-heure, s'offrirait l'occasion de reconnaître et de filer deux conspirateurs au moins. Il fallait à tout prix que je prenne le train qu'ils prendraient, que je descende où ils descendraient. Si je ne pouvais pas les rencontrer, je repartirais sur Norden et les y attendrais jusqu'à dix heures quarante-six.

Après une heure de repos je me remis en chemin, évitant les grandes routes et les villages. Je marchai à travers la campagne, me dirigeant vers le sud-ouest. Je n'appris rien de nouveau pendant cette promenade fatigante et difficile. Le Harke Tief débouchant à Nessmersiel n'était qu'un embryon de canal. À Hilgenriedersiel je n'eus le temps de rien voir. À sept heures j'étais dans la gare de Hage, trempé, éreinté, les pieds en sang, après avoir fait vingt milles depuis le point du jour.

À Norden, je mangeai un morceau, grattai mes bottes, m'entortillai le cou dans un cache-nez que je remontai très haut. Je traversai la plate-forme supérieure, allai droit au guichet des billets et immédiatement j'aperçus von Brüning, oui, von Brüning en civil, mais bien lui. Il quittait le guichet, ramassant son billet et quelques sous. Je me mis au bout d'une file de deux ou trois personnes et attendis mon tour, ayant bien soin que von Brüning ne me vît pas. N'ayant pas entendu le nom de la gare pour laquelle il avait pris son billet, j'en demandai un, de quatrième classe, pour Wittmund, ce qui faisait face à toute éventualité. Puis, le nez enfoncé dans mon cache-nez, je cherchai le coin le plus sombre du bar-salle d'attente, mal éclairé, où tous les voyageurs, comme c'est l'habitude en Allemagne, devaient attendre leurs trains. J'aperçus von Brüning assis dans un autre coin, son chapeau sur les yeux, fumant un cigare. Je bus de la bière. Personne ne fit attention à von Brüning. Plus tard, quand la porte s'ouvrit et qu'on cria « Hage, Dornum, Esens, Wittmund, en voiture ! », quelques voyageurs sortirent, montrant leurs billets. Je passai le dernier avec von Brüning devant moi. J'étais si près de lui que la fumée de son cigare me monta au visage. Je ne pus lire le nom de son billet par-dessus son épaule, mais quand l'employé le perfora, il prononça deux consonnes sifflantes. « Esens », me dis-je. J'en savais assez. Je montai dans mon compartiment de quatrième et perdis von Brüning de vue, n'osant mettre la tête à la fenêtre que quand la dernière portière eut claqué, bien fermée. Je vis alors, courant vers un compartiment, deux voyageurs en retard, un grand et un de taille moyenne ; tous deux en pardessus et avec des cache-nez. Je ne pus distinguer leurs traits, mais certainement ni l'un ni l'autre n'était Böhme. Ils n'étaient pas sortis du bar-salle d'attente, mais d'un angle sombre du quai, où ils attendaient. Un employé les poussa et les enferma dans un compartiment en bougonnant. Le train partit.

Nous devions arriver à Esens à huit heures cinquante. Prendraient-ils une voiture, comme von Brüning l'avait fait la semaine précédente ? Où allaient-ils en quittant Bensersiel ? Dans quoi ? Comment allais-je les suivre ? Mais il me sembla que la fortune me souriait. Je devins romanesque. La mer elle-même me parut complaisante. J'étais prêt à tout, à la hauteur de tout.

CHAPITRE XXVII

CELUI QUI, EN ALLEMAGNE, PEUT INSISTER MIEUX QUE PERSONNE

À la gare d'Esens je sautai du train avant qu'il ne fût arrêté, donnai mon billet le premier de tous et demeurai dans l'ombre à la porte de la gare. Pas une voiture, et six voyageurs seulement. Deux de ces derniers étaient les gens que j'avais vus arriver en retard à Norden, un autre von Brüning. Ce dernier précéda quelque temps les deux autres, mais à la grille, qui donnait sur la grand-route, tous trois, au lieu d'aller du côté d'Esens, se dirigèrent vers le sud. Les deux autres voyageurs tournèrent vers la ville. J'étais horriblement perplexe parce que mes trois hommes prenaient la direction opposée à Bensersiel et à la mer. Je les suivis comme leur ombre, mon paquet sur l'épaule. Il était trop tard pour reculer, quand je vis, à cinquante mètres devant moi, un passage à niveau barrières fermées. Nous allions nous trouver là nez à nez, et nous aurions à attendre le passage du train. En effet, nous demeurâmes une ou deux minutes, ayant bien l'air de ne pas nous remarquer les uns les autres, mais au fond étant très gênés. Quand les barrières se levèrent, mes trois compagnons semblèrent disposés à traînasser; aussi, avec tact, j'avançai rapidement et ne m'arrêtai que quelques instants après pour écouter. N'entendant rien, je retournai, marchant avec précaution, et reconnus qu'ils avaient disparu. Par où? Je le vis bien vite. Un sentier herbeux menait aux champs, à gauche soit à l'ouest de la route. Bien que je ne visse personne j'entendis un murmure de conversation s'éloignant. Je pris mon temps pour bien reconnaître où j'étais et retournai dans la direction de la ville d'Esens. Je savais que le chemin qu'ils avaient pris les mènerait au Benser Tief, à un endroit près de la scierie. Dans un brouillard j'aurais pu les suivre, mais la nuit était claire, et il ne fallait pas que je dépense toute mon énergie. Je me répétai les mots «la marée servira» et jugeai qu'il était plus sage d'aller les attendre à Bensersiel, leur laissant tout le loisir d'examiner le canal tortueux.

Il était neuf heures. À dix heures, j'étais tout près de Bensersiel et j'entendais le grondement de la mer. J'avais la certitude que je trouverais mon Grimm aux alentours du village, attendant aussi. Je quittai la route avant d'atteindre le village même et j'en fis le tour pour arriver au port. En passant devant l'auberge je vis les doyens du village, présidés, naturellement, par le petit directeur des postes. Le port lui-même était exactement comme il était huit jours avant, le bateau-poste à la même place, sa grand-voile hissée et ses deux jumeaux géants crachant dans l'eau. Je les hélai hardiment, sans me faire reconnaître. Ils me dirent qu'ils partaient dans quelques instants pour Langeoog; le vent venait du large, la poste était à bord et la marée juste à point.

Bien que je fusse certain que mes trois hommes ne pouvaient être là, je restai cependant près de la jetée jusqu'à ce que la galiote fût partie. J'attendis trois quarts d'heure, que je passai presque entièrement dans un angle formé par la digue rejoignant la jetée ouest et d'où je pouvais surveiller l'ensemble du port. J'examinai tout objet flottant, et allai jusqu'à aborder un remorqueur désert et deux ou trois bateaux à rames attachés à un pieu. L'un d'eux était prêt à servir. Je vis deux chalands. Je fis une excursion sur la route, mais de Grimm pas de trace.

J'étais à peine de retour dans ma cachette quand j'aperçus les lumières d'un bateau à vapeur qui entrait dans le port. Le vapeur s'arrêta juste en tête d'un des deux chalands, à cinquante pas de moi. Un matelot sauta sur le quai, tenant un câble, tandis que le pilote du vapeur lui donnait quelques indications rapides. Le vapeur était un petit remorqueur, et le pilote se fit reconnaître quand il sauta à son tour sur le quai. C'était Grimm. Il regarda l'heure à sa montre, passa devant l'auberge et disparut dans la direction du canal.

Un autre marin apparut à son tour, aida son camarade à amarrer le remorqueur, puis tous deux s'installèrent à l'arrière. Ouvrant mon paquet, j'en tirai mes vêtements de toile cirée, les enfilai et remplaçai ma casquette par mon suroît – cela pour ressembler le plus possible aux deux matelots.

Voici la tournure que prirent mes pensées à cet instant : « Le remorqueur va emmener mes hommes ; il m'est impossible de les suivre autrement que sur le remorqueur même, donc la première chose à faire est de ressembler à son équipage. »

La suite était plus difficile, car les deux matelots revinrent à l'avant et allumèrent leurs pipes. Cependant, une petite pantomime amusante me donna espoir. Ils avaient l'air de se consulter, regardant du remorqueur à l'auberge et de l'auberge au remorqueur. L'un d'eux sauta, s'élança dans la direction de l'auberge, fit signe à son camarade qui cria quelque chose par la claire-voie dans la chaufferie et qui rejoignit son compagnon à fond de train. Tout en regardant la pantomime, j'avais retiré mes bottes. À peine mes deux larrons avaient-ils quitté le remorqueur que j'étais en chaussettes sur la vase. Une douzaine de pas étouffés, et je me hissai par-dessus les bastingages entre la roue du gouvernail et la cheminée, cherchant de l'œil une bonne cachette. Il n'y avait pas de cale, à proprement parler, aussi ne pouvais-je m'y réfugier. Mais sur le côté, à droite, plutôt à l'arrière du travers, une petite barque était suspendue à ses bossoirs, en dehors du plat-bord. Ce fut le refuge que je choisis. Les cordes auxquelles le canot était suspendu craquèrent légèrement, les avirons et les bancs me gênèrent, mais bien avant que mes soiffards ne fussent revenus je m'étais installé dans le fond du bateau, m'étant placé de telle façon qu'au besoin je pouvais regarder par-dessus bord.

Les deux marins étaient à peine remontés à bord que j'entendis un bruit de voix. J'en reconnus une pour être celle de Herr Schenkel. Lui et Grimm montèrent sur le remorqueur et descendirent tous deux par l'écoutille d'arrière.

J'entendis un bouchon sauter et un cliquetis de verres. Deux minutes après ils reparaissaient. Herr Schenkel aurait bien voulu rester, mais Grimm, qui paraissait le supporter difficilement, s'en débarrassa en disant, avec un juron, que la marée descendait et qu'il fallait qu'il parte. Pour en finir, congédiant Schenkel d'un sec «bonne nuit», il reprit son poste à la barre. Herr Schenkel débarqua, mortellement blessé, et les hélices du remorqueur se mirent en mouvement. Après quelques tours de roue, un sifflement aigu retentit. Avant que j'eusse eu le temps de m'y reconnaître, j'entendis des pas précipités venant de la digue, d'abord sur le quai, ensuite sur le pont. Le dernier des retardataires était époumoné et tomba à bord sans aucune élasticité.

Le remorqueur quitta alors le port, mais pas seul. Nous remorquions quelque chose. Le chaland, naturellement, devant lequel le remorqueur s'était arrêté en arrivant. Je savais ce qu'il y avait dans le chaland parce que j'avais été le voir la demi-heure précédente. Ce n'était pas une cargaison chimérique, mais bien du charbon, du vulgaire charbon à brûler. Le chaland n'était qu'à demi plein. «Très bien, pensai-je, je comprends; Grimm est ici ostensiblement pour venir chercher du charbon et l'emporter à Memmert.» Mais allions-nous à Memmert? Au même moment je me souvins d'une phrase entendue au dépôt, «un seulement à demi chargé». Pourquoi à demi chargé?

Pendant quelques minutes il y eut un grand va-et-vient sur le pont. À des ordres criés par Grimm, une voix, très en arrière, venant du chaland, répondait. Puis le remorqueur accéléra sa vitesse, et la paix régna à bord. Je compris que nous étions sortis du chenal balisé et que nous avions tourné à l'ouest. Je lançai un regard par-dessus le bord du canot et me rendis compte que j'étais parfaitement en sécurité tant qu'on n'aurait pas besoin du bateau. Il n'y avait pas de fanal sur le pont, les claires-voies étaient peu éclairées et les feux de côté ne pouvaient tomber sur moi. J'étais placé un peu à l'arrière de la roue, mais tout près d'elle, à douze pieds environ, je crois. Grimm gouvernait. La roue était un peu surélevée, sur une sorte de pupitre auquel on accédait par deux ou trois marches. Elle était entourée d'une petite balustrade à hauteur de poitrine. Un seul marin était visible, celui en vigie à l'extrémité de l'avant, me tournant le dos. L'autre matelot, me dis-je, gouvernait le chaland que je pouvais deviner d'après l'écume blanche que son avant faisait rejaillir.

Les passagers étaient tous à l'arrière, trois du moins, se penchant par-dessus le couronnement, eux aussi me tournant le dos. L'un d'eux était certainement Böhme, un autre était von Brüning, mais le troisième, qui était-ce?... Ils auraient dû être quatre. Je n'en voyais que trois. Inutile d'ajouter que mille fois déjà je m'étais posé cette question : qui est-ce?

Nous avancions rapidement. Un grain approchait. J'essayai de me rendre compte de notre position. Je reconnus deux feux : l'un, alternativement rouge et blanc, assez loin, à l'arrière, était le phare de Wangeroog; l'autre, blanc et intermittent, était le phare au centre de l'île de Norderney, à dix milles environ, droit à l'avant. Je ne pouvais savoir l'heure, étant dans l'impossibilité de regarder ma montre.

Le moment critique approchait, je le sentais, et encore une fois je me répétai : « De l'audace, toujours de l'audace ! » La façon d'être des passagers me parut bizarre. Ils demeuraient rangés à l'arrière, comme des émigrants regardant leur patrie pour la dernière fois et gesticulant quelquefois. Ils discutaient à propos du chaland, mais soudain, je fus obligé de m'aplatir, car ils se mirent à faire les cent pas sur le pont. Quand je pus relever la tête, ils étaient autour de Grimm, discutant maintenant la direction que nous avions prise et l'heure, car Grimm regardait sa montre à la lueur d'une lanterne.

Nous avions mis le cap sur le nord. Allions-nous au large ? Si j'avais été Davies, j'aurais pu mieux me rendre compte, mais je n'étais que Carruthers et ne compris pas que, vu la marée et l'heure, Memmert ne pouvait être le but de notre traversée. Grimm pressa un bouton et le remorqueur ralentit. Je m'aplatis de nouveau et j'entendis Grimm crier à l'homme sur le chaland de mettre la barre à tribord, et à la vigie de venir à l'arrière. Puis il ordonna : « Amenez ! » et je sentis quelqu'un faire glisser les attrapes auxquelles j'étais suspendu. Mon sang se glaça dans mes veines. Je me demandais si je pourrais nager jusqu'à Langeoog quand une voix impérieuse et forte (que je ne connaissais pas) cria : « Non, non ! Nous n'en avons pas besoin, nous pouvons bien sauter ; n'est-ce pas, Böhme ? » La voix se perdit dans un éclat de rire jovial. « Grand Dieu ! pensai-je, vont-ils nager jusqu'à Langeoog ? » Mais aussitôt je poussai un soupir de soulagement. Le remorqueur donna deux ou trois coups de roulis, et les pas se retirèrent à l'arrière. Il y eut quelques cris, *Achtung !* et quelques rires. Quand nous reprîmes notre marche nous sentîmes la remorque crisser et se tendre. Les passagers, semblait-il, préféraient le chaland au remorqueur. Nous allions à toute vitesse. Quand je pus regarder de nouveau, Grimm était toujours au gouvernail, déclenchant impassiblement les manettes de la roue sans même lancer un regard par-dessus son épaule sur sa précieuse cargaison. Après tout, nous allions vers la haute mer. Bientôt nous laissâmes à bâbord la pointe est de Baltrum et nous passâmes la barre difficile, tournant le nez au vent. Un instant après nous étions dans la mer du Nord, la houle et les embruns augmentant de minute en minute.

C'est à ce moment que les évolutions commencèrent. Grimm donna la roue à la vigie et alla se pencher sur le couronnement, d'où il criait : « bâbord ! », « tribord ! », répondant à des signaux provenant du chaland. Nous fîmes un tour complet, gouvernant sur chaque point du vent successivement, puis droit en pleine mer, jusqu'à ce que la houle soit très forte. Le bateau retourna subitement, suivant une tangente, presque sur la plage même de l'île. Enfin ces manœuvres, qui étaient évidemment une sorte d'essai, se terminèrent. Nous nous arrêtâmes pour transborder nos passagers, qui, quand ils furent remontés sur le remorqueur, descendirent immédiatement dans la cabine. Grimm, ayant tourné la roue dans une direction définie, la confia de nouveau au matelot, enleva son imperméable dégouttant, le jeta sur la claire-voie de la cabine et descendit à son tour. La direction était à peu près ouest. Allions-nous à Memmert ? Mais je n'y pensais guère, car c'était aussi la direction de l'*Angleterre*. Oui, je comprenais enfin ! J'assistais à une répétition expérimentale d'un grand drame qui peut-être se jouerait dans un avenir prochain ; un drame dans lequel des multitudes de chalands pouvant tenir la haute mer transporteraient, en guise de cargaison, des soldats et non du charbon ; sortiraient en sept flottes ordonnées de sept embouchures peu profondes escortés par la marine impériale, traverseraient la mer du Nord et se jetteraient en masse sur les côtes anglaises.

Le remorqueur bondissait dans la nuit ; un grain furieux

tombait en sifflant à l'arrière ; Baltrum disparut et la plage de Norderney étincelait quand un rayon de lune la frappait. Enivré par mon succès, je me pelotonnai dans mon berceau mobile et fouillai tous les coins de ma mémoire. Ma rêverie s'attachait aux événements, non aux personnes. Je voyais de grandes issues nationales plutôt que les intérêts humains, si poignants cependant et si indissolublement mêlés aux événements. Mais un sursaut me rappela ma situation actuelle et Davies. Nous avions changé de direction. J'entendis Grimm remonter sur le pont et je surveillai la scène de tous mes yeux. Par bâbord nous voyions les lumières brillantes de la ville de Norderney et du jardin public. Je me rendis compte que le remorqueur essayait d'entrer dans le See Gat. Il passa rapidement la barre, tourna le nez vers le sud, et eut le vent par tribord avant. À peine à un mille de moi se trouvaient la villa, le yacht et les trois principaux acteurs du drame – trois, c'est-à-dire si Davies était encore en liberté.

Allions-nous tout simplement débarquer dans le port de Norderney ? Grand Dieu ! quelle magnifique réussite ! J'avais accompli ma mission, et en un rien de temps je pouvais rejoindre Davies et mettre nos desseins à exécution.

Comme mon canot était suspendu par-dessus bord, à droite, je me dis que ce serait le côté qui ne toucherait pas le quai et que la marée serait basse. J'eus l'intention ridicule de couper les câbles me retenant aux bossoirs, mais je l'abandonnai aussitôt. Pendant le brouhaha de l'arrivée, je pourrais me servir des attrapes comme d'une corde lisse, me laisser tomber dans l'eau, traverser en nageant les quelques mètres de chenal dragué, patauger à travers la vase jusqu'à une petite distance de la *Dulcibella* et me remettre à nager le reste du trajet. Je me frottais déjà les yeux quand je vis Grimm quitter à nouveau la barre, la laisser au marin et redescendre dans la cabine.

Nous devions tourner à gauche maintenant. Mais non… au contraire, nous continuions plein sud, c'est-à-dire dans la direction de la terre ferme. Bien que ma combinaison fût ainsi démolie, mon désir de rejoindre Davies devenait de plus en plus impérieux.

En suivant cette direction, le seul endroit de toute la côte où le remorqueur pouvait débarquer, vu l'état de la marée, était Norddeich. Le quai alors serait du côté droit et je ne pourrais sortir de ma cachette sans être vu. Après le débarquement des passagers, le remorqueur et le chaland retourneraient à Memmert. À Memmert il ferait jour, on me découvrirait…

« Il faut que j'en sorte, me répétai-je, il le faut. Il doit y avoir un moyen, il faut que je m'en tire. Qu'est-ce que Davies ferait ? » La réponse fut le frou-frou familier de l'écume sur les sables qui commençaient à sécher. La houle s'apaisait, le chenal se rétrécissait. À droite, j'apercevais des lieues de sable sortant de l'eau. Il n'y avait que deux hommes sur le pont, et les nuages, précurseurs d'un nouveau grain, obscurcissaient la lune.

Une idée folle me traversa l'esprit. L'heure, il fallait la savoir à tout prix. Je grattai une allumette et, la couvrant de ma jaquette, je vis à ma montre deux heures trente du matin. La marée descendant depuis trois heures et demie environ – marée basse à cinq heures –, ils resteraient échoués jusqu'à sept heures et demie du matin. Danger de mort ? Aucun. Signaux de détresse ? Pas probablement, avec « celui qui insiste » à bord. De plus, personne ne viendrait, car être échoué ne constitue pas un danger. J'aurais bonne brise et bonne marée pour ma manœuvre, *à moi*. Le vêtement de toile cirée de Grimm était posé sur la claire-voie. Lui et moi étions rasés.

L'homme à la barre regardait fixement en avant pour ne pas se tromper. Le vent sifflait à la perfection. J'examinai soigneusement les cordes des bossoirs et leurs poulies. Me penchant un peu en dehors, je coupai une des cordes qui empêchaient le canot de se balancer librement, afin qu'en cas de besoin je puisse mettre celui-ci à la mer d'un seul coup. Puis je quittai ma cachette, me glissant par l'arrière, avec des mouvements félins, jusqu'à ce que je fusse debout sur le pont. Un instant après je soulevai le manteau de toile cirée de Grimm, qui était, on s'en souvient, posé sur la claire-voie. J'enfilai ledit vêtement, en remontai le col, et avançai vers la roue sur la pointe des pieds. Quand j'eus dépassé le dôme de la cabine, je repris mon pas habituel, allai vers le pupitre, touchai l'homme à la barre sur le bras, comme je l'avais vu faire à Grimm. L'homme me donna sa place, grommelant quelque chose à propos d'un feu, et j'empoignai la roue. Grimm parlait peu, aussi j'indiquai du doigt l'avant à son satellite. Il reprit son poste habituel sur la proue, n'ayant pas pensé à m'examiner. Moi j'avais immédiatement reconnu un des marins du *Kormoran*.

À partir de ce moment tout alla comme sur des roulettes. J'estimai que nous étions à mi-chemin de Norddeich, dans le Buse Tief, chenal d'une largeur navigable de deux cents mètres à ce moment de la marée. Deux faibles feux scintillaient au loin, à l'avant, superposés. Je n'avais aucune idée de ce qu'ils indiquaient, et cela m'était égal, car j'étais trop occupé à palper les manettes de la roue. C'était la première fois de ma vie que je goûtais les délices d'un commandement sur un vapeur. Quelques essais prudents m'enseignèrent les rudiments. J'étais certain maintenant que rien ne pouvait empêcher la catastrophe de se produire.

Je fis incliner le bateau très légèrement à droite, puis un peu plus, jusqu'à ce que le dos de la vigie fît un léger mouvement de protestation, mais il était bien dressé, ayant été à l'école de Grimm. Alors je tournai en plein à gauche. La vigie cria quelque chose et je levai le bras calmement pour montrer que je savais ce que je faisais. Un cri partit du chaland et je me souviens que j'étais juste en train de me demander : « Que diable va-t-il arriver au chaland ? » quand le dénouement se produisit. Le désastre était sur nous avant que je pusse m'en rendre compte. Notre quille frissonna et s'enfonça dans le sable ; la roue s'arrêta net dans mes mains, pendant que le remorqueur creusait son lit de repos.

Dans la panique qui suivit, je puis dire hardiment que je fus le seul à bord qui agît tranquillement et méthodiquement. La vigie s'élança comme une flèche à l'arrière en hurlant quelque chose. Grimm, les passagers sur ses talons, fut sur le pont en un clin d'œil et, jurant et sacrant, se jeta sur la roue que j'avais respectueusement abandonnée. Il cria des ordres en bas, manipula les manettes de toutes ses forces. Le remorqueur ne fit que donner davantage de la bande. Le vent, la pluie, l'obscurité mirent le comble à la confusion.

Pour ma part, je reculai derrière la cheminée, défis ma robe d'ordonnance et me dirigeai vers mon canot. J'étais sûr qu'on en aurait besoin. Une longue et amère expérience de l'échouage me l'avait appris. En passant, je carambolai avec un des passagers et le pris à mon service. Apercevant son visage, je vis que mes soupçons étaient fondés. C'était bien « celui qui, en Allemagne, peut insister mieux que personne ».

En approchant des bossoirs nous entendîmes, venant de gauche, comme un coup de pistolet. C'était la remorque se rompant, je suppose, car le chaland plus plat passa à toute vitesse à côté du remorqueur. Dans le tumulte qui suivit j'entendis Grimm hurler : « Amenez le canot ! » Son ordre était déjà exécuté. Mon aide (le Passager) et moi nous avions chacun décroché une corde et faisions glisser le canot. Immédiatement je m'accrochai au gui et sautai dedans. Il n'y avait pas loin à sauter, car le remorqueur penchait fortement par tribord. La poulie d'avant glissa facilement, mais celle d'arrière grinça. « Mollissez ! » criai-je péremptoirement au Passager. Il obéit. La corde glissa, le canot était à flot.

CHAPITRE XXVIII

NOUS ATTEIGNONS NOTRE DOUBLE BUT

Quand l'atmosphère d'incompréhension se dissipa-t-elle sur le remorqueur échoué ? Je ne sais. Pendant que j'arrangeais les toletières et armais les avirons, la marée et la brise m'avaient déjà emporté au loin, vers Norderney. Je me dirigeai d'abord vers le chaland, mais aussitôt que je crus être hors de vue, je fis demi-tour et ramai de toutes mes forces. Des cris qui s'éteignirent bientôt partirent du remorqueur. Je les savais plantés là pour cinq heures. Quant à moi, je ne pouvais me tromper de chemin et mes deux milles furent couverts en un clin d'œil. En arrivant dans le port, je n'aperçus pas la *Dulcibella*. Elle n'était plus où je l'avais laissée. Je ramai comme un fou à travers le port, et, grâce au ciel, je vis le yacht amarré le long de la jetée.

– Qui va là ? cria Davies d'en bas, au moment où je mis le pied à bord.

– Tais-toi, c'est moi. (Et Davies et moi nous nous tâtions dans l'obscurité de la cabine.)

– Comment ça va, mon vieux ? me dit-il.

– Très bien, et toi ? Vite, une allumette. Quelle heure est-il ?

– Grand Dieu ! Carruthers, quelle tournure tu as ! (En effet, je ne devais pas manquer de chic après mes deux jours de camping !)

– Trois heures dix. C'est l'invasion de l'Angleterre. Dollmann est-il chez lui ?

– Invasion ?

– Oui. Dollmann est-il chez lui, à la villa ?

– Oui.

– La *Médusa* est-elle à flot ?

– Non.

– Sapristi ! Sommes-*nous* à flot ?

– Je crois que oui, mais ils m'ont fait changer de place.

– Tu crois ? Tire le yacht, pousse-le, coupe les amarres !...

En quelques minutes, pendant lesquelles nous travaillâmes comme des nègres, la *Dulcibella* fut ancrée en eau plus profonde. Pendant ce temps-là, j'avais chuchoté quelques-unes de mes aventures à l'oreille de Davies.

– Combien de temps te faut-il pour lever l'ancre ? lui demandai-je.

– Dix minutes.

– À quelle heure le jour se lève-t-il ?

– Sept heures le lever du soleil, le petit jour à peu près à cinq. Quelle est notre destination ?

– L'Angleterre ou la Hollande.

– Est-ce qu'ils sont en train d'envahir l'Angleterre ? fit Davies calmement.

– Non, non, ils s'exercent seulement, dis-je, riant nerveusement.

– Alors nous pouvons attendre.

– Nous pouvons attendre exactement une heure et demie. Allons vite à terre et réveillons Dollmann. Il faut que nous l'accusions et que nous les amenions à bord, elle et lui. C'est maintenant ou jamais. Mais, Davies, pas comme tu es, en pyjama ; vite, tes vêtements de toile cirée.

Pendant qu'il s'habillait je résumai les faits et esquissai mon plan d'action.

– Es-tu surveillé ? lui demandai-je.

– Je crois que oui, par l'équipage du *Kormoran*.

– Où est le *Kormoran* ?

– Ici.

– Les marins ?

– Pas ici ce soir. Grimm est venu les chercher dans le remorqueur. Moi aussi je les surveillais. Et, Carruthers, la *Blitz* est là.

– Où ?

– Dans la passe en dehors, tu ne l'as pas vue ?

– Ai pas regardé. Son commandant est en sûreté, en tout cas, ainsi que Böhme, ainsi que le Tertium Quid, ainsi que les hommes du *Kormoran*. La côte est libre. C'est le moment ou jamais.

De nouveau nous traversions la longue jetée et les rues silencieuses, la pluie nous cinglant le dos. Nous avions des ailes. Je ne sentais pas ma fatigue et Davies, de temps en temps, prenait un petit galop en marmonnant : « Canaille ! canaille ! »

– J'avais raison, seulement à l'envers, murmura-t-il aussi plus d'une fois. J'étais toujours dans le vrai, ces chenaux sont la clef du mystère. Chatham est notre seule base à l'est, aucune escadre ou aucune base sur la mer du Nord. Un de ces jours ils débarqueront dans les environs de Crouch ou de Blackwater.

– Ça m'a l'air fou, observai-je.

– Fou ? Oui, d'une certaine façon, mais toutes les invasions sont folles. Tu vois bien qu'ils la préméditent ; c'est allemand. Aucun autre pays n'oserait le faire. Je comprends maintenant, c'est par *the Wash* qu'ils débarqueront, c'est le plus près d'eux, et ensablé comme ici.

– Quelle a été l'attitude de Dollmann ? demandai-je.

– Polie, mais bizarre. Il est inquiet.

– Clara ?

– Oh ! elle, parfaite, naturellement. À propos, Carruthers… mais ça ne fait rien…

Nous trouvâmes une sonnette de nuit à la porte de la

villa, et tirâmes dessus énergiquement. Une fenêtre s'ouvrit et je criai : « Une commission du commandant von Brüning. Urgent. » La fenêtre se ferma, le vestibule d'entrée s'éclaira, et la porte fut ouverte par Dollmann lui-même, en robe de chambre.

– Bonjour, lieutenant X, dis-je en anglais. Arrêtez, nous sommes vos amis, ajoutai-je, car il nous ferma presque la porte au nez.

Il la rouvrit très lentement et nous entrâmes.

– Silence, siffla-t-il entre ses dents.

Des gouttes de sueur lui perlaient sur les tempes et il avait les pommettes cramoisies, mais un sourire (quel sourire !) se jouait autour de ses lèvres. Nous faisant signe d'avancer sans bruit, chose impossible pour moi, vu mes bottes, il nous mena dans le salon, tourna le commutateur, et nous regarda en face.

– Eh bien ? dit-il en anglais, toujours souriant.

Je consultai ma montre, et si ma main était en harmonie avec mon apparence, je devais avoir l'air du plus abject voyou du monde.

– Nous nous comprenons parfaitement, dis-je, et les explications sont une perte de temps. Nous partons pour la Hollande, ou peut-être pour l'Angleterre, à cinq heures au plus tard, et nous désirons le plaisir de votre compagnie. Nous vous promettons l'immunité complète, à part certaines restrictions qui peuvent attendre. Nous n'avons que deux couchettes, aussi ne pouvons-nous offrir passage qu'à Fraülein Clara et à vous.

Pendant toute cette harangue il sourit, mais le sourire se fixa, comme si, intérieurement, il prenait une résolution. Il se mit à rire d'un rire étouffé, ironique.

– Vous, imbéciles, dit-il, vous, satanés jeunes idiots, je croyais en avoir fini avec vous. Vous me promettez l'immunité ? Vous me donnez une heure et demie ! Par Dieu ! je vais vous donner cinq minutes pour déguerpir, ou vous faire arrêter comme espions. Mais, sapristi, pour qui me prenez-vous ?

– Pour un traître au service de l'Allemagne, dit Davies, pas trop sûr de ce qu'il avançait.

Nous étions tous deux stupéfiés par l'audace de l'attaque de Dollmann.

– Un tr… vous, sacrés brouillons… Je suis au service de l'Angleterre. Vous démolissez une entreprise de bien des années, au moment même où j'allais réussir.

Davies et moi nous nous regardâmes un instant, la tête perdue. Il mentait, j'en aurais mis ma main au feu, mais comment le lui prouver ?

– Pourquoi avez-vous essayé de tuer Davies ? lui dis-je machinalement.

– Bah ! C'est eux qui m'y ont obligé. Et je savais qu'il n'y avait pas de danger. La preuve, c'est qu'il est là.

Il n'y avait plus qu'une chose à essayer, finasser encore une fois, pour le faire se vendre.

– Très bien, repris-je un instant après, nous allons nous en aller. Tais-toi, Davies, puisqu'il paraît que nous nous sommes trompés. Mais alors il est juste que nous vous disions que nous savons tout.

– Pas si fort… qu'est-ce que vous savez ?

– J'ai pris des notes à Memmert, l'autre nuit.

– Impossible !

– Mais si, grâce à Davies. Avec difficulté, naturellement, mais j'ai entendu que vous faisiez un compte rendu de votre tour en Angleterre. Chatham, vous savez, et le plan d'attaque anglais, purement imaginaire puisque vous êtes du bon côté. Böhme et les autres s'occupaient du plan de défense allemand. À à G, j'ai tout entendu ; les sept îles, et les sept chenaux entre elles (Davies les connaît par cœur un par un). Et alors sur terre la ceinture de chemin de fer, Esens le centre ; les corps d'armée se mobilisant… tout cela pour rien… du temps perdu… ha ! ha ! Puisque vous êtes du bon c…

– Pas si fort, vous, démon!

Il nous tourna le dos et fit irrésolument deux pas vers la porte, ses mains pétrissant sa robe de chambre comme elles avaient pétri le rideau à Memmert. Deux fois il commença une question et s'arrêta au milieu.

– Mes compliments, messieurs, dit-il d'une voix plus ferme, se retournant vers nous; vous avez fait monts et merveilles avec votre zèle mal placé, mais vous m'avez déjà beaucoup trop compromis. Il va falloir que je vous fasse arrêter. Simplement pour la forme...

– Merci bien, l'interrompis-je. Nous avons déjà perdu cinq minutes, et le temps presse. Nous partons à cinq heures; rien que pour la forme, nous voudrions bien vous avoir avec nous.

– Qu'est-ce que vous voulez dire? grogna-t-il.

– Malgré des obstacles dus à l'acoustique, j'en ai appris plus que vous à Memmert. Vos amis, dès que vous avez eu le dos tourné, se sont donné un rendez-vous, et moi, dans mon zèle mal placé, j'ai pris la peine de m'y rendre, si bien que j'ai vu une démonstration sur un autre sujet : l'invasion de l'Angleterre par les sept «siels». (Davies me poussa du coude.) Non, si j'étais de vous je laisserais ce revolver tranquille, et je ne sonnerais pas non plus. Vous pouvez nous faire arrêter si vous voulez, car le secret est en lieu sûr.

– Vous mentez!

Il avait raison, mais n'en savait rien.

– Croyez-vous que je n'aie pas pris cette précaution? Mais pas un nom n'a été dit.

Dollmann poussa une sorte de gémissement, s'écroula sur une chaise et parut vieillir et grisonner sous nos yeux.

– Vous avez parlé d'immunité et de Clara, je crois? murmura-t-il.

– Nous sommes vos amis! nous sommes vos amis! s'écria Davies, un sanglot dans la voix. Nous voulons vous aider tous deux. (Malgré la brume qui m'obscurcit alors les yeux, je le vis se précipiter sur Dollmann et lui poser gentiment la main sur l'épaule.) Les autres sont sur notre piste et sur la vôtre. Venez avec nous. Réveillez-la ! Dites-le-lui. Bientôt il va être trop tard.

X frissonnait sous la main de Davies.

– Lui dire ! je ne peux pas le dire... à elle. Vous, Davies, dites-le-lui.

Il se renfonça dans sa chaise. Davies m'interrogea du regard.

– Où est sa chambre ? demandai-je vivement.

– Au-dessus.

– Vas-y, Carruthers, me dit Davies.

– Non, pas moi, elle mourrait de peur.

– Ça m'ennuie...

– Voyons, Davies... nous allons y aller tous les deux, alors.

– Ne faites pas de bruit, fit une voix blanche.

Nous quittâmes Dollmann et montâmes l'escalier, heureusement couvert d'un épais tapis. La porte que nous cherchions était entrouverte et la chambre éclairée. Clara était debout dans l'embrasure, en chemise de nuit et les pieds nus.

– Qu'est-ce qu'il y a, papa ? demanda-t-elle à voix basse. À qui avez-vous donc parlé ?

J'essayai de pousser Davies en avant, mais pas moyen.

– Chut, n'ayez pas peur, répondis-je, c'est moi Carruthers, et Davies... et Davies. Pouvons-nous entrer dans votre chambre un instant ?

J'ouvris doucement la porte tout grand, pendant qu'elle rentrait dans sa chambre en reculant et portait une main à sa gorge.

– Descendez avec votre père, s'il vous plaît, ajoutai-je. Nous vous emmenons tous les deux en Angleterre sur la *Dulcibella*, maintenant, tout de suite.

Elle m'avait entendu, mais ses yeux égarés se posèrent sur Davies.

– Je ne comprends pas, bégaya-t-elle, frissonnante.

Elle était si touchante que je ne pouvais la regarder.

– Pour l'amour de Dieu, dis quelque chose, Davies, murmurai-je.

– Clara ! fit Davies. N'avez-vous pas confiance en nous ?

Je l'entendis haleter, puis je la vis se jeter dans les bras de Davies, sanglotant comme une enfant fatiguée.

– Il est déjà quatre heures passées, mon vieux, remarquai-je brutalement. Je redescends près de lui, et, tu sais, pas de paquets pour ainsi dire. Il faut que nous soyons partis dans une demi-heure.

Je trébuchai lourdement dans l'escalier. Mes yeux s'étaient embrumés de nouveau, et je trouvai Dollmann bourrant le poêle de papiers.

– Il faut que vous soyez prêt dans une demi-heure, lui dis-je, mettant furtivement dans ma poche le revolver que je vis sur la table.

– Sait-elle ? Emmenez-la en Angleterre, vous deux. Je crois que je resterai.

Et il retomba sur sa chaise.

– Mais non, elle ne voudra pas partir sans vous. Il le faut pour l'amour d'elle. Soyez prêt dans une demi-heure.

Je préfère ne pas insister sur la demi-heure qui suivit. Davies partit avant moi, pour préparer le yacht, et j'eus à supporter la fureur de la belle-mère, scène que je n'oublierai jamais.

Quand je revis Clara, en jupe courte et avec son béret, je m'inclinai d'admiration devant son courage et son sang-froid. Quant à Dollmann, sans sa fille je ne l'aurais jamais emmené. Il pleuvait encore à torrents, quand nous arrivâmes tous trois en courant au port, que nous pûmes quitter sans être inquiétés. Davies resta seul sur le pont jusqu'à ce que nous fussions au large. Je crus alors voir au loin et au sud (la marée était basse alors) deux petits points noirs, échoués, mais ce n'était probablement que l'effet de mon imagination. Puis la *Dulcibella* passa au plus près sous le vent de Juist toutes voiles dehors, cinglant vers l'ouest.

– Remontons l'Ems avec le flot, et allons à Delfzyl, en Hollande, suggérai-je.

– Non, répondit Davies, allons jusqu'à Rottum, la première île de l'archipel hollandais.

– Il faut passer par-derrière, ajouta Davies quand nous fûmes en vue de l'île, alors nous serons en sûreté. Je crois que je connais le chemin, mais donne-moi une autre carte marine, et repose-toi, mon pauvre vieux ; nous nous en tirerons très bien, Clara et moi.

Elle avait été sur le pont, presque tout le temps, une aide bien plus efficace que moi. Je descendis dans la cabine.

– Où sommes-nous ? cria Dollmann, comme réveillé en sursaut d'une sorte de transe.

Son livre glissa de ses genoux et tomba sur le plancher.

– En vue de Rottum, lui répondis-je, et je m'agenouillai pour tâcher de trouver la carte que Davies m'avait demandée.

J'aurais dû comprendre à son regard ce qui allait se passer, mais j'étais mort de fatigue et, après avoir tendu la carte à Davies par l'écoutille, je me glissai dans le gaillard d'avant et m'étendis sur quelques sacs de toile. Il faut que je cite Davies pour ce qui suit, car avant que j'aie pu répondre à son cri d'alarme et grimper l'échelle, tout était consommé.

« X monta l'échelle, tout de suite après ton départ, et regarda fixement au vent, vers Rottum, comme s'il connaissait parfaitement ces parages. Puis il vint vers nous, en titubant tellement que je donnai la barre à Clara et avançai pour le soutenir. J'essayai de le faire redescendre, mais impossible. Il vint à l'arrière.

« – Donnez-moi la barre, dit-il, comme se parlant à lui-même. La mer est trop mauvaise au large. Il y a un raccourci ici…

«– Merci, lui répondis-je. Je connais celui-là.

«Je n'avais nullement l'intention d'être ironique. Il ne répondit rien et s'installa derrière nous sur le couronnement, les pieds sur la corniche de bâbord; puis, à mon étonnement, il se mit à causer, par-dessus mon épaule, très intelligemment, sur le chemin que nous suivions, me désignant une bouée mal placée sur la carte marine. Nous arrivâmes à la barre du Schild et eûmes à virer pour louvoyer entre Rottum et Bosch Flat. Clara était près du foc; moi, au gouvernail. Tu sais comme je deviens vague dans ces cas-là. Puis il y eut un passage difficile et nous eûmes beaucoup à faire, Clara et moi. Enfin, je tournai la tête et je vis qu'il avait disparu. Il n'avait rien dit depuis deux ou trois minutes, mais je crois que sa dernière parole a été «raccourcie». Il a dû glisser sans bruit… Il avait un grand manteau et de lourdes bottes…»

Nous le recherchâmes pendant quelque temps sans pouvoir le retrouver…

Le même soir, nous jetâmes l'ancre près du petit hameau de Oostmahorn[1], confiâmes le yacht à quelques pêcheurs stupéfaits, et, depuis là, en voiture et en chemin de fer, sans nous arrêter, nous gagnâmes Harlingen, d'où nous prîmes un passage sur un vapeur en partance pour Londres. C'est de ce point que notre histoire cesse d'intéresser le public. C'est pourquoi je la termine.

FIN

1. Voir carte A.

TABLE

TABLE DES CARTES

Libretto

Dernières parutions

489. PANAÏT ISTRATI	*Œuvres III*
488. PANAÏT ISTRATI	*Œuvres II*
487. PANAÏT ISTRATI	*Œuvres I*
486. DANIEL ARSAND	*Un certain mois d'avril à Adana*
485. ZABEL ESSAYAN	*Dans les ruines*
484. WILLIAM DALRYMPLE	*La Cité des djinns*
483. CECIL SCOTT FORESTER	*Retour à bon port*
482. CHARLES PALLISER	*Le Quinconce V*
481. CHARLES PALLISER	*Le Quinconce IV*
480. LOUIS-BERNARD ROBITAILLE	*Dernier voyage à Buenos Aires*
479. CÉDRIC GRAS	*Le Nord, c'est l'Est*
478. CHARLES PALLISER	*Le Quinconce III*
477. CHARLES PALLISER	*Le Quinconce II*
476. CHARLES PALLISER	*Le Quinconce I*
475. PHILIPPE RENONÇAY	*Le défaut du ciel*
474. DAVID DONACHIE	*Un parfum de trahison*
473. OLGA TOKARCZUK	*Sur les ossements des morts*
472. SOPHIE GUILLOU	*Romy Schneider*
471. LUDOVIC ZEKIAN	*Rideau!*
470. ERWIN MORTIER	*Sommeil des dieux*

469.	BERNARD OLLIVIER	*Histoire de Rosa qui tint le monde dans sa main*
468.	KVĚTA LEGÁTOVÁ	*La Belle de Joza*
467.	GUILLEMETTE DE LA BORIE	*Indira Gandhi*
466.	ALEXANDER KENT	*Une mer d'encre*
465.	BERNADETTE COSTA-PRADES	*Niki de Saint Phalle*
464.	EDITH VELMANS	*Les Carnets d'Edith*
463.	KAREL SCHOEMAN	*En étrange pays*
462.	DANIEL ARSAND	*Que Tal*
461.	HENRYK SIENKIEWICZ	*Par le fer et par le feu*
460.	ALEXANDER KENT	*Par le fond*
459.	GÉRARD BONAL FRÉDÉRIC MAGET	*Colette journaliste, chroniques et reportages*
458.	W. WILKIE COLLINS	*Histoires regrettables*
457.	FRANCISCO COLOANE	*Le Sillage de la baleine*
456.	FRANCISCO COLOANE	*Le Golfe des Peines*
455.	FRANCISCO COLOANE	*Le Dernier Mousse*
454.	FRANCISCO COLOANE	*Antartida*
453.	BERNADETTE COSTA-PRADES	*Simone de Beauvoir*
452.	CECIL SCOTT FORESTER	*Trésor de guerre*
451.	JULIEN BLANC	*Joyeux, fais ton fourbi*
450.	NATHALIE PEYREBONNE	*Rêve général*
449.	IVAN CASSAGNAU	*Ce que chaque jour fait de veuves*
448.	JEANNE CORDELIER	*Reconstruction*
447.	JEAN-FRANÇOIS BEAUCHEMIN	*La Fabrication de l'aube*

446. WILLIAM DALRYMPLE — *Le Moghol blanc*

445. ANGELIKA SCHROBSDORFF — *Tu n'es pas une mère comme les autres*

444. CATHERINE ENJOLET — *Sous silence*

443. DANIEL ARSAND — *Lily*

442. MARIUSZ WILK — *Le Journal d'un loup*

441. CLAUDE SEIGNOLLE — *La Malvenue*

440. FERDYNAND OSSENDOWSKI — *Lénine*

439. MORITZ THOMSEN — *Mes deux guerres*

438. DAVID DONACHIE — *Haut et court*

437. JAMIE O'NEILL — *Deux garçons, la mer*

436. ROBERT IRWIN — *Nocturne oriental*

435. JULIEN BLANC — *Confusion des peines*

434. NADIFA MOHAMED — *Black Mamba Boy*

433. BERNADETTE COSTA-PRADES — *Frida Kahlo*

432. WILLIAM DALRYMPLE — *L'Âge de Kali*

431. JOHN VAILLANT — *Le Tigre*

430. ALEXANDER KENT — *Un seul vainqueur*

429. CHARLIE GALIBERT — *Sistac*

428. ÉLISABETH WEISSMAN — *Coco Chanel*

427. CECIL SCOTT FORESTER — *Seul maître à bord*

426. JEAN-FRANÇOIS BEAUCHEMIN — *Le Jour des corneilles*

425. LOUIS HÉMON — *Le Dernier Soir*

424. H. J. C. VON GRIMMELSHAUSEN — *La Vagabonde Courage*

423. W. WILKIE COLLINS — *Pauvre Miss Finch*

422. MARIE CHAIX — *Barbara*
421. ALEXANDER KENT — *À l'honneur ce jour-là*
420. FRANK MAYER — *Tueur de bisons*
419. DOMINIQUE FORTIER — *Du bon usage des étoiles*
418. LEON ROOKE — *En chute libre*
417. GILES MILTON — *Le Paradis perdu*
416. RICHARD LLEWELLYN — *Qu'elle était verte ma vallée !*
415. JOSEPH BIALOT — *La station Saint-Martin est fermée au public*
414. BORIS PAHOR — *Printemps difficile*
413. BERNARD FOGLINO — *Bienvenue dans la vraie vie*
412. IGNACIO DEL VALLE — *Les Démons de Berlin*
411. AMANDA SMYTH — *Black Rock*
410. DONALD RAY POLLOCK — *Knockemstiff*
409. CÉDRIC GRAS — *Vladivostok*
408. DAVID DONACHIE — *Trafic au plus bas*
407. RAX RINNEKANGAS — *La lune s'enfuit*
406. RON HANSEN — *L'Extase de Mariette*
405. SYLVIE WEIL — *Chez les Weil*
404. BERNARD OLLIVIER — *Nouvelles d'en bas*
403. NICHOLAS JUBBER — *Sur les traces du Prêtre Jean*
402. BALTHUS — *Correspondance amoureuse*
401. DAVID EBERSHOFF — *Danish Girl*
400. WILLIAM SAROYAN — *Folie dans la famille*
399. CONSTANCE DE SALM — *Vingt-Quatre Heures d'une femme sensible*
398. JENNIFER LESIEUR — *Jack London*
397. GILES MILTON — *Samouraï William*
396. DMITRI BORTNIKOV — *Le Syndrome de Fritz*

395. ROLAND TOPOR — *La Princesse Angine*
394. BERNARD OLLIVIER — *La vie commence à 60 ans*
393. ALEXANDER KENT — *Deux officiers du roi*
392. JOSEPH CZAPSKI — *Proust contre la déchéance*
391. MAURICE SACHS — *Chronique joyeuse et scandaleuse*
390. SUAT DERWISH — *Les Ombres du Yali*
389. JEANNE CORDELIER — *La Dérobade*
388. GIAMBATTISTA BASILE — *Le Conte des Contes*
387. JAMES WADDINGTON — *Un Tour en enfer*
386. ALEXANDER KENT — *Flamme au vent*
385. LOUIS BROMFIELD — *Précoce Automne*
384. BERNARD OLLIVIER — *Aventures en Loire*
383. JACK SCHAEFFER — *L'Homme des vallées perdues*
382. RON HANSEN — *Soleil de cendre*
381. TCHINGUIZ AÏTMATOV — *Il fut un blanc navire*
380. ALBERT T'SERSTEVENS — *L'homme que fut Blaise Cendrars*
379. EDWARD CAREY — *L'Observatoire*
378. WILLIAM SAROYAN — *Une comédie humaine*
377. THEODOR KRÖGER — *Le Village oublié*
376. DOROTHY SCARBOROUGH — *Le Vent*
375. HANS HABE — *La Tarnowska*
374. W. WILKIE COLLINS — *Une belle canaille*
373. IGNACIO DEL VALLE — *Empereurs des ténèbres*
372. MARCELLE SAUVAGEOT — *Laissez-moi*
371. LAWRENCE DURRELL — *Citrons acides*
370. DAVID DONACHIE — *Une chance du diable*
369. R. L. STEVENSON — *Le Trafiquant d'épaves*
368. GILES MILTON — *La Guerre de la noix muscade*

367.	RON HANSEN	*La Nièce d'Hitler*
366.	HERMAN BANG	*Les Quatre Diables*
365.	PETER BALAKIAN	*Le Tigre en flammes*
364.	ROGER DE BEAUVOIR	*Les Mystères de l'île Saint-Louis*
363.	ALBERT T'SERSTEVENS	*Les Corsaires du roi*
362.	MARCELO FIGUERAS	*La Griffe du passé*
361.	RODERICK CONWAY MORRIS	*Djem*
360.	ALEXANDER KENT	*Honneur aux braves*
359.	CARLOS BAUVERD	*Post Mortem*
358.	W. WILKIE COLLINS	*Mari et Femme*
357.	JACK LONDON	*La Fille de la nuit – Courage à la hollandaise*
356.	FRANÇOISE CLOAREC	*Séraphine*
355.	ROLAND TOPOR	*Le Locataire chimérique*
354.	MARGARET DRABBLE	*La Sorcière d'Exmoor*
353.	EMMANUEL DARLEY	*Un des malheurs*
352.	RAFAEL SABATINI	*Le Faucon des mers*
351.	ROY PARVIN	*La Petite-Fille de Menno*
350.	MORIS FARHI	*Jeunes Turcs*
349.	DAVID STOREY	*Ma vie sportive*
348.	SLAVOMIR RAWICZ	*À marche forcée*
347.	ROLAND PIDOUX	*Les Clochards d'Asmodée*
346.	ALEXANDER KENT	*Victoire oblige*
345.	SERGIO ATZENI	*Le Fils de Bakounine*
344.	ILIJA TROJANOW	*Le Collectionneur de mondes*
343.	JOSEF MARTIN BAUER	*Aussi loin que mes pas me portent*
342.	WILLIAM DALRYMPLE	*Dans l'ombre de Byzance. Sur les traces des chrétiens d'Orient*

341. DAVID MADSEN — *Le Nain de l'ombre*
340. CLAUDE FARRÈRE — *Thomas l'Agnelet*
339. GEORGES BERNANOS — *Un crime*
338. MIKLÓS BÁNFFY — *Que le vent vous emporte. Chronique transylvaine*, t. 3
337. KENNETH GRAHAME — *Le Vent dans les saules*
336. CARLO GÉBLER — *Comment tuer un homme*
335. KLAUS MANN — *Speed*
334. ANA MARÍA MATUTE — *La Tour de guet*
333. MÉLANI LE BRIS — *La Cuisine des flibustiers*
332. JANE DIEULAFOY — *L'Orient sous le voile. De Chiraz à Bagdad, 1881-1882*
331. J. SHERIDAN LE FANU — *Les Mystères de Morley Court*
330. DOROTHY PARKER — *Hymnes à la haine*
329. ALEXANDER KENT — *Cap sur la Baltique*
328. MIKLÓS BÁNFFY — *Vous étiez trop légers. Chronique transylvaine*, t. 2
327. PIERRE LOTI — *Fantôme d'Orient et autres textes sur la Turquie*
326. JACK LONDON — *Face de Lune*
325. VICTOR BARRUCAND — *Avec le feu*
324. IVY COMPTON-BURNETT — *Une famille et une fortune*
323. ALEXANDRE DUMAS — *Le Chevalier d'Harmental*
322. W. WILKIE COLLINS — *Secret absolu*
321. ERNEST SHACKLETON — *Au cœur de l'Antarctique*
320. ROSAMOND LEHMANN — *Le Jour enseveli*
319. JANE DIEULAFOY — *Une amazone en Orient*
318. JACK LONDON — *La Croisière du « Dazzler »*
317. R. L. STEVENSON — *Dr Jekyll et Mr Hyde*

Cet ouvrage
a été mis en pages par In Folio,
reproduit et achevé d'imprimer
en mars 2015
dans les ateliers de Normandie Roto Impression s.a.s.
61250 Lonrai
N° d'imprimeur : 1500901

Imprimé en France

Dépôt légal : avril 2008